Niemandes Schlaf

Sven Haupt

Sciencefiction

Sven Haupt wurde 1976 in Bonn geboren. Er hat eigentlich Biologie studiert und 2008 in kognitiver Hirnforschung promoviert. Da einem dafür aber niemand Geld gibt, arbeitet er stattdessen als IT-Experte für ein Software-Unternehmen. Seit seiner Jugend schreibt er Blogs, Lyrik und Kurzgeschichten. 2016 beschloss er, in Zukunft auch an Literatur-Ausschreibungen teilzunehmen und seine Texte tatsächlich zu publizieren. »Niemandes Schlaf« ist sein vierter Roman. Zwei seiner Romane wurden jeweils mit dem Deutschen Science-Fiction Preis ausgezeichnet (2021 und 2022).

Webseite des Autors: https://elektrischerengel.com

1. Auflage | September 2023
ISBN 978-3-946348-37-5

Hastedter Heerstr. 103 | 28207 Bremen

Lektorat: Helga Sadowski | Christine Jurasek
Korrektorat: Anke Tholl
Umschlaggestaltung: Detlef Klewer
Satz | Gestaltung: Jana Hoffhenke
Ebook-Realisierung: Eridanus IT-Dienstleistungen

http://eridanusverlag.de
https://www.instagram.com/eridanus.verlag.sf
https://www.facebook.com/eridanusverlag

Rose, oh reiner Widerspruch,
Lust,
Niemandes Schlaf zu sein
unter soviel
Lidern

[Rainer Maria Rilke, 1925]

Inhalt:

01 | Zeugnisabgabe

Ich kann Ihnen verraten, wie man eine neue Welt erschafft. Es bedarf erstaunlich vieler Blumen und einer gebrochenen Frau, die nicht schläft.

Diese Eröffnung mag Sie erstaunen und sogar Skepsis erzeugen, doch lassen Sie mich Ihnen versichern, dass ich von einer Welt spreche, deren Entstehung Sie nicht einmal bemerkt haben. Jene, welche nun dort leben, gibt es nicht mehr, und Sie, geneigte Leser:innen, werden es mir wahrscheinlich ohnehin nicht glauben. Dennoch wurde ich von höchster Autorität aus gebeten, meine Erlebnisse zu dokumentieren. All die Ereignisse, welche dazu geführt haben, dass nun nichts mehr so sein wird, wie es einmal war, auch wenn alles noch so ist wie vorher.

Ich habe gelernt, dass es wichtig ist, das Geschehene festzuhalten. Zu diesem Zweck erteilte man mir Unterricht und gewährte mir Zugang zu einer Unmenge von Aufzeichnungen, welche mein Bild der Ereignisse im Nachhinein vervollständigten. Mir wurde erklärt, dass meine Aufgabe wichtig sei, um die neue Welt zu schützen und ihre Zukunft zu sichern. Diese Geschichte muss erzählt werden. Ich habe verstanden, dass dies eine sehr einfache Methode ist, junge Welten im Universum zu verankern und ihnen Realität zu geben. Das narrative Element ist sehr mächtig in unserem Universum. Ob die Geschichte geglaubt wird, ist dabei vollkommen unerheblich. Ja, Sie schauen jetzt vielleicht verwirrt und skeptisch, aber glauben Sie mir, wenn ich sage, dass ich sehr wohl weiß, wie Sie sich jetzt angesichts meiner Aufzeichnungen fühlen. Ich wusste so vieles nicht an dem Tag, als alles begann. Damals hatte ich *sie* noch nicht getroffen; überhaupt hatte ich noch nie jemanden wie sie gesehen. Die

Person, die mein ganzes Leben und Weltbild umkrempeln sollte und die unwissentlich die Fäden in der Hand hielt, unser aller Leben für immer zu verändern.

Es war unser Schicksal.

Lachen Sie ruhig, ich weiß, niemand glaubt daran. Mein Leben lang haben Menschen sich über meine Überzeugung lustig gemacht, dass es den *einen* Menschen gibt, welchem wir begegnen sollen, weil das Universum ihn für uns bereithält. Wenn wir ihn dann endlich treffen, macht er unsere kleine, traurige Existenz schlagartig zu mehr als dem endlos gleichförmigen Brei des tagtäglichen Einerlei. Er wird uns emporheben auf neue Ebenen der Existenz und Einsichten ermöglichen, zu denen wir allein nicht fähig gewesen wären. Vielleicht wird er sogar eine neue Welt für uns kreieren. Ich habe recht behalten, allen Zweiflern zum Trotz.

Ich wünschte, ich wäre noch am Leben, um es ihnen allen aufs Brot zu schmieren.

02 | Frühlingsgefühl

Für das Militär begann alles an dem Tag, als die Blumen kamen. Sie sollten zu einem Motiv werden, welches die Menschen niemals wieder vergessen konnten. Als es entdeckt wurde, war es drei Uhr morgens.

Ich sehe den Parkplatz auf den Aufzeichnungen der Sicherheitskameras und der Überwachungsdrohnen. Das Militär war mit allem angerückt, was ihm zur Verfügung stand. Schwerbewaffnete Soldaten hatten das Gelände weiträumig abgeriegelt und Flutlichtscheinwerfer tauchten den Parkplatz in blendend weißes Licht. Natürlich blieb es wieder an Colonel Deering hängen, den General zu informieren. Armer Kerl. Ich wette, er hatte sich unter seiner von hoher Intelligenz begnadeten Karriere beim Militär etwas anderes vorgestellt, als den Babysitter für einen cholerischen alten Soldaten zu spielen.

Die Auflösung der Überwachungskameras ist so hoch, dass ich sehen kann, wie Deerings Mundwinkel zuckten, während er nervös an seiner Zigarette zog. Er trug noch immer einen dicken Pelzmantel, obwohl die Frühlingsnacht erstaunlich warm geblieben war. Den Blick hatte er fest auf die Skyline am Horizont gerichtet.

Er musste die Positionslichter der Maschine schon entdeckt haben, lange bevor er ihre Form vor dem Hintergrund der endlosen Hochhäuser erkennen konnte. Der kleine, blinkende Schatten löste sich aus dem dichten Wald hell beleuchteter Wolkenkratzer und flog in gerader Linie auf ihn zu. Deering kniff die Lippen zusammen und musterte das Meer aus Lichtern. Von so weit draußen, am Rande des äußersten Bezirks, wirkte die Hauptstadt wie ein strahlendes Gebirgsmassiv, über dessen steil aufragenden Wänden Werbeanimationen in grellbunten Neonfarben liefen. Unzählige winzige Lichtpunkte umschwärmten die endlosen Höhenzüge aus Stahl und Beton. Ruhelose Transportdrohnen und Flugtaxis, unablässig in Bewegung, um einer Stadt zu dienen, die niemals schlief.

Deering zog noch einmal an seiner Zigarette und schmiss die Kippe zielsicher in ein nahes Abflussgitter, als das Flugzeug in Sicht kam. Die lautlose Propellermaschine flog dicht über die zahllosen dunklen Lagerhallen hinweg und wurde erst langsamer, als sie kurz vor dem Parkplatz die Flügelflächen aufrecht stellte und wie ein Hubschrauber auf den Parkplatz niedersank.

Noch bevor die Räder des Kipprotor-Flugzeugs aufgesetzt hatten, schob sich die Seitentür auf und General Baker wuchtete seine massige Gestalt auf den Parkplatz hinaus. Deering konnte genau wie ich sehen, dass der alte Soldat eine üble Laune hatte. Nun, das war zu erwarten gewesen.

Der Adjutant salutierte.

»Guten Morgen, General.«

»Kommen Sie mir nicht so, Deering«, polterte Blake. »Haben Sie irgendeine Vorstellung davon, wie spät es ist? Schlafen Sie eigentlich nie?«

»Nicht, wenn ich es vermeiden kann, General!«

Der alte Soldat grunzte, zog eine seiner unvermeidlichen Zigarren aus der Tasche, und Deering, welcher nur darauf gewartet hatte, gab ihm Feuer.

»Gnade Ihnen Gott«, murrte Baker zwischen zwei Zügen, »wenn das wieder ein Fehlalarm ist. Ich klettere nicht noch einmal sechzig Meter tief in die verkackte Kanalisation hinab, nur um festzustellen, dass wir eine desertierte russische Kollektiv-Intelligenz gejagt haben, die uns unter Tränen von der Freiheit der Genossen erzählt.«

»Die Begegnung war trotz allem aufschlussreich«, warf Deering vorsichtig ein.

»Das Ding hat mich *Kamerad* genannt und pausenlos Marx zitiert, während ich bis zu den Knien in Scheiße stand.« Er blickte sich zum ersten Mal um. »Wo zur Hölle sind wir eigentlich?«

»Südwestlicher Außenbezirk«, erklärte Deering. »Hauptsächlich Industrie- und Lagerraum. Die Sicherheitsabteilung der hiesigen Firma hat die Polizei informiert, nachdem die diensthabenden Wachleute, hm, Unregelmäßigkeiten in einer ihrer Lagerhallen bemerkt hatten. Die hiesige Sicherheit hat daraufhin einen Blick auf die Situation geworfen, umgehend alle Kräfte zurückgezogen und die Armee informiert.«

»Sind Sie diesmal sicher?«, fragte Blake düster.

»Wir sind«, entgegnete Deering, holte etwas aus der Tasche und hielt dem General die offene Hand hin.

Ich konnte das Objekt auf dem Überwachungsvideo so weit vergrößern, dass es den ganzen Bildschirm einnahm. Was der Adjutant seinem General da hinhielt, war der leblose Körper eines sehr großen, geflügelten Insekts, welches im Licht der Scheinwerfer schwarz glänzte. Es war bestimmt zehn Zentimeter lang.

Der General grunzte und beugte sich tief über das scheinbar tote Wesen.

»Das ist aber eine große Biene«, kommentierte er.

»Hornisse«, korrigierte Deering. »Sie erinnern sich, General? Der Prototyp eines bewaffneten Offensiv-Schwarms?«

»Natürlich erinnere ich mich«, log Baker. »Wann haben wir ihn verloren?«

»Der Schwarm verschwand vor zwei Wochen spurlos und galt seitdem als verschollen.«

»Haben Sie ihn schon gescannt?«, fragte Baker und deutete mit einem seiner dicken Finger auf den Strichcode, der den ganzen Rücken des Wesens bedeckte. »Ich will nicht noch einmal auf eine chinesische Kopie reinfallen, die wir glücklich zurück ins Labor tragen und deren Viren uns dann wieder eine Woche lang lahmlegen.«

Deering nickte.

»Das Analyse-Team ist bereits vor Ort und Doktor Wagner hat mir versichert, dass es sich um unser eigenes Produkt handelt.«

»Wagner ist bereits hier?«, fragte Baker überrascht. »Was sagt er?«

»Hauptsächlich flucht er«, entgegnete Deering. »Er war es auch, der auf Ihre Anwesenheit bestanden hat.«

»Dann muss er wirklich aufgebracht sein«, urteilte Baker. Er zog nachdenklich an seiner Zigarre und sah erst auf seine hochgekrempelten Hemdärmel und dann auf den Wintermantel seines Adjutanten. »Ist Ihnen auch warm genug, Deering?«, erkundigte er sich spöttisch.

Deering seufzte und wies auf ein offenes Rolltor.

»Glauben Sie mir, General, Sie müssen es selbst sehen.«

Der Colonel führte Baker in eine hell erleuchtete Lagerhalle. Die zahlreichen Anfahrtsrampen für Lastwagen wurden von schwarzen Militärfahrzeugen blockiert und Gruppen von Soldaten luden in großer Eile Kisten und Maschinen ab. Die meisten davon sahen aus wie Analysegeräte, welche aus verschiedenen Laboren zusammengesucht worden waren. Deering schritt zügig voran und zeigte auf eine breite Betonrampe, die in den Untergrund hinabführte. Zwei Soldaten in mechanischer Vollpanzerung bewachten den Zugang. Die Servomotoren ihrer Rüstung surrten leise, als sie den beiden Platz machten und dabei die Läufe ihrer schweren automatischen Waffen senkten.

Die beiden Männer schritten die breite Rampe hinab und folgten ihr über mehrere Etagen tief in den Untergrund. Ich begleitete sie dabei, während mein Bild von einer Überwachungskamera zur nächsten sprang. Der General sah sich konsterniert um und es war offensichtlich, dass er die stetig fallende Temperatur bemerkte.

»Wir waren überrascht, zu sehen«, begann Deering, »dass sich die Lagerhallen in diesem Bezirk über zahlreiche Ebenen tief in den Untergrund erstrecken. Es scheint hier gängige Praxis zu sein, Steuern für eine relativ kleine Halle zu zahlen und den Lagerbereich dann beliebig nach unten zu erweitern.«

»Genehmigt?«, fragte Baker spöttisch.

»Natürlich nicht«, antwortete Deering. »Offenbar sind die Kontrollen hier eher lax. Unsere Aufklärungsdrohnen sind noch immer unterwegs. Wir haben aber schon herausgefunden, dass die meisten dieser Hallen unter Tage miteinander verbunden sind. Selbstverständlich existieren keinerlei Aufzeichnungen darüber, was hier unten vor sich geht.«

»Die verdammte Stadt ist zu groß«, murrte der General. »Ich wusste nicht mal, dass es so weit draußen überhaupt noch Industrie gibt. Ich dachte, hier wäre Wüste.« Die Aussage entbehrte nicht einer gewissen Ironie, denn ich konnte sehen, wie Bakers Atem vor seinem Gesicht kondensierte. Es musste ziemlich kalt sein da unten.

Sie liefen entlang eines großen, geschlossenen Rolltores auf einen kleineren Seiteneingang zu, vor dem jemand einen großen Garderobenständer platziert hatte, der wohl kurzfristig aus einer Umkleide entwendet worden war. Ein Sortiment dicker Wintermäntel des Militärs hing daran. Deering reichte dem General einen davon.

»Wohin zur Hölle verschleppen Sie mich, Colonel«, grollte Baker und zog dankbar den Mantel über. »Welche Industrie versteckt sich hier draußen unter der Erde und muss es so verdammt kalt haben?«

Ich konnte sehen, wie der alte Soldat irritiert auf das Rolltor starrte. Er versuchte bestimmt, den Geruch zuzuordnen.

Ungewohnt und doch seltsam vertraut. Nicht unangenehm und dabei irgendwie verstörend organisch.

»Ich denke«, erklärte Deering, während er bereits die Tür öffnete und dem General den Vortritt ließ, »das Ganze ist relativ selbsterklärend.«

Die hell erleuchtete Halle war dicht mit Stahlgerüsten gefüllt, welche in langen Reihen standen und mindestens drei Stockwerke in die Höhe ragten. In ihnen, sauber an Stahlhaken aufgereiht, hingen Rinderhälften. Es mussten Tausende sein. Die Decke befand sich zehn Meter über den Köpfen der Männer und erlaubte es, die Tierkörper auf mehreren Ebenen übereinander zu lagern. Baker sah einen endlosen Wald gefrorener Tierkörper vor sich.

»Ah«, schnaufte der General, »hier kommen also meine Mittagessen her.«

»Hier im Südwesten der Stadt befindet sich hauptsächlich die fleischverarbeitende Industrie«, bestätigte Deering und ging voran. »Dies ist nur eine von über hundert ähnlichen Hallen.«

»Das«, kommentierte Baker, »sind verdammt viele Steaks, selbst für mich.«

»Der Großraum um die Hauptstadt beherbergt fast vierzig Millionen Einwohner«, entgegnete Deering.

»Erinnern Sie mich nicht daran«, murmelte Baker.

Sie liefen entlang der langen Reihen gefrorener Tierkörper, welche sich hoch über ihren Köpfen auftürmten, und Baker sah bereits wieder genervt umher.

»Warum sollte sich einer unserer Schwärme ausgerechnet hier verstecken? Ich wusste nicht einmal, dass die Dinger bei diesen Temperaturen überhaupt operieren können.«

»Das habe ich auch gefragt, General«, entgegnete Deering. »Laut Wagner wurden die Einheiten unter anderem für den Einsatz in Nord-Russland konzipiert. Sie erinnern sich vielleicht? Operation *Schwarzer Schnee*?«

Baker grunzte unverbindlich.

»Und wie schaffen die es hier unten ohne Basisstation den hohen Energieverbrauch zu kompensieren?«

»Scheinbar haben sie die Elektrik der Kühlanlage infiltriert und dort ein Nest gebaut. Danach haben sie überall auf dem Gelände Kabel entwendet und unsere Scans zeigen, dass sie aus diesen dann Induktionsplattformen improvisiert haben, welche ihre Batterien aufladen. Das System ist nicht effizient, aber es funktioniert und es erlaubt eine Einsatzzeit von mehreren Minuten.«

Baker sah den Sergeanten mit zusammengekniffenen Augen an.

»Sollten die Dinger so was können?«

Deering schüttelte den Kopf.

»Auf keinen Fall. Wagner ist deswegen ganz begeistert.«

»Natürlich ist er das«, murrte Baker leise. »Verdammter Freak.«

»Er ist schon seit Stunden hier und analysiert fortwährend das Verhalten des Schwarms«, erklärte Deering. »Mittlerweile hat er praktisch sein ganzes Labor und alle seine Mitarbeiter eingeflogen.«

Baker setzte zu einer Erwiderung an, doch schloss er den Mund wieder. Ich sah seinem Gesicht an, dass er es endlich hörte.

Ich selbst hatte es natürlich schon viel früher bemerkt, denn meine Aufzeichnungen enthielten auch die Aufnahmen aller anderen Kameras und so wusste ich bereits, was auf den alten Soldaten am Ende der Halle wartete. Ich kannte den Anblick schon seit Tagen. Soweit man hier überhaupt von Tagen sprechen kann.

»Ich kann den Schwarm hören«, kommentierte der General prompt. »Klingt aufgeregt. Was machen die Dinger denn da hinten?«

Deering lächelte unglücklich.

»Sorry, General. Wir sind fast da und Sie würden es mir sowieso nicht glauben.«

Die beiden Männer traten hinter der letzten Reihe gefrorener Tierkörper hervor und Baker sah, dass der hintere Teil der Halle frei lag.

»Heilige Scheiße!«, rief er. »Was zur Hölle ist das? Wollen Sie mich verarschen?«

»So gut sind meine Witze nicht, General.«

»Das können Sie laut sagen.«

Das Gebilde stand frei in der Mitte der Halle und ragte mindestens sechs Meter hoch.

Tausende von schwarzen Punkten umschwärmten es. Das konstante Brummen der Insektenflügel war deutlich zu hören.

»Sehen Sie das auch, Deering?«, fragte Baker matt, »oder habe ich gerade einen Schlaganfall?«

»Nein, General, ich hatte die gleiche Idee, aber wir alle sehen sie.«

Der General nahm die Zigarre aus dem Mund.

»Da steht eine verdammte Blume in der Halle! Eine Blume, groß wie ein Haus!«

»Das«, entgegnete Deering trocken, »deckt sich mit unseren bisherigen Erkenntnissen.«

Baker starrte fassungslos in die Mitte der Halle, wo sich die Blume im Schein zahlloser heller Leuchtstoffröhren dem Betrachter präsentierte wie ein von Drogen durchtränkter Albtraum. Ihr Stiel glühte schneeweiß und stachelig im kalten Licht und wurde von einem gewaltigen zartrosa Blütenkopf gekrönt, welcher hoch über dem Hallenboden thronte.

Ich muss neidlos zugestehen, dass sich der alte Soldat mit bemerkenswerter Geschwindigkeit wieder fing. Mich hatte es damals, als ich das Bild zum ersten Mal sah, deutlich mehr Zeit gekostet, um den Anblick zu verdauen.

Der Schwarm von Wissenschaftlern, welcher mit einem gewaltigen Aufgebot an Computern und Untersuchungsgeräten am Boden unter der Blume lagerte, verbesserte die Atmosphäre nicht unbedingt. Alle trugen eine bunte Mischung aus Laborkitteln und Winterkleidung, was den Gesamtanblick noch verstörender erscheinen ließ. Deswegen rang mir der nächste Kommentar des Generals auch ein kleines, bewunderndes Lächeln ab.

»Das macht nicht mal Sinn, Deering. Der Schwarm besteht aus Hornissen. Das sind Jäger. Die besuchen keine verdammten Tulpen.«

»Ich glaube«, entgegnete der Adjutant, »es handelt sich um einen Vertreter der *Rosaceae*, wenn ich mich nicht irre.«

Der General holte bereits Luft, um endgültig die Geduld zu verlieren, wurde jedoch von einem Mann unterbrochen, der lautlos an sie herangetreten war. Er trug weder Mantel noch Mütze, sondern einen perfekt gebügelten Laborkittel. Seine Augen blieben vollständig hinter einer riesigen Datenbrille verborgen, welche wesentliche Teile seines ansonsten kahlen Kopfes bedeckte.

»Es handelt sich«, fügte er sachlich und in kultiviertem Ton hinzu, »tatsächlich um eine Rose, jedoch wurden diese schon vor Jahrzehnten im Zuge einer Revision der Familie *Rosaceae* zusammen mit *Rubus* in die neue Supertribus *Rosodae* verschoben. Guten Morgen, General. Ich würde Ihnen einen Kaffee anbieten, aber meine Küchenausrüstung ist noch nicht eingetroffen.«

»Hallo, Doktor Wagner«, entgegnete der General müde, ohne den Blick von der Blume zu nehmen. »Will mir vielleicht jemand erklären, was dieses verdammte Gemüse in einem Kühlhaus voller Rinderhälften mit meinem Schwarm macht?«

»Eine vage, verstörend anmutende Metapher, nicht wahr«, kommentierte der Wissenschaftler versonnen.

»Kommen Sie mir nicht so, Mann.«

»Doch, doch, General. Das Bild passt auf metaphysischer Ebene verblüffend gut, wissen Sie? Immerhin handelt es sich hier nicht in dem Sinne um eine Blume. Es ist mehr eine Plastik. Ein Kunstwerk, welches die Hornissen geschaffen haben.«

»Sie haben es was?«, fragte Baker entgeistert. »Sie haben es … *geschaffen*?«

Wagner nickte begeistert.

»Auf die gleiche Weise, wie sie ihre Nester bauen. Das Nestbaumaterial wird zerkleinert und mit einem adäquaten Kleber gemischt und dann einfach in Form modelliert. Ist es nicht wundervoll?«

Der General zog die Brauen zusammen.

»Das ist doch Unfug!«, rief er. »Wo sollen die Dinger hier unten Baumaterial herbekommen?«

Der Wissenschaftler grinste ihn an. Seine Augen blieben verborgen, aber wenn man vor ihm stand, konnte man erkennen, wie auf der Innenseite seiner Brille fortwährend Informationen und Analyseergebnisse in grüner Schrift durch sein Sichtfeld liefen.

Baker sah ihn an, dann schweifte sein Blick zu den gefrorenen Rinderhälften.

Ich konnte auf meinem Video praktisch sehen, wie sich die Zahnräder im Kopf des alten Soldaten drehten, und erkannte so auch den exakten Moment, als er begriff.

»Nein!«, rief er.

»Doch!«, entgegnete der Wissenschaftler. »Der Stiel ist aus Knochenmaterial und die Blätter aus Muskelgewebe. Sehr einfallsreich, geradezu genial.«

»Das ist ekelhaft!«, erklärte der General laut.

Der Wissenschaftler nickte.

»Am Anfang ja, ein bisschen. Aber ehrlich, General, was wir heutzutage in der Wurst finden, welche im Supermarkt verkauft wird, ist deutlich abstoßender. Im Gegensatz dazu ist das hier sehr hygienisch und schlussendlich sogar nicht ganz unästhetisch. Ich schaue es mir jetzt schon seit Stunden an und bekomme langsam Hunger.«

»Das ist, weil Sie krank im Kopf sind, Doktor«, erklärte Baker.

»Irgendjemand muss meinen Job machen, General«, erwiderte der Wissenschaftler kühl. »Interessanterweise kann das Ganze nur hier funktionieren. Die Kälte stabilisiert das Material und weil es windstill ist, fällt es nicht um. Wir haben hier außerdem eine Meisterleistung angewandter Statik vor uns, welche …«

»Moment«, unterbrach ihn Baker. »Der Schwarm kann gefrorene Tierkörper zerlegen?«

»Nun«, entgegnete Wagner gedehnt, »die Spezifikation der Einheiten, welche wir bekommen haben, sahen Sabotage-Missionen an Militäranlagen vor. Die diamantbesetzten Mundwerkzeuge können theoretisch sogar Stahl schneiden. Nicht sehr schnell natürlich, aber es sind viele Einheiten und sie hatten Zeit. Ihre Strategie ist nebenbei faszinierend. Sie haben eine Warmwasserleitung geöffnet und die Flüssigkeit in winzigen Mengen …«

»Das ist mir vollkommen gleichgültig, Doktor«, unterbrach Baker ihn unwirsch, »sparen Sie sich die Details für Ihren offiziellen Bericht. Erklären Sie mir lieber, wie man den Schwarm dazu gebracht hat, und vor allem, wer? Können wir so was?« Er deutete mit der Zigarre in der Hand abfällig auf die riesige Blume.

»Können?«, fragte Wagner verblüfft. »Natürlich *können* wir das. Es bedürfte einiger Monate Vorbereitung und aufwändiger Tests, außerdem ist mein Wissen über Rosen …«

»Wer?«, stoppte Baker ihn erneut und wedelte mit der Zigarre Richtung Rose, »war – das?«

»Keine Ahnung«, entgegnete der Wissenschaftler achselzuckend. »Immerhin hatten wir wochenlang keinen Kontakt zu diesen Einheiten. Wir überwachen die Netzwerkzugriffe des Schwarms sehr sorgfältig, aber bisher ist jede Kontaktaufnahme auf externe Server scheinbar zufallsverteilt und ergibt keinerlei Sinn. Auch die übermittelten Datenpakete scheinen keinen kohärenten Inhalt zu haben.«

»Verschlüsselt also«, warf Baker ein und kaute unruhig auf seiner Zigarre.

»Wenn das eine Verschlüsselung ist, dann ist es mehrere Klassen besser als alles, was wir kennen.«

»Was sagt Calvin?«

Der Wissenschaftler sah verlegen umher.

»Sie findet die Daten interessant, hat aber im Moment keine Zeit, und ich zitiere: ‚*sich schon wieder um eines Ihrer verschwundenen Spielzeuge zu kümmern.*' Zitat Ende.«

Der General grunzte.

»Sagen Sie ihr, ich will eine Analyse der Daten bis zum Frühstück, es sei denn, sie möchte auf ihr Budget für nächstes Jahr verzichten. Sie soll ihren Frankenstein auf die Daten loslassen.«

Wagner verzog das Gesicht.

»Professor Calvin hat Sie gebeten, das Projekt nicht so zu nennen, immerhin …«

»Professor Calvin«, fiel Baker ihm ins Wort, »steht auch nicht in einem verdammten Loch voller blühender Steaks und friert sich den Schwanz ab. Bei dem Gedanken an dieses sogenannte *Projekt*, Doktor, gefriert mir der Rest auch noch. Mir steht der ganze Scheiß bis hier oben! Rinder, Hornissen und Frankenstein. Was bitte kann denn jetzt noch …«

Es war dieser Moment, in dem sich unser aller Leben für immer verändern sollte. Eine einzelne Wissenschaftlerin, welche an ihrer provisorisch aufgebauten Analysestation unter der

Blume regungslos auf einen Bildschirm gestarrt hatte, begann laut zu rufen und ihren Kollegen zu winken. Mehrere Männer kamen mit wehenden Kitteln zu ihr gerannt und begannen laut zu diskutieren. Einer wischte bereits auf seinem Handy herum, winkte Wagner zu und deutete eindringlich auf sein Display.

Der Wissenschaftler zog sein eigenes Gerät aus der Kitteltasche und öffnete den Link, den er gerade erhalten hatte.

»Oh, oh«, machte er leise.

Baker trat neben ihn und sah ebenfalls auf den Bildschirm.

»Was zur Hölle!«, brüllte er.

»Jemand hat Filmmaterial ins Netz gestellt«, kommentierte Wagner kühl.

Ein Wissenschaftler im weißen Kittel kam auf die Gruppe zugelaufen und schwenkte ein Tablet.

»Die Aufnahme kommt von einer der Drohnen!«, rief er knapp. »Die ersten Bilder, welche die Fernaufklärung gemacht hat, bevor wir eingetroffen sind und einen vollständigen Lockdown initiieren konnten.«

»Woher kommt der Upload?«, fragte Wagner ruhig.

»Muss einer unserer eigenen Leute sein«, kommentierte Deering und wischte hektisch auf seinem Handy herum.

»Können wir die Spiegelung der Daten noch stoppen?«, fragte Baker.

Der Colonel schüttelte den Kopf und scrollte schnell durch eine lange Liste von Übertragungsprotokollen.

»Zu lange her. Vor zehn Minuten haben sechs Überseeserver das Material bereits in alle sozialen Netzwerke geladen. Das Video geht jetzt schon viral. In einer Stunde sind wir auf allen Nachrichtenkanälen der freien Welt.«

Baker nahm die Zigarre aus dem Mund und legte sich eine Hand über die Augen.

»Immer dann«, murmelte er, »wenn man gerade denkt, es könnte nicht schlimmer kommen.«

In diesem Moment klingelte Deerings Handy.

Der junge Mann blinzelte verblüfft, nahm das Gespräch an, lauschte einen Moment lang und stand stramm.

»Natürlich, Sir. Absolut! Umgehend, Sir. Danke, Sir!«

Er sah Baker unglücklich an.

»Das Büro des Präsidenten für Sie, General.«

»Ach, Scheiße«, murrte der alte Soldat. »Wagner, wenn ich jetzt für den Rest meiner Tage Latrinen putzen gehe, nehme ich Sie mit, glauben Sie mir!« Er nahm Deering das Handy ab und zeigte mit der Zigarre auf die Rose. »Sorgen Sie dafür, dass mein verdammter Schwarm aufhört, Blumen zu bauen.« Er sah Deering an. »Und Sie besorgen mir die Eier des Vollidioten, der das Video hochgeladen hat! Nur seine Eier, hören Sie? Den Rest können Sie hier an einen der Haken hängen. Und jetzt, Gentlemen, darf ich mich kurz entschuldigen. Ich muss mit dem Präsidenten über Blumen reden.«

03 | Lehrveranstaltung

Der Moment, in dem für mich alles begann, kam einige Stunden später, als Richard mich ignorierte.

Ich war auf dem Weg zum Ausgang der Klinik. Nach dem Aufstehen hatte ich gelesen, dass die Wetterwacht für den Morgen blauen Himmel ankündigte, und ich hatte es als Motivation genommen, zum ersten Mal seit Monaten die Welt außerhalb des Hochhauskomplexes zu besuchen.

»Hey!«, rief ich, als wir zum zweiten Mal falsch abgebogen waren. »Ich will zum Ausgang! Gib mir die Steuerung, ich glaube, du bist noch nicht ganz wach.«

Mein Rollstuhl piepte und beschleunigte zügig um eine Ecke in einen wartenden Fahrstuhl hinein.

»Jetzt gib mir schon die Steuerung, Richard, das ist nicht lustig.«

Der Stuhl piepte eine resolute Tonfolge und ignorierte meine Anweisungen weiterhin.

Das Problem war, dass der sture Kerl die Bedienelemente und meinen Joystick unter die Armlehne geklappt hatte und sich nun weigerte, mir die Steuerung zu überlassen. Jetzt fuhr er mich die langen Gänge entlang wieder tiefer in den Komplex hinein, während ich leise, aber hitzig mit ihm diskutierte. Immer wenn Menschen in Sicht kamen, verstummte ich und lächelte, schließlich wollte ich nicht, dass irgendjemand herausfand, dass ich von meinem eigenen Rollstuhl entführt wurde.

»Das erfüllt den Tatbestand von Kidnapping, Freundchen«, zischte ich. »Bereite dich darauf vor, zu lebenslangem Frondienst als Kaffeemaschine verurteilt zu werden.«

Richard piepte leise und bestimmt.

»Sehr lustig. Wir alle wussten, dass der Tag kommen würde, an dem intelligente Maschinen die Herrschaft an sich reißen würden, aber mit einem hilflosen Mädchen zu beginnen, ist wirklich erbärmlich.« Es pfiff leise unter mir. »Du weißt, was ich meine! Und lenk nicht ab. Du gibst mir jetzt sofort die Steuerung zurück, sonst fliege ich dich persönlich nach Tatooine und verkaufe dich an einen Haufen Jawas!«

Er hupte leise und vorwurfsvoll.

»Nein, das war nicht geschmacklos. Mich gegen meinen Willen durch die Gegend zu fahren, *das* ist geschmacklos. Wo fahren wir überhaupt hin?«

Richard piepte eine kurze Erklärung.

»Wie jetzt, Seminarraum? Ich will nicht in den Seminarraum.« Mein Display an der Armlehne leuchtete auf und zeigte einen rot eingerahmten Kalendereintrag.

»Oh«, machte ich. »Das kann nicht sein, das Seminar war doch gerade erst.« Das Datum blinkte und daneben entfaltete sich die Jahresübersicht. »Das Jahr ist schon wieder um?«, fragte ich schwach.

Wir rollten eine Weile schweigend die Gänge entlang und passierten zahlreiche Gruppen aus Patienten und Pflegekräften. Ich wurde oft gegrüßt und lächelte viel. Jeder erkannte mich. Oder zumindest Richard. Es war manchmal schwer zu unterscheiden.

»Mist«, flüsterte ich irgendwann. »Hätte ich das gewusst, hätte ich einen sauberen Rock angezogen und mich vielleicht mal rasiert.« Ich schlug ungehalten auf die Armlehne. »Warum sagst du denn nichts?«

Die Antwort bestand aus einem resigniert klingenden Hupen.

»Das habe *ich* gesagt?«

Bestätigendes Piepen.

»Dass ich dich als Putzmaschine an den Hausmeister verschenke, wenn du mich nochmal vor dem ersten Kaffee mit Terminen nervst? Das kann nicht sein.«

Genervte Tonfolge.

»Ja, ja, ich weiß, dein exzellentes Gedächtnis.« Ich seufzte. »Okay, können wir dann wenigstens bei den Genetikern vorbeifahren und Frühstück schnorren? Ist der Vorteil eines Kleides. Jeder gibt mir Kaffee.«

Empörtes Pfeifen.

»Was soll das heißen, niemand will das sehen? Jetzt werde nicht unverschämt.«

Beharrliches Piepen.

»Dein Charme? Hast du am Starkstrom gelutscht?«

Richard hielt an und hupte empört.

«Okay, okay. Dein Charme und mein Rock bedeuten Kaffee. Zufrieden?«

Keine zehn Minuten später fuhr Richard mich, während ich mich glücklich an meine Tasse klammerte, den Gang entlang auf den fensterlosen Seminarraum zu. Er wurde bereits von einem Dutzend müder Studenten gefüllt und würde in den nächsten Wochen mein Gefängnis werden, wie schon so oft zuvor. Die Tür stand wie immer offen und ich konnte den Alten schon von Weitem hören. Er war einer der letzten lebenden Anachronismen einer ganz alten Schule. Ein Jahr vor der Pensionierung noch immer der Erste im Büro und bestand deswegen darauf, seine Seminare um Punkt acht Uhr morgens zu beginnen. Ich zögerte und runzelte unwillkürlich die Stirn, denn was ich da hörte, war Professor Scholz im vollen, ungehaltenen Diskussionsmodus. Ich zögerte und überlegte kurz, mich im Labor zu verstecken, doch meine Neugier siegte, denn ich wollte wissen, wer den Mut hatte, den alten Wolf schon so früh am Morgen zu provozieren.

Richard fuhr mich leise an die offene Tür heran. Ich spähte vorsichtig um den Rahmen und ließ meinen Blick über das übliche Dutzend schläfriger Gestalten schweifen, von denen die meisten um diese Uhrzeit Schwierigkeiten hatten, auch nur aufrecht zu sitzen. Sie saßen mit dem Rücken zu mir und warteten offensichtlich gelangweilt auf das Ende der Diskussion.

Das Thema schien abgeglitten zu sein und man befand sich in den Wirren einer Kontroverse über evolutionären Druck. Der Alte schien tatsächlich einen Moment lang verwirrt, denn er war es nicht gewohnt, dass man ihn unterbrach. Ich konnte es an seiner schneidenden Stimme hören. Er war irritiert und ich teilte seine Verwirrung, denn ich konnte nicht ausmachen, wo die unerhörten Gedanken ihren Ursprung hatten. Er bekräftigte gerade, dass uns die Lehrbücher darüber informieren, dass Evolution das Ergebnis zufallsverteilter genetischer Variationen sei, sowie natürlicher Auslese in einer Population, welche den besser angepassten Individuen einen Vorteil einräumt.

Doch eine weibliche Stimme widersprach dem Professor erneut kritisch und selbstbewusst.

»Die Lebensbedingungen der Tiere ändern sich in freier Wildbahn in teilweise extrem hoher Geschwindigkeit und ohne Rücksicht auf die langen Zeiträume, die benötigt würden, damit sich eine natürliche Auslese aus zufälliger genetischer Variabilität überhaupt entfalten kann. Wäre dies tatsächlich der zugrunde liegende Prozess, würde jede Naturkatastrophe den Planeten nachhaltig von Leben befreien.«

Während die weibliche Stimme widersprach, schweifte mein Blick durch die Reihen auf der Suche nach ihrer Quelle. Warum konnte ich nicht festmachen, woher die Stimme kam?

Scholz ließ sein Haifischlächeln aufblitzen und erklärte: »Natürlich gab es damals auch Gegenentwürfe zur darwinistischen Evolutionslehre. Man hatte die Idee, dass ein fortwährendes Strecken des Halses nach den Blättern eines

Baumes alle Nachkommen motivieren würde, eine Giraffe zu werden, doch diese Theorie wurde widerlegt.«

»Wurde sie das?«, fragte die Stimme. »Gerüchten zufolge war die Entscheidung, die Lehre Darwins eine *Wahrheit* zu nennen, genau das: eine Entscheidung. Weniger von Wissenschaft getrieben als von politischem Denken der Zeit.«

Die Stimme unterstrich diese Aussage mit einer Geste ihrer Hand und jetzt konnte ich die Studentin auch sehen. Respektive nicht sehen, denn ich stand noch immer im Gang und sie wandte mir den Rücken zu.

Die kleine, schmächtige Gestalt mit schmalen Schultern trug die Haare sehr kurz und wurde von einem riesigen weißen Wollpullover verhüllt, der ihr mehrere Nummern zu groß sein musste. Tatsächlich verschwanden ihre Hände in den langen Ärmeln. Während sie sprach, gestikulierte sie mit der Rechten, welche dafür kurz den Ärmel verließ und der Welt eine kleine, blasse Hand präsentierte, welche sich jedoch sofort wieder in den Schutz der Wolle zurückzog.

Scholz hatte derweil meine Anwesenheit bemerkt, winkte mir zu und schenkte mir sein Lächeln voller Zähne, welches freundlich aussah, bis einem irgendwann auffiel, dass es kurz unter den Augen endete. Seine Diskussionspartnerin folgte dem Blick des Professors und drehte sich zu mir um. Sie saß tatsächlich direkt vor mir. Auch wenn sie verblüffend klein und dünn war, konnte ich nicht erklären, warum ich sie nicht gesehen hatte. Ich hätte gerne etwas zu ihrem Gesicht gesagt, doch mir fiel nichts darin auf, denn ich war vollständig eingenommen von ihren Augen. Sie waren groß und von einem tiefen Blau-Grau. *Wie der Atlantik nach einem Sturm*, schoss es mir durch den Kopf und war gleich darauf tief beschämt von so viel Klischee in meinem Kopf. Ehrlich, ich hatte noch nie den Atlantik gesehen und wusste nichts über Stürme. Doch die Augen hatten definitiv etwas von einem Ozean. Sie strahlten unauslotbar tief und geradezu verblüffend kalt.

Unser Blickkontakt dauerte nur eine Sekunde und sie zeigte keinerlei Regung, doch ich war froh, dass ich saß.

Ich muss noch eine Weile lang in das Nachbild dieser Augen in meinem Kopf gestarrt haben, denn als ich blinzelnd aus meiner Trance erwachte, waren die Studenten bereits zum lautstarken Verteilen der Seminarthemen übergegangen. Ich überlegte gerade, mit welcher Ausrede ich mich den Meeresaugen vorstellen könnte, als meine Gedanken, welche in den kühlen Tiefen stiller Ozeane weilten, jäh unterbrochen wurden. Hinter mir stieß jemand eine Tür auf, welche laut krachend an Richard abprallte.

Ich hätte fast meinen Becher fallen lassen und fluchte entsprechend laut. Richards Entwicklung hatte den Gegenwert eines kleinen Flughafens gekostet, aber einen Kaffeehalter besaß er immer noch nicht.

Mein Stuhl wirbelte auf der Stelle herum und hupte empört. Gleichzeitig entfaltete er eines seiner Beine und gab der offenen Tür einen Tritt.

Eine tiefe Bassstimme grunzte überrascht und verkündete: »Sorry, Richard. Hab‘ dich nicht gesehen.« Ihr Besitzer trat vor und füllte den Türrahmen fast vollständig mit seiner dunklen, massigen Gestalt, welche, schwarz gekleidet, das Licht im Toilettenraum hinter ihr nahezu vollständig blockierte. Ein altes Heavy-Metal-Shirt spannte sich über einen beeindruckenden Bauch und die imposante Gestalt von Doktor Tuomas Lauri, dem Chef-Administrator der Klinik, schob sich aus der Toilette auf den Gang und blieb müde blinzelnd vor mir stehen.

»Was zur Hölle, Karhu?«, fluchte ich und wischte Kaffee von meiner Hand am Rock ab. »Willst du, dass ich am frühen Morgen schon einen Herzinfarkt kriege?«

Ich sah ihn an, bemerkte sein blasses Gesicht sowie die tiefen Ringe unter den Augen und wechselte zu einem besorgteren Ton. »Lieber Himmel, du siehst aus wie dein eigener Nachruf. Wann hast du das letzte Mal geschlafen?«

Tuomas rieb sich mit seiner gewaltigen Hand erst über die Augen, dann über den kahlen Kopf und kratzte sich schließlich energisch in seinem struppigen Vollbart.

»Welchen Monat haben wir?«, fragte er. Dann sah er mich an, als würde er mich zum ersten Mal bemerken und zog die Brauen zusammen. »Was machst du denn hier?«

Ich deutete mit der Kaffeetasse in den Raum mit den Studenten.

»Seminar. Du erinnerst dich vielleicht?« Keine Reaktion. »Semester? Studenten?«

Tuomas blinzelte.

»Ist schon Frühling?«

Ich schüttelte lachend den Kopf und wandte mich unwillkürlich wieder dem Raum zu, auf der Suche nach den unbegreiflichen Tiefen eines kühlen Meeres.

»Was machst du überhaupt so dicht an der Oberfläche, noch dazu um diese Zeit?«, fragte ich abgelenkt. »Die Sonne steht am Himmel. Solltest du nicht im Tiefkeller deinen Serverraum bewachen oder in deinem Sarg liegen?«

Tuomas grunzte und suchte in den Tiefen seiner schwarzen Armeeweste mit den zahllosen Taschen nach seinem Handy.

»Hatte keine Chance«, brummte er mürrisch. »Der Alte hat mich gefunden. Er wollte wieder mal die Visualisierung der Fledermausrufe testen und hat gestern Abend noch die Anlage hier unten aufgebaut und sein spezielles Mikro ausgepackt.«

Ich musste lachen.

»Er gibt wirklich nicht auf, das muss man ihm lassen. Hochempfindliche Mikros in einem Gebäude mit zehntausend Menschen zu testen ist immer eine gute Idee. Was hat er diesmal aufgefangen? Wenn ich mich recht erinnere, haben wir das letzte Mal eine aufwändige Analyse des Paarungsrufs der Kaffeemaschinen in der Mineralogie durchgeführt. Mann, war der Alte sauer.«

Tuomas deutete mit einem Daumen über die Schulter.

»Klospülung.«

»Lass mich raten: wie immer die Dichtung?«

Der Administrator nickte.

»Die Leitung rauscht rund um die Uhr. Der Alte sieht das Rauschen in den Aufnahmen.«

»Wir haben den einzigen Professor im Universum, der nicht nur schwerhörig ist, sondern sich gleichzeitig über eine Toilettenspülung aufregen kann, weil er das Frequenzmuster in seinen Aufzeichnungen erkennt. Aus diesen Ereignissen können wir eine wichtige Lehre ziehen.«

Tuomas nickte.

»Überlasse es einem Megakonzern, eine Klinik zu planen, in der zehntausend billige chinesische Dichtungen verbaut werden, welche sich bei Kontakt mit Wasser auflösen.«

»Ich dachte mehr an: *Gehe nicht ans Telefon, solange es nicht Nacht geworden ist*«, erklärte ich grinsend. »Davon abgesehen wusste ich gar nicht, dass du auch Toiletten reparierst.«

»Tue ich auch nicht. Ich habe den Klempner reingelassen.«

»Und der Systemadministrator betreut den Klempner, weil …?«

»Weil ich als Einziger den Schlüssel besitze.«

»Natürlich. Dumme Frage. Hätte ich mir auch denken können.«

»Hättest du wirklich.«

Ich zögerte.

»Du hast einen unserer Handwerker um diese Zeit zum Arbeiten bekommen?«

Tuomas nickte und wischte auf seinem Handy herum.

»Habe zufällig gestern seine Browser-Historie archiviert.«

Ich nickte.

»Ja, dass sollte reichen.«

Tuomas sah auf, bemerkte, dass ich fortwährend in den Seminarraum hineinstarrte, und folgte müde blinzelnd meinem Blick.

»Ist uns schon jemand aufgefallen?«

»Die hinreißende Schneeflocke hier vorne«, antwortete ich abwesend.

»Bisschen dünn«, urteilte der zwei Meter große und weit über hundert Kilo schwere System-Administrator.

»Sie hat dem Alten widersprochen.«

»Ah, auch noch suizidal.« Er musterte die Gestalt von hinten. »Was glaubst du, versteckt sie da unter diesem Zelt von einem Pullover?«

»Angst«, entgegnete ich leise.

»Ich dachte mehr an zwei riesige ...«

»Danke, Karhu«, unterbrach ich ihn. »Ich weiß, was du in Pullovern suchst.«

Tuomas zuckte mit den Schultern und hielt mir sein Handy hin.

»Hey, hast du gesehen, was das Militär heute Nacht im Schlachthof-Distrikt gefunden hat? Du wirst es mir nicht glauben, aber ...«

Doch es war für mich noch nicht der Moment, die Rose zu sehen, denn jetzt öffnete sich die Tür zur Toilette ein zweites Mal und einer der Klinik-Handwerker begrüßte mich mit einem wortlosen Kopfnicken und blickte dann zwischen uns hin und her.

»Wenn ich die Doktoren um einen Moment ihrer wichtigen Zeit bitten dürfte? Ich hätte da eine Frage.«

Er verschwand wieder im Toilettenraum und ließ uns staunend zurück. Wir folgten dem Mann, der vor eine der Toiletten getreten war. Er hielt Tuomas eine Taschenlampe entgegen und deutete einladend auf den geöffneten Wasserkasten.

»Könnte mir bitte jemand von den Doktoren erklären, womit ich es hier zu tun habe?«

Tuomas nahm die Taschenlampe von dem Mann entgegen und spähte in den Tank.

»Wow«, machte er gedehnt. »Was ist das denn?« Er drehte sich zu mir um. »Hol mir mal bitte ein großes Becherglas aus dem Seminarraum.«

»Wir haben Bechergläser?«

»Natürlich. Vor zehn Jahren war der Grundkurs Chemie hier unten, als deren Labor renoviert wurde.«

Ich starrte ihn an.

»Hintere Schrankwand. Dritte Tür von rechts, ganz oben hinter den Pappkartons mit den Reagenzgläsern. Das Große bitte, welches drei Liter fasst.«

Ich fuhr in den Seminarraum und rekrutierte einen der großen Studenten, mir das Glas zu geben. Ich hielt es auf dem Schoß fest und als ich zurückkehrte, steckte Tuomas bereits mit einem Arm tief im Wassertank der Toilette.

»Liegt da drin ein versunkener Schatz?«, fragte ich fröhlich.

»Nur etwa ein Kilo schwarzer Schimmel, was mich nicht weiter überrascht«, murmelte Tuomas, »und noch etwas, was nicht hier sein sollte.« Er zog seinen Arm aus den Tiefen des Wasserkastens und nahm grinsend das Glas in Empfang. »Wenn ich gleich von einem Alien durch die Toilette gesaugt werde«, verkündete er, »möchte ich eine Plakette haben, die von meinem Ruhm spricht.«

Ich nickte und lächelte ihn freundlich an.

»Kein Problem, Karhu, ich werde sie persönlich gravieren. *Er ging, wie er gelebt hat. Mit dem Kopf im Klo.*«

Tuomas zögerte erst, nickte dann aber zustimmend.

Er tauchte den großen Glasbecher in den Tank und schöpfte vorsichtig etwas heraus. Danach ging er mit dem tropfenden Behälter auf mich zu, wischte die Unterseite mit seinem T-Shirt ab und stellte mir das Becherglas kurzerhand auf den Schoß. Schließlich fischte er eine kleine, aber starke Taschenlampe aus seiner Weste und reichte mir das Licht.

Im Halbdunkel der Toilette hatte es ausgesehen, als enthielte das Becherglas nur Wasser, doch jetzt fiel der helle Lichtstrahl durch das Glas und reflektierte an den Umrissen einer durchscheinenden, komplexen Form.

Transparente Blätter bewegten sich träge im Wasser. Das Licht brach sich fortwährend in schillernden Regenbögen auf dünnen, fast unsichtbaren Flächen. Ich weiß noch, dass ich dachte, das Ganze sähe aus wie ....

»Eine Blume«, flüsterte ich. »Eine Wasserrose.«

»Sieht eher aus wie ein wabbeliger Feldsalat«, kommentierte Tuomas neben mir.

»Wie ist das Ding da reingekommen?«, fragte ich, während ich meinen Kopf hin und her bewegte und fasziniert die Lichtspiele betrachtete.

»Wie wohl?«, fragte Tuomas. »Durch die Frischwasserleitung natürlich. Letzten Monat war das Ventil schon einmal undicht, aber da hatten wir noch keinen Tankbewohner, oder Willi?«

Der Handwerker schüttelte den Kopf. Seine Hände steckten im Spülkasten und er versuchte dumpf fluchend die Dichtung zu wechseln.

»Bleibt noch die Möglichkeit, dass nachts jemand durch das Gebäude schleicht und unsere Spülkästen bepflanzt.

Obwohl ich hier schon seltsamere Hobbys gesehen habe, bin ich geneigt, die erste Erklärung zu nehmen.«

»Die wäre jedoch kein gutes Zeichen für unsere Wasserqualität«, murmelte ich. »Vielleicht sollten wir jemanden informieren?«

»Und wen«, fragte Tuomas spöttisch, »würdest du über diesen Fund gerne in Kenntnis setzen?«

»Na, eine *offizielle Stelle*«, entgegnete ich, ohne wirklich darüber nachzudenken, was ich da sagte. »Die Umweltbehörde, Feuerwehr, Klärwerk, was weiß ich.«

Der Handwerker hielt inne und sah uns groß an.

»Ihr wollt eine offizielle Stelle informieren?«, fragte er entsetzt. »Können wir uns dann darauf einigen, dass ich niemals hier war?« Er hatte die Dichtung gewechselt, den Kasten geschlossen und schmiss bereits sein Werkzeug in die Tasche zurück.

»Der Mann hat recht«, erklärte Tuomas.

»Und wenn wir etwas Gefährliches gefunden haben?«, fragte ich. Ich war wirklich nicht sehr schlau an diesem Morgen. Zu meiner Verteidigung: Ich hatte zu diesem Zeitpunkt noch nicht viel Kaffee getrunken und gerade erst die beiden Schlüsselwesen getroffen, welche meine Zukunft in den Händen hielten. Metaphorisch gesprochen. Ich glaube, mir stand ein wenig Verwirrung zu.

Mein Kollege und der Handwerker tauschten einen vielsagenden Blick.

»Dann«, erklärte Tuomas, »sollten wir schleunigst von hier verschwinden, solange uns noch niemand gesehen hat.«

Der Handwerker, deutlich praktischer veranlagt als wir, drängte sich bereits an uns vorbei.

»Meine Herren Doktoren«, erklärte er, ohne uns anzusehen. »Wie Sie sich erinnern werden, war ich heute den ganzen Tag im Tiefkeller mit der Erdheizung beschäftigt. Das Mistding funktioniert mal wieder nicht.«

»Das war letzten Winter, Willi«, kommentierte Tuomas trocken. »Wir haben angeblich Frühling.«

»Es gab Lieferschwierigkeiten bei den Ersatzteilen«, murmelte der Handwerker und war praktisch schon durch die Tür. »Ihr zwei solltet vielleicht nicht so viel Zeit gemeinsam auf dem Klo verbringen, die Leute reden, wisst ihr?«, erklärte er noch über eine Schulter hinweg und war verschwunden.

Tuomas rief ihm noch etwas hinterher, doch das hörte ich schon nicht mehr. Ich starrte bereits wieder in das Becherglas und sah in die Tiefen der dicht gestapelten transparenten Blütenblätter. Wenn ich den Lichtstrahl sanft bewegte und in das Innerste des Wesens schaute, sah es aus wie in einem Kaleidoskop. Die Strahlen brachen sich auf den schillernden Flächen in hypnotisch funkelnden, tanzenden Farben. Wie konnte etwas so Schönes in einem lichtlosen Tank leben? Es erinnerte mich an bestimmte Fische, tief unten in der lichtlosen Dunkelheit des Meeres, welche im Lichtstrahl der Lampe eines Tauchers zum ersten Mal seit Millionen von Jahren in einem Regenbogen voller Farben aufleuchteten. Warum in einem lichtlosen Tank? Die Blütenblätter fest geschlossen, schlafend, unter zahllosen Lidern. Doch wartend auf den Tag, dass endlich Licht auf sie fiel, welches sie fangen konnten in ihren glitzernden Tiefen. Ohne dass ich es realisierte, tat sie in diesem Moment genau das. Sie fing mich ein … und nicht nur mich.

04 | Datenanalyse

Zu meinen Lebzeiten wäre es mir vollkommen unmöglich gewesen, von der anderen Seite der Geschehnisse auch nur Kenntnis zu erlangen. Die Sicherheitsfreigaben für diesen speziellen Raum hier lagen wahrscheinlich hoch genug, dass selbst der Präsident nicht wusste, wo er zu finden war. Es ist jedoch erstaunlich, was man alles lernen kann, wenn man nicht mehr an eine irdische Existenz gebunden ist, und Daten habe ich zum Glück genug. Dankbarerweise hatte das Militär schon immer die besten Überwachungssysteme. Ich konnte deswegen alle Ereignisse noch einmal im Detail verfolgen, meist sogar aus mehreren Perspektiven.

Schon mein erster Eindruck hatte mich überwältigt, kaum dass ich sie auf dem Bildschirm erkannte. Ich musste zweimal hinsehen, bevor ich sicher sein konnte. Sie war es tatsächlich. Die legendäre Bettina Calvin. Die Mutter der künstlichen Intelligenz.

Sie muss zu diesem Zeitpunkt schon weit über siebzig Jahre alt gewesen sein. Eine lebende Legende. Die einzige Person, die jemals einen Nobelpreis mit der Begründung abgelehnt hatte, dass sie für so einen Unsinn keine Zeit habe. Dort saß sie, wie immer in ihrem ikonischen weißen Kittel, den grauen Haaren, dem Dutt. Genau wie in allen Bildern der Medien. Die gleiche aufrechte Haltung wie in ihrem Denkmal. Doch das kam natürlich deutlich später.

Hier saß sie in der Mitte eines verblüffend leeren Raumes vor einem schlichten, weißen Tisch auf einem einfachen Holzstuhl. Vor ihr standen eine Teekanne und dazu passende Tassen. Das antike viktorianische Teeservice wirkte seltsam fehl am Platze. In einem Anflug von Ironie zeigte das Service ein detailliertes Rosenmuster auf weißem Grund

und ich war irgendwie sicher, dass Calvin es mit Absicht gewählt hatte.

Der unscheinbare Bürotisch wurde offenbar von einer Tastfolie bedeckt, denn gelegentlich nahm sie die linke Hand von der Tasse und tippte auf der Tischplatte herum.

Neben ihr stand noch ein zweiter Stuhl, ansonsten zeigte der Raum um sie herum kein weiteres Mobiliar. Die Wände wurden vollständig von hochauflösenden Displayfolien bedeckt. Die Detailschärfe war so hoch, dass ich zuerst dachte, die Dame nähme ihre Teepause in der Kühlhalle selbst, denn die Wand vor ihr und auch die Wände zu beiden Seiten wurden mit verschiedenen Ansichten der Rose ausgefüllt. Videoaufnahmen langsam kreisender Drohnen, Röntgenaufnahmen, Ultraschallscans, Infrarot, sowie Lasermessungen der Statik. Nahaufnahmen der Feinstruktur, Probenanalysen und eine Zeitrafferaufnahme, welche das Entstehen des bizarren Kunstwerkes zeigte, wie es vom Boden aus unter einem wimmelnden Haufen künstlicher Hornissen in die Höhe wuchs. Lange Auswertungen und Zahlenkolonnen umgaben die Aufnahmen und wechselten mit hoher Geschwindigkeit. Blickte man zu lange auf die Displaywände, wurde einem irgendwann schwindelig. Dennoch hatte ich keinerlei Zweifel, dass Professor Calvin keine einzige Information verpasste.

Sie beobachtete das Geschehen um sich herum scheinbar ohne jede Regung, tippte gelegentlich einen Befehl und trank gelassen von ihrem Tee.

Eines musste man dieser Frau zugestehen, sie wusste wirklich, wie man sich konzentrierte. Ich beobachtete sie schon seit Stunden und fühlte mich jetzt schon tödlich gelangweilt, dabei lebte ich nicht einmal mehr.

Dankbarerweise bahnte sich eine Abwechslung an, denn in der Wand zu Calvins Linker zeigten sich die Umrisse einer Tür, welche von außen aufgezogen wurde. Ein Teil der

Nahaufnahme der Rose kippte nach hinten weg und offenbarte einen dunklen Türrahmen, der sogleich vollständig von General Baker ausgefüllt wurde, welcher seine massige Gestalt in den Raum schob, sich einmal umsah und lang gezogen stöhnte.

»Ich hätte auf meinen Vater hören und eine Kneipe aufmachen sollen«, murrte er und ließ einen angewiderten Blick über die Videowände schweifen.

»Auch dort wird im Moment über nichts anderes gesprochen«, entgegnete Calvin, ohne den alten Soldaten auch nur anzusehen. Sie winkte kurz, woraufhin sich die Tür hinter dem General schloss und das Videobild wieder nahtlos zusammenfügte.

»Ja«, erwiderte Baker, »aber dort gibt es Bier.«

»Ich kann Ihnen nur Tee bieten«, erklärte Calvin, die immer noch konzentriert auf die Wände starrte.

Der General grunzte und ließ sich schwerfällig auf den Stuhl neben ihr fallen. »Wissen Sie eigentlich, wie schwer es ist, hierher zu kommen?«

»Ja«, entgegnete Calvin leise, »aber irgendwie finden die Leute mich trotzdem.«

»Wir haben auch Arbeitsräume, welche überirdisch liegen, nur nebenbei erwähnt.«

»Zu viele Abhöranlagen«, entgegnete Calvin knapp.

Baker schnaufte belustigt.

»Niemand kann bei uns spionieren, Professor. Unsere Stützpunkte sind abhörsicher.«

»Und die Feinde hier drinnen?«, fragte sie trocken.

Der alte Soldat funkelte sie düster an.

»Ich weiß wirklich nicht, warum ich mir das antue.«

»Weil Sie mich brauchen, General. Wie immer. Und *das* würde Ihnen nicht ständig passieren, wenn Sie besser auf Ihre Spielzeuge aufpassen würden.«

Der General verzog das Gesicht und rieb sich mit seiner riesigen Rechten über das Gesicht.

»Etwa genau das hat mir der Präsident heute Morgen auch zwei Stunden lang ins Ohr gebrüllt«, murmelte er müde und lehnte sich stöhnend auf dem Stuhl zurück.

»Warum ist der Gute denn so aufgebracht?«

»Warum wohl? Er will wiedergewählt werden und hat keinerlei Interesse, als erster Blumen-Präsident in die Geschichte der Hauptstadt einzugehen.«

Jetzt nahm die alte Dame zum ersten Mal den Blick von den Auswertungen und blinzelte den Mann an.

»Ja, es ist interessant, nicht wahr? Wie eine Blume ihren Weg in die Köpfe der Menschen findet und sie völlig aus der Fassung bringt.«

Baker grunzte abfällig.

»Haben Sie herausfinden können, wer den Schwarm dazu gebracht hat, in den Gartenbau einzusteigen?«

Calvin schüttelte den Kopf.

»Keine Chance. Es gibt keinerlei Anzeichen von Fremdcode im System und keine der sporadischen Netzverbindungen zeigt irgendeinen sinnvollen Informationstransfer. Ich muss Ihnen sagen, wenn wir hier das Ergebnis eines Hackerangriffs betrachten, dann sind die weit besser als wir.«

»Ich weiß. Hat Wagner auch schon gesagt. Wie bitte soll das möglich sein?«, rief der General. »Ich dachte, Ihr autonomes Dingsda ist das fortgeschrittenste System der Welt? Das zumindest garantiert Wagner mir immer, wenn ich das Budget abzeichnen soll, welches auf jeden Fall das Größte in der Geschichte unseres Militärs ist, soviel ist sicher.«

»Das ist korrekt«, erklärte eine warme Männerstimme hinter dem General.

Baker fluchte laut und wirbelte so schnell auf seinem Stuhl herum, dass er fast herunterfiel.

»Hatte ich nicht gesagt, das Ding soll das unterlassen?«

Die Displaywand hinter Calvins Rücken zeigte jetzt einen stilisierten menschlichen Kopf, der aussah, als wäre er aus flüssigem Quecksilber geformt, welches in einem tiefen goldenen Bronzeton leuchtete. Der Kopf war kahl und die Augen blickten leer und starr in den Raum hinein. Ich musste lachen, konnte aber das Unbehagen des Generals praktisch aus der Aufnahme heraus spüren. Er wich tatsächlich sogar vor der Erscheinung zurück. Ich konnte ihn verstehen. Der goldene Kopf hätte wahrscheinlich weniger einschüchternd gewirkt, wenn er nicht zwei Meter groß gewesen wäre.

»Entschuldigen Sie bitte, General«, erklärte der Kopf mit einer warmen Stimme. »Ich wollte Sie nicht erschrecken.«

Baker wandte sich an Calvin und zeigte anklagend mit dem Finger auf den Kopf.

»Das macht er immer! Er taucht grundsätzlich auf einem Bildschirm direkt hinter mir auf. Ich schwöre, das Ding macht das mit Absicht!«

»Ich habe keine Idee, woher er das Verhalten haben könnte«, erklärte Calvin mit ausdruckslosem Gesicht. Sie wandte sich halb nach hinten und ihre Mundwinkel verzogen sich zu einem winzigen Lächeln. »George, du sollst den General doch nicht so erschrecken, du weißt doch, er hat eine lange, harte Nacht voller Blumen hinter sich.«

»Entschuldigen Sie, Professor«, entgegnete der goldene Kopf und sah nach unten.

»Und ich wünschte«, murrte Baker, »Sie würden ihn nicht so nennen.«

»Es war nicht *meine* Idee, dem Projekt einen riesigen goldenen Kopf zu verpassen«, entgegnete Calvin kühl. »Oder ihm eine *männliche* Stimme zu geben. Das war *Ihre* eigene Marketingabteilung. Und glauben Sie nicht, dass ich die Ähnlichkeit zum letzten Präsidenten nicht gesehen hätte.

Da kann ich ihn ja wohl auch so nennen. Immerhin ist der Name für das Amt schon fast Tradition geworden.«

»Erinnern Sie mich nicht dran«, knirschte Baker und verzog das Gesicht.

»Davon abgesehen«, fügte Calvin hinzu, »ist George ein sich selbst bewusstes Wesen und es wäre nett, wenn Sie ihn auch so behandeln. Er unterscheidet sich nicht so sehr von uns, wie Sie vielleicht denken.«

»Ich bin ein Mensch mit einem Körper und einer *Seele*«, verkündete Baker pikiert.

»Optimist«, murmelte Calvin kaum hörbar.

Der goldene Kopf hob den Blick und wandte sich an den General: »Meine neuronalen Netze bestehen in der Tat aus lebenden Zellen, welche während meines Trainings in organischen Gelsubstraten gewachsen sind. Ich bin also nicht bar jeden Körpers, General. Und was die Seele angeht, so fürchte ich, dass wir beide diesbezüglich einen Beweis schuldig bleiben werden.«

Baker seufzte und drehte sich zu Calvin.

»Das ist alles sehr rührend, aber in der Zwischenzeit haben wir hier in der *realen* Welt *echte* Probleme.«

»So weit würde ich nicht gehen, General«, kommentierte Calvin, »aber was wir haben, sind einige sehr interessante Korrelationen.«

»Entschuldigung?«, fragte Baker leicht genervt.

»General, erinnern Sie sich an die Meldungen der letzten Wochen, dass alle Quantenlaptops der Oberklasse, welche in der Hauptstadt in Verwendung sind, seit einiger Zeit ein sehr seltsames Verhalten zeigen?«

»Nein, ich beschäftige mich beruflich nicht mit Computern«, murrte der General. »Davon angesehen habe ich seit Neustem eine erstaunlich hohe Schwelle für seltsame Dinge. Lassen Sie mich raten. Die Computer verwandeln sich in Blumen.«

»Nein«, entgegnete Calvin, »aber sie zeigen ein seltsames Phänomen. Wann immer die Rechner eingeschaltet sind, jedoch nicht in aktiver Benutzung, also zumeist nachts, steigt die Prozessorlast sprunghaft und der Bildschirm beginnt willkürliche Bilder zu zeigen. Benutzt man den Rechner wieder, hört es schlagartig auf und das Gerät verhält sich wieder normal.«

»Aha. Das ist wundervoll, Professor. Und warum erzählen Sie mir das?«

»Weil wir seit einigen Stunden eine Veränderung des Phänomens sehen, General.«

»Muss ich mich jetzt wirklich …«, begann er, doch Calvin unterbrach ihn.

»Die Rechner zeigen jetzt *Blumen*. Raten Sie mal, welche?«

»Nein.«

»Doch. Und nicht nur das. Sie zeigen Rosen, welche im Begriff sind, zu blühen. Raten Sie mal, in welcher Phase der Blüte die Bilder sind?«

»Nein.«

»Doch.«

»Das kann doch kein Zufall sein.«

»Kühlhaus-Rosen und von Blumen besessene Computer? Das halte ich tatsächlich für unwahrscheinlich. Es ist allerdings schwer für mich, darin das Werk eines Meister-Hackers zu sehen.«

»Warum?«

»Weil er besser sein müsste als ich.«

»Außerdem«, warf George ruhig ein, »würde ich ihn sofort erkennen.«

»Also eine Gruppe?«, spekulierte Baker. »Die Chinesen?«

Calvin schüttelte den Kopf.

»Nicht ihr Stil. Hier ist jemand nicht nur begabter, was Cyberattacken angeht, sondern er hat auch einen ausgeprägten Sinn für Poesie.«

»Entschuldigung?«, fragte Baker. »Poesie?«

Calvin nickte.

»Wir haben uns die Blume im Kühlhaus mal näher angesehen. Also, genauer gesagt, hat Wagner das herausgefunden. Ich musste nur seine Erkenntnisse bestätigen. Schauen Sie mal.«

Sie zeigte nach vorne und sofort füllte eine Videoaufnahme der Rose die ganze Wand aus.

»Hier sind die Videoaufnahmen im Zeitraffer vom Moment der Fertigstellung durch die Hornissen bis zum Beginn unserer Unterhaltung.«

Baker verfolgte stumm das Geschehen. Der dunkle Hornissenschwarm war als wirbelnde schemenhafte Wolke um die Rose herum zu erkennen. Die Blume schien fertiggestellt, doch die Aktivität der Hornissen nahm nicht ab. Die Blütenblätter verschwanden weiterhin unter den wimmelnden Körpern. Ich glaubte fast, das tiefe sonore Brummen hören zu können und bekam eine Gänsehaut. Dann sah Baker es und sein Mund klappte auf.

»Die Blüte verändert sich! Sie wird größer!«

»Nicht in dem Sinne größer, General. Aber ja, sie verändert sich. Der Schwarm scheint mit seiner Arbeit noch nicht fertig zu sein.«

»Was in aller Welt …«, begann Baker.

»Sie blüht, General«, erklärte Calvin leise.

Baker starrte einen Moment mit offenem Mund, dann legte er die Hände über die Augen.

»Warum ich«, murmelte er. Er rieb sich das Gesicht und sah Calvin an. »Okay, was machen wir mit dem ekligen Ding? Können wir es endlich zerstören?«

»Auf keinen Fall, General. Es ist ein Kunstwerk.«

»Es ist ein widerlicher Haufen Formfleisch!«

»Das auch, ja. Nichtsdestotrotz hat Wagner innigst gebeten, seine Analyse fortsetzen zu dürfen. Er weist darauf hin, dass wir es hier mit einer distinkten temporalen Variablen zu tun haben und ich bin geneigt, ihm zuzustimmen.«

Baker seufzte.

»Und wenn man das übersetzt, heißt es was?«

»Es bedeutet, General, dass uns hier jemand freiwillig oder unfreiwillig einen Hinweis gibt. Etwas wird passieren, wenn die Rose in voller Blüte steht.«

05 | Gemeinschaftsraum

Wenn ich jetzt so auf die Aufnahmen aus unserem alten Institut zurückblicke, beginne ich erst zu verstehen, wie zurückgezogen wir in unserer wissenschaftlichen Welt eigentlich gelebt haben. Was man so *Leben* nennt.

Unser Gemeinschaftsraum der Arbeitsgruppe für Bioakustik ist Teil der Sinnesphysiologie, welche der Physiologie angegliedert ist. Wir hausten in den Kellern der Klinik. Nur ein weiterer fensterloser Raum, dessen Wände man nicht sehen konnte, weil sie vollständig hinter Regalen voller Elektronik und Maschinen verborgen blieben. Überbleibsel und Restposten, Relikte und Erbstücke aus mehreren Generationen von Forschung und Lehre. Das Ganze machte auf Besucher immer den Eindruck einer vergessenen Rumpelkammer oder eines verblüffend schlecht sortierten Flohmarktes.

Im Hintergrund des Raumes ließ sich unter zahllosen willkürlich abgestellten Geräten eine Küchenzeile erahnen. Dort, inmitten des Gerümpels, gurgelte irgendwo eine Kaffeemaschine. Ihr Anblick blieb verborgen unter einer Flut aus Computer-Innereien und Bergen von elektrischen Geräten zweifelhafter Funktion und Herkunft.

Tuomas und der Chef schleppten pausenlos neue exotische Funde heran und versicherten sich seit Jahren gegenseitig, dass es nur wenige Handgriffe benötige, sie wieder instand zu setzen. Dies hatte sich über die Jahre im ganzen Haus herumgesprochen und andere Arbeitsgruppen, die mit den weißen Wänden und den Fenstern, nutzten unsere Räumlichkeiten seitdem als Abstellraum, wenn niemand sie dabei beobachtete. Es gab uns das Gefühl, dass unser technisches Gerümpel nachts zum Leben erwachte und sich selbst zusätzliche Gesellschaft baute, welche dann am Morgen unauffällig in den Regalen stand und so tat, als wäre sie schon immer da gewesen.

An den wenigen Stellen, an denen freie Wand verfügbar war, hatten wir ausrangierte Flachbildschirme aufgehängt, welche Präsentationen voller Auswertungsgraphen aus Publikationen mit dazu passenden Naturaufnahmen zeigten, unauffällig durchmischt mit wissenschaftlich anmutenden Grafiken aus Science-Fiction-Serien.

Das einzig benutzbare Möbelstück bestand aus einem großen Tisch in der Mitte des Raumes, umgeben von einem Sortiment nicht zusammenpassender, weil zufällig zusammengewürfelter Stühle. Dieser Tisch wurde ironischerweise auf strikte Anweisung des Chefs immer sauber und leer gehalten.

Im Moment stand darauf ein Aquarium.

Ein solches zu finden war das geringste Problem gewesen, und dass unser Fund in der Lage war, das hiesige Leitungswasser zu tolerieren, wussten wir ja bereits.

Das war der große Vorteil, in der gleichen Arbeitsgruppe wie Doktor Tuomas Lauri zu sein. Auf der einen Seite war man wissenschaftlich fragwürdig, wurde ignoriert und belächelt, auf der anderen Seite hatte er Zugriff auf alles. Wir hatten zusätzlich zwei Schreibtischlampen so positioniert, dass sie in das Aquarium schienen, und ich konnte meine Augen nicht von den durchscheinenden Blütenblättern nehmen, die sich nicht rührten und doch zu bewegen schienen, wenn man sie nicht zu genau beobachtete.

Tuomas saß neben mir und nahm den Blick nicht von seinem Handy.

»Die Haushandwerker reparieren zurzeit mehr als ein Dutzend Toiletten die Woche. Ich habe die Jungs mit einem Becherglas und Anweisungen ausgestattet. Wenn sie noch mehr von diesen seltsamen Dingern finden, wird man sie uns bringen.«

Scholz trat leise hinzu mit einer Tasse Kaffee in der Hand.

»Wollten Sie nicht nachschlagen gehen, um welche Spezies es sich handelt?«, fragte Tuomas.

»Nein, ich wollte aufs Klo und mir dann einen Kaffee holen.«

Wir beide starrten ihn an und er trank gelassen aus seiner Tasse.

»Und?«, fragte Tuomas.

»Nichts und«, entgegnete der Chef ungeduldig wie immer. Er trat an die Küchenzeile und pflückte mit einem sicheren Griff die Kaffeekanne aus dem chaotischen Trümmerfeld mechanischer Memorabilien. »Sie können dem Ding selbst einen Namen geben, wenn Sie möchten. Diese Spezies wurde noch nie beschrieben.«

»Was?«, rief ich. »Sind Sie sicher?« Scholz ließ die Kanne sinken und sah mich mit zusammengezogenen Brauen an. »Sorry, sorry, natürlich sind Sie sich sicher.«

Der kleine dicke Mann kam zu uns an den Tisch zurück und ließ sich ächzend auf einen Stuhl fallen.

Tuomas sah nicht einmal von seinem Handy auf.

»Er kann sich so sicher sein, weil das da Süßwasser ist. Es gibt überhaupt nur eine einzige Süßwasser-Qualle und die ist nicht sessil und schon gar nicht so groß.« Er warf einen kurzen Blick in das Aquarium. »Das Ding sollte überhaupt nicht existieren.«

»Warum«, entgegnete ich abwesend. Er konnte schon an meinem Ton hören, dass ich überhaupt nicht aufgepasst hatte. Ich lehnte mich gerade seitlich aus meiner Sitzschale und starrte gebannt fast mit dem Kopf auf der Tischplatte in das Aquarium hinein.

»Weil«, entgegnete Tuomas sachlich, »es in einem stockdunklen Wasserkasten nichts gibt, wovon sie leben kann. Im Abwasser gäbe es zumindest eine Fülle von Nährstoffen, aber die Frischwasserleitung ist eine Wüste. Dort existieren natürlich Bakterien und der schwarze Schleim, der von den Weichmachern im Plastik des Tanks lebt, doch das alles reicht nicht, um eine so große Lebensform zu versorgen.«

Tuomas und Scholz diskutierten weiter, doch ich hörte sie kaum noch, denn ich starrte durch das Aquarium und die durchscheinende Form der Blume direkt in das Gesicht der Studentin, die gerade lautlos in den Gruppenraum getreten war. Ihr blasses Gesicht über dem weißen Pullover formte sie zu einer weißen verschwommenen Gestalt, welche sich vage durch die durchscheinenden Umrisse der Blume zeigten.

Damals konnte ich nicht einmal hören, was sie fragte, denn das Aquarium schien sie nicht nur visuell in eine andere Welt zu projizieren, auch alle ihre Worte hörten sich für mich an, als wären meine Ohren unter Wasser.

Durch die neue Perspektive der Videoaufzeichnung verstand ich jetzt natürlich, dass sie schlicht nach dem Weg zur Toilette fragte und Scholz ihr eine entsprechende Erklärung gab, woraufhin sie wieder aus dem Aquarium verschwand.

»Was macht die denn hier«, fragte Tuomas, der tatsächlich den Blick vom Handy genommen hatte.

»Ich habe sie zu weiteren Diskussionen mit uns eingeladen«, erklärte der Chef knapp.

»Sie wollen mit ihr diskutieren?«, entgegnete Tuomas konsterniert.

»Nein danke, das ist mir zu anstrengend. Wenn ich sage *uns*, meine ich natürlich nicht *mich*. Dafür habe ich Mitarbeiter.« Er schenkte uns sein Haifischlächeln.

Ich drehte leicht den Kopf und tauschte mit Tuomas einen verblüfften Blick.

Scholz seufzte.

»Meine Herren. Ich unterrichte seit über dreißig Jahren an dieser Universität. Wissen Sie, wie viele Studenten ich getroffen habe, welche sich getraut haben, der offiziellen Lehrmeinung direkt zu widersprechen? Und dann auch noch in Bezug auf eines der fundamentalsten Axiome unserer Lehre?«

»Einen?«, fragte ich.

»Zwei!«, entgegnete Scholz und Tuomas hob die Hand.

Ich sah ihn kühl an. »Du?«

»Ich war jung und mir war langweilig«, entgegnete der Administrator und gähnte lang gezogen.

»Ich schlage vor«, warf Scholz ein, »wir nehmen sie in unsere Gruppe auf.«

Tuomas Mund klappte auf und er riss die Augen auf.

»Die? Hier? Ein *Mädchen*?«

»Schönen Dank auch«, warf ich kühl ein und wandte mich wieder der Blume zu.

»Natürlich sie und hier!«, rief der Chef ungeduldig. »Sie ist intelligent, unangepasst, aggressiv und aufsässig. Sie kennen den Laden hier, meine Herren. Wo soll sie sonst hin?« Scholz gestikulierte vage Richtung Tuomas. »Unser geschätzter Administrator war ein guter Anfang, wenn es um das Infragestellen von Autoritäten ging, aber alles in allem hätte ich auch nichts gegen ein wenig weiblichen Charme in dieser Arbeitsgruppe einzuwenden.«

»Schönen Dank weiterhin«, erwiderte ich kühl.

Der Chef wedelte mit der Hand.

»Ach, Sie wissen, was ich meine.«

Doch ich war mit den Gedanken in kühlen, blau-grauen Augen unterwegs und hätte sowieso nichts mehr gehört, denn in diesem Moment trat die blasse Studentin wieder in den Raum. Jetzt, wo sie vor uns stand, wirkte sie noch kleiner und schmächtiger.

Scholz verlor keine Sekunde, sondern zeigte mit dem Zeigefinger zwischen Tuomas und mir hin und her.

»Führen Sie sie herum, zeigen Sie ihr alles, ich will sie in der Gruppe haben«, erklärte er. Die junge Frau sah ihm erstaunt dabei zu, wie er sich danach aus dem Stuhl wuchtete und kommentarlos an ihr vorbei in sein Büro ging.

Sie sah ihm noch einen Moment konsterniert hinterher, dann drehte sie sich zu uns um und schaute uns fragend an.

»Keine Sorge«, erklärte ich und versuchte zu lächeln. »Das ist völlig normal. Wir haben beschlossen, es charmant zu finden.«

»Haben wir?«, fragte Tuomas und konzentrierte sich wieder auf sein Handy.

Die Studentin wandte sich mir zu und sah mich durch das Aquarium hindurch an. Ich richtete mich in meinem Stuhl auf und war viel zu verblüfft, um mich an meine Erziehung zu erinnern. Stattdessen starrte ich sie nur an, denn sie schien aus dem Wasser, ja aus der Blüte heraus in den Raum getreten zu sein. Sie sah nicht erstaunt aus, nicht einmal fragend. Eher wie jemand, der selbst nicht wusste, ob er sich in einem Traum befand. Ihr Blick fand mich über das Aquarium hinweg, dann lehnte sie sich zur Seite und ihr Blick blieb an meinem Stuhl hängen.

Ich kannte diesen Blick und wusste, der beste Weg war jetzt, in die Offensive zu gehen. Ich fuhr also um den Tisch herum und reichte ihr die Hand.

»Lou«, erklärte ich lächelnd.

Ihre Hand war sehr klein, weiß und kühl. Es sprangen keine Funken über, als sich unsere Finger berührten, doch für den Bruchteil einer Sekunde wäre ich nicht erstaunt gewesen, wenn meine Finger glatt durch ihre hindurch geglitten wären und sie sich vor meinen Augen in Luft aufgelöst hätte. Stattdessen drückte sie meine Hand mit verblüffender Kraft und fixierte dabei meine Augen.

»Eva«, entgegnete sie und zog die Winkel ihres schmalen Mundes dabei auf die bezauberndste Weise auseinander und ließ eine Reihe kleiner weißer Zähne aufblitzen.

Unter mir piepte es energisch.

»Entschuldige bitte, wie konnte ich dich vergessen«, erklärte ich und tippte mit einem Finger auf meine Armlehne. »Das ist Richard.«

Der so Vorgestellte hupte eine fröhliche Begrüßung.

Ich sah, wie ihr Blick kurz zu meinem Stuhl hinabwanderte und dann fragend zurückkehrte.

»Ich weiß, er sieht ein bisschen einschüchternd aus, aber er ist eigentlich ein ganz Lieber.«

Ein vehementes Pfeifen bekräftigte diese Aussage.

»Er sieht jedenfalls nicht so aus«, entgegnete Eva vorsichtig, »wie man sich einen modernen Elektrorollstuhl vorstellt.«

Ich lächelte sie an.

»Du meinst, weiß, blinkend und voll fließender organischer Linien?«

Sie nickte.

»Das liegt daran«, erklärte ich, »dass pausenlos an ihm gearbeitet wird. Die Jungs aus der Abteilung für Prothetik und Robotik versprechen zwar schon seit Jahren, eine Verkleidung für ihn zu drucken, aber sie kommen einfach nicht dazu, weil sie jedes Mal kurz vorher das Design ändern.«

Eva blickte nachdenklich auf den Wust aus Motoren, komplexer Mechanik und offen liegender Elektrik, der sich unter meiner Sitzschale drängte.

»Er passt auf jeden Fall gut in eure Arbeitsgruppe«, bestätigte Eva. »Er sieht ein bisschen aus wie«, sie ließ den Blick über das Chaos aus Elektronik und Computerschrott entlang der Wände gleiten, »eure Regale hier, nur, wie soll ich sagen, … mobiler.«

Richard pfiff fragend und Tuomas entgegnete: »Nein, ich bin sicher, das war ein Kompliment.«

Ich lachte.

»Ich weiß. Wenn ich neben dem Elektroniklager stehe, bin ich perfekt getarnt. Aber es hat den Vorteil, dass Richard schnell und problemlos gewartet werden kann. Er ist trotz allem ein Prototyp. Besonders der Laufmechanismus ist ein wenig anfällig. Er kommt gerne mal aus dem Takt und muss dann zeitnah neu synchronisiert werden.«

Professor Scholz trat wieder in den Raum, nickte einmal in die Runde und fügte übergangslos hinzu: »Und es ist ja nicht so, dass wir die neuronalen Netze zur Steuerung des sechsbeinigen Gangs nicht schon seit über vierzig Jahren verstehen würden. Die Forschung dazu wurde hier«, er zeigte mit einem Finger vehement auf den Boden, »in dieser Stadt durchgeführt. Vor dem Zusammenbruch natürlich.« Er schritt zur Kaffeemaschine, füllte seinen Becher erneut nach und wandte sich an Tuomas. »Sehen Sie, was passiert, wenn man meint, es wäre wichtiger zu publizieren als sauber zu arbeiten? Zwei Generationen später kann unser Ludwig seine Beine immer noch nicht vernünftig koordinieren.« Er schüttelte angewidert den Kopf und wanderte wieder in sein Büro. Noch aus dem Nachbarraum hörten wir ihn hinzufügen: »Ich wusste damals schon, dass in der Kybernetik-Gruppe nur Loser und Schwachmaten arbeiten.«

Richard pfiff eine Tonfolge, welche erstaunlich eloquent zusammenfasste, dass das Ende der Loser noch lange nicht erreicht sei, und Eva sah mich mit großen Augen an.

»Das ist völlig normal«, erklärte ich, »man gewöhnt sich dran. Gleich kommt er raus und zeigt uns die Fehler in der Original-Publikation.«

Tuomas schüttelte den Kopf und zeigte auf die Uhr an der Wand.

»Es ist zehn. Zeit für die Toilette.«

Tatsächlich kam Professor Scholz schon wieder aus dem Büro, diesmal ohne Tasse, und verschwand wortlos Richtung Toilette.

Eva schüttete irritiert den Kopf und wandte sich wieder an mich.

»Könntest du nicht einfach eines der Exo-Skelette tragen, wie das Militär sie benutzt?«

»Theoretisch ja«, entgegnete ich. »Wir haben es probiert. Das Problem ist mein schwacher Muskeltonus. Ich müsste den ganzen Tag lang in dem Ding festgeschnallt sein. An Armen, Beinen, Becken und Torso. Das ist sehr unbequem. Darüber hinaus verlangt das Militär für die Dinger ein verdammtes Vermögen.«

»Außerdem«, warf Tuomas grinsend ein, »fliehen die Leute in Scharen, wenn sie den Gang entlangkommt.«

»Das auch, ja«, bestätigte ich. »Alle denken, die Armee stürmt das Krankenhaus. Doch am Ende ist da noch das gravierendste Problem: Die Dinger werden von Männern entwickelt.«

»Entschuldigung?«, fragte Eva.

»Hast du mal versucht, in einem Exoskelett einen Rock zu tragen?«, fragte ich und schenkte ihr mein charmantestes Lächeln.

»Ah«, machte Eva und schmunzelte. »Ich verstehe, das geht natürlich gar nicht.«

»Davon abgesehen«, fügte ich hinzu und tätschelte meine Armlehne, »sind Richard und ich Freunde.«

Ein wohliges Brummen ertönte von unten.

»Er ist tatsächlich sehr besonders«, verkündete Eva.

»Absolut«, bestätigte Tuomas. »Er ist ein Unikat. Seine reduzierte Bewusstseinsmatrix läuft im Zentralsystem der Klinik und wird von mindestens drei Arbeitsgruppen entwickelt. Er lernt seit über fünf Jahren und kennt Lou besser als wir alle.«

Richard piepte energisch.

»Er kennt Lou sogar besser als Lou«, übersetzte Tuomas.

Ich kannte das schon und wusste, dass Richard jetzt problemlos die Unterhaltung würde dominieren können. Deswegen hob ich die Hand, um Evas Aufmerksamkeit zu bekommen und deutete dann auf das Aquarium.

»Was hältst du von unserem neusten Zugang?«, fragte ich. »Haben wir heute Morgen am gleichen Ort gefunden, von dem auch unser restliches Equipment stammt.«

»Im Klo«, fügte Tuomas hinzu, ohne von seinem Handy aufzusehen.

Eva schaute wieder in das Wasser und ihr Gesichtsausdruck bekam wieder diese leicht entrückte Qualität, die ich zuvor schon gesehen hatte.

»Ich vermute, du hast Fragen?«, ermunterte ich sie lächelnd.

Die junge Frau trat langsam auf das Aquarium zu und schien uns überhaupt nicht mehr zu sehen. Nach einer Weile beugte sie sich vor und sah lange und regungslos in das Wasser. Schließlich sahen wir ihr dabei zu, wie sie einen Block aus ihrem Rucksack hervorkramte, wild darin blätterte und dann mit aufgerissenen Augen zwischen ihm und dem Aquarium hin und her sah.

Irgendwann ließ sie den Block sinken und ich sah die mit Talent und Feingefühl ausgeführte Bleistiftzeichnung der Blume im Aquarium. Eva sah mich an, offensichtlich im Zustand vollständiger Verwirrung und Hilflosigkeit, was die Tiefe in ihren Augen nur umso beängstigender und anziehender machte. Mein Blick ging von ihr zu der Zeichnung auf dem Block, den sie noch immer hielt, zum Aquarium und wieder zu ihren Augen zurück.

»Willkommen in der Twilight Zone«, erklärte ich lächelnd.

06 | Memevarianten

Als General Baker den Analyseraum betrat, wurden die Bildschirme von derart vielen Blumenmotiven und sich überlagernden Posts in sozialen Medien geflutet, dass er einen Moment lang die Augen schließen musste. Calvin stand vor ihrem Tisch, hielt ihre Teetasse in beiden Händen vor dem Mund und drehte sich langsam um sich selbst, während sie die schnell wechselnden Bilder studierte.

Der alte Soldat trat in den Raum und hielt sich eine Hand schützend vor die Augen.

»Lieber Himmel, Professor«, begann er irgendwann. »Meinen Sie nicht, Sie übertreiben?«

»Ich habe die Frequenz der Bilderwechselrate bereits herabgesetzt«, erklärte George hinter ihm.

Baker fluchte und wirbelte herum.

»Warum?«, bellte er und zeigte mit dem Finger auf den großen goldenen Kopf. »Warum immer hinter mir?«

»Professor Calvin sagte, ich solle aufhören, ihr im Weg zu sein«, erwiderte George ungerührt.

Calvin seufzte, schnipste einmal mit den Fingern und die Bilder auf allen Bildschirmen standen still.

»Meine Herren, ich versuche mich zu konzentrieren.«

»Die Indizien sprechen gegen Sie, Professor«, erklärte George ruhig. »Ihren Vitalwerten zufolge fällt Ihre kognitive Leistungsfähigkeit seit Stunden kontinuierlich ab.«

»Ich habe doch gesagt, mir geht es gut«, erklärte Calvin kühl und hielt sich am Tisch fest, während sie mit zitternden Händen nach der Teekanne griff und ihre Tasse nachfüllte.

»Sie haben seit drei Tagen nicht mehr geschlafen, Professor«, erklärte George, »und vor zwanzig Minuten standen Sie unmittelbar vor einem epileptischen Anfall, weswegen ich die Bildwechselfrequenz deutlich herabsetzen musste.«

»Ich habe heute Morgen sehr wohl geschlafen«, murrte die alte Dame.

»Professor, ich habe deswegen Rücksprache mit dem diensthabenden Arzt des Hauptquartiers gehalten. Er hat mir meine These bestätigt. Auf der Toilette zu sitzen und für zehn Minuten das Bewusstsein zu verlieren, qualifiziert nicht als *Schlaf.*«

»George, ich kenne den Mann«, murmelte Calvin. »Wenn du ihn bittest, die Finger an seiner Hand zweimal zu zählen, wird er dir zwei verschiedene Ergebnisse vorlegen.«

»Ich glaube wirklich nicht …«, begann George.

»Entschuldigung!«, rief Baker laut, trat an den Tisch heran und ließ sich mit einem Ächzen auf den freien Stuhl sinken. »Ich störe Ihre wissenschaftlichen Analysen nur ungerne, aber ich habe hier ein kleines Anliegen. Und wenn ich sage: ‚Ich habe', dann meine ich: 'Der Präsident hat'.«

Mit diesen Worten stellte er eine braune Papiertüte neben die Teekanne. »Ich habe Ihnen was mitgebracht.«

Calvin warf einen flüchtigen Seitenblick auf die Tüte und zog die Brauen zusammen.

»Und was ist das?«, fragte sie kritisch. »Der Rest Ihrer Karriere?«

»Charmant«, entgegnete Baker trocken. »Aber nicht völlig falsch. Ich habe in diesem verschissenen Kühlhaus mal wieder den Fehler gemacht zu glauben, dass es nicht mehr absurder werden kann.«

»Ist das … Essen?«, fragte Calvin und blickte auf die Tüte, als hätte sie sich gerade bewegt. Als Baker nur aufmunternd gestikulierte, trat sie an den Tisch heran, faltete behutsam das Papier auseinander und entnahm der Tüte ein in Plastikfolie eingewickeltes Sandwich. Sie befreite es von seiner Hülle und sah Baker fragend an.

»Der Präsident hat Sie angewiesen, mir das zu bringen?«

»Nicht in so vielen Worten, aber im Wesentlichen, ja.«

Calvin sah leicht angewidert auf das Brot in ihrer Hand.

»Sie erwarten doch wohl bitte nicht, dass ich das esse?«

»Ich habe gelernt, gar nichts zu erwarten«, murrte der General, »ich würde es jedoch begrüßen, wenn Sie es aufklappen.«

Calvin hob vorsichtig die obere Scheibe Brot an und stutzte.

»Sieht aus wie eine Scheibe Fleischwurst mit dem Bild einer Rose in der Mitte. Wahrscheinlich mit Blut gefärbt?«

»Der Präsident hat mich wissen lassen, er wünscht, dass wir dem Unsinn ein Ende setzen, wenn ich nicht möchte, dass es mein Blut wird.«

»Das ging aber schnell«, erklärte Calvin, die nicht zugehört hatte.

Baker schnaubte abfällig.

»Es ist mittlerweile vollkommen egal, was wir machen. Kaum verliert der Abschirmdienst die Kontrolle über ein Motiv, steht auch schon ein ganzer Wirtschaftszweig in den Startlöchern, um daraus sofort Kapital zu schlagen. Durch billige 3D-Drucker und automatisierte Produktionsanlagen, die man online mieten kann, liegt der Turnover für neue Produkte heutzutage bei Stunden. *Stunden,* Professor. Die Scheiß-Wurst war am nächsten Morgen online bestellbar, wurde von einem Influencer beworben, ging in zwanzig Minuten viral und ist jetzt schon ein Millionengeschäft.«

»Wirklich?«, fragte Calvin und verzog das Gesicht, während sie weiter unter die Brotscheibe spähte, wie ein Biologe, der gerade einen Stein umgedreht hatte und fasziniert das Krabbeln darunter verfolgte. Dann ließ sie das Sandwich in die Tüte fallen. »Ich fürchte, dass ihre Wurst erst der Anfang ist.« Sie wandte sich wieder den Bildschirmwänden zu. »Sag es ihm, George.«

Der große goldene Kopf hob den Blick und wandte sich Baker zu.

»Nach der ersten Verbreitung in den sozialen Medien haben wir in den folgenden sechs Stunden bereits ein Dutzend Nachahmer identifizieren können, die versuchten, durch ähnliche Aktionen einen Teil der Aufmerksamkeit auf die eigene Person zu lenken, um ihre Umsätze zu steigern.«

Die Bildschirme füllten sich mit Bildern von Überwachungskameras, noch während der goldene Kopf redete.

»Seitdem konnten wir unzählige weitere Quellen identifizieren, deren Content sich bereits als unabhängige Memevarianten ausbreiten. Die Entwicklung wird jetzt zügig den Punkt erreichen, wo das Wachstum zu schnell ist, um noch eine Rückverfolgung zu ermöglichen.«

»Wozu geben wir Ihnen eigentlich all diese Prozessorzeit, Professor«, murrte Baker, »wenn Sie nicht mal ein paar Blumen kontrollieren können?«

»Wir müssen sehr vorsichtig sein«, entgegnete Calvin, »wenn es darum geht, die Kausalitäten auseinanderzuhalten. Durch die exponentielle Verbreitung der Motive und die inhärente, nun, *Kindlichkeit* des Motivs haben wir viele Nachahmer in der jüngeren Generation. Das bedeutet, wir können nicht jedes Mal ein schwer bewaffnetes Einsatzteam schicken, wenn die Meldung kommt, dass jemand eine Blume gebaut hat.«

Sie zeigte auf die Videowand vor sich.

»George, gib dem General ein paar Beispiele für diese Ereignisse.«

Der goldene Kopf drehte sich in Richtung der Videowand vor Calvin, während sich mehrere Fenster öffneten und kurze Videosequenzen aus verschiedenen Nachrichtensendungen einspielten.

»Eine Gruppe bekannter Influencer aus der Gamer-Szene hat in der vergangenen Nacht die Videowände von zwei Hochhausfassaden gehackt und die Nacht hindurch blühende Blumenwiesen darauf gezeigt. Parallel hat eine Gruppe Schüler mit Spraydosen das Dach ihrer Schule neugestaltet, um dort das Bild einer Blume zu kreieren. Wir konnten den Upload der Drohnenaufnahme verhindern und haben die Initiatoren festgesetzt und ihre Kanäle gesperrt. Wir konnten so die Ausbreitung des Contents verhindern, doch die Idee an sich ging dennoch über Nachrichtendienste viral. Wir hatten deswegen vergleichbare Vorfälle in einem Dutzend anderer Einrichtungen, aber auch hier ließ sich ein Ausbreiten der Meme-Informationen frühzeitig verhindern.«

Baker grunzte zufrieden.

»Zumindest in dieser Hinsicht konnten wir also schnelle Erfolge verbuchen.«

»Ja, General. Alle Täter wurden identifiziert, ihre Zugänge zum Netz und alle Konten in sozialen Netzwerken eingefroren und entsprechende Strafverfahren eingeleitet.«

»Gut, das Letzte, was wir in dieser Situation brauchen, sind ein Haufen Trittbrettfahrer.«

Calvin wandte sich an den Soldaten.

»Wirklich? Sie verbuchen die Verhaftung von Schulkindern als Erfolg?«

»Die Lage ist unübersichtlich«, knirschte der General, »und wenn uns diese Vorkommnisse jetzt schon aus dem Ruder laufen, können sich die tatsächlich gefährlichen Täter wunderbar mithilfe unzähliger Nachahmer tarnen.«

Calvin schnaufte abfällig.

»Gefährlich, General? Es ist eine gefärbte Wurst. Was haben wir noch? Kindergartenkinder, die Papierblumen falten?«

»Was ist mit den anderen Idioten, die versuchen, Kapital aus den Motiven zu schlagen?«, fragte Baker.

Der große goldene Kopf wandte sich ihm zu und nickte.

»Wir behalten gegenwärtig unzählige Geschäftsentwicklungen im Blick, die versuchen, Umsatzsteigerungen aus den Ereignissen zu erzeugen. Es ist allerdings nicht einfach, juristisch gegen jemanden vorzugehen, der T-Shirts mit dem Aufdruck ‚*Jetzt geht es um die Wurst*' unter dem Bild einer blühenden Rose verkauft.« Der General stöhnte und legte sich eine Hand über die Augen. George fuhr derweil ungerührt fort. »Wir haben die Produktionsanlagen von zwölf Nachahmern, welche die dortigen Drucker gehackt hatten, bereits gestoppt und haben in den vergangenen Stunden um die sechzig zumeist junge Menschen in Haft genommen. Wir lassen sie laufen, sobald das entsprechende Meme abgeklungen ist. Wir beobachten darüber hinaus mehrere Versuche, neue religiöse Sekten zu etablieren, welche sich auf die Idee berufen, dass außerirdisches Leben über die Blumen mit uns kommunizieren will.«

»Es gab mal eine Zeit«, murmelte Baker, »da hatten Gegner Uniformen an und wollten auf uns schießen.«

»Es gab auch mal eine Zeit, da hätte ich *Ihnen* den Tee gebracht«, entgegnete Calvin und reichte ihm ihre Tasse, ohne den Blick vom Bildschirm zu nehmen.

Baker schenkte ihr nach und fragte: »War es das? Ich weiß nicht, wie es Ihnen geht, aber mein persönlicher Bedarf an Botanik ist gedeckt.«

»Eines haben wir noch«, erwiderte Calvin und trank gelassen von ihrem Tee.

»Es scheint erwähnenswert«, warf George ein, »dass ich bei meiner Suche nach verwandten Ereignissen mit ähnlicher Motivlage auf einen interessanten Umstand gestoßen bin. Es gibt diesen Trend zu Blumenmotiven in einer schwachen Ausprägung bereits seit einigen Tagen vor der Entdeckung im Kühlhaus. Professor Calvin hat mich daraufhin gebeten, einen möglichen Ursprung zu isolieren.«

Baker sah von seiner Tasse auf.

»Und? Hat er einen Anfang gefunden?«

»Ich habe«, bestätigte George. »Das Motiv tauchte bereits vor einer Woche auf. Zu diesem Zeitpunkt war der Schwarm bereits verschwunden. Es ereignete sich ein Vorfall bei dem größten Online-Händler der Hauptstadt. Genauer gesagt in der größten Lagerhalle des Versandhandels im Industriegebiet am Rand des südlichen Außenbezirks. Es existiert keine offizielle Meldung zu dem Ereignis. Die entstandenen Lieferverzögerungen von einem halben Tag müssen den Konzern jedoch mehrere Millionen Kreditpunkte gekostet haben.«

»Wir haben die Information nur bekommen«, warf Calvin ein, »weil wir das System nachträglich übernommen und unsere Datenbankforensiker darauf losgelassen haben. Der Konzern hatte die Meldung der Ereignisse an offizielle Stellen verhindert und jeden Versuch von unserer Seite, an Details zu kommen, unter einer Lawine von Anwälten begraben.«

George nickte langsam. »Die Informationslage war zunächst sehr unpräzise. Das Einzige, was als Meldung nach außen drang, war, dass an einem Morgen vor einer Woche die Angestellten der Versandhalle ihren Arbeitsplatz nicht mehr betreten konnten.«

Einige Bilder erschienen auf der Videowand. Sie zeigten Gruppen von Arbeitern, welche in dichten Trauben vor einem Sicherheitszaun standen und nicht auf das Gelände konnten.

»Die Wachroboter ließen die Angestellten nicht mehr an ihren Arbeitsplatz. Man wollte die Droiden jedoch nicht hacken oder zerstören, denn die sind extrem teuer. Es hat einigen Aufwand gekostet, doch der Blick in die Halle durch die internen Sicherheitskameras gibt uns einen Einblick.«

Ein weiteres Fenster öffnete sich und präsentierte einen Schwarm von Robotern, die aussahen wie große Greifarme auf dicken Ballonreifen. Sie waren damit beschäftigt, Pakete auf dem Boden zu sortieren, zumindest sah es so aus.

»Aus dieser Perspektive ist es nicht zu erkennen, doch der Blick von oben offenbart das tatsächliche Bild.«

Ein weiteres Fenster öffnete sich und präsentierte den Blickwinkel einer Kamera unter dem Dach. Die Roboter hatten tausende Pakete benutzt, um ein Bild auf dem Boden zu formen. Das Motiv hatte einen Durchmesser von mindestens fünfzig Metern und zeigte eine stilisierte, stark gepixelte Comic-Blume mit zwei geschlossenen Augen auf der Blüte.

»Was soll das bitte sein?«, fragte Baker.

»Es ist eine schlafende Blume«, erklärte Calvin

»Eine verdammte Comic-Blume?«, knurrte der General. »Was für ein Unsinn. Woher kommt das Motiv?«

»Aus einem uralten Videospiel«, entgegnete Calvin, »welches heute vergessen ist. Wir mussten tief in den alten Archiven graben, noch weit vor dem Zusammenbruch, um den Verweis überhaupt zu finden.«

»Und das interessiert mich, weil …?«, fragte der General ungeduldig.

»Weil dieses Motiv zurzeit als Symbol an allen Ecken der Stadt auftritt. Als Bildschirmschoner, Graffiti, auf Tassen und T-Shirts. Wenn man weiß, wonach man suchen soll, dann findet man es auf einmal überall. Es wird sogar von Büroangestellten mit farbigen Klebezetteln an Fenster und Wände geklebt. Und ein weiteres Detail fällt auf, denn es wird von einem Hashtag begleitet. Es lautet #niemandesschlaf.

»Und was heißt das?«

»Nun, entweder heißt es, dass die neueste Generation von Influencern schneller ist als unsere eigene Propagandaabteilung, so schnell sogar, dass sie die Meme kreieren, bevor das auslösende Ereignis überhaupt stattgefunden hat.«

»Eine etwas logischere Erklärung wäre«, warf George ein, »dass wir es hier mit einer umgekehrten Kausalität zu tun haben.«

Baker sah Calvin fragend an.

»Er meint, dass unsere Kühlhaus-Rose nur ein Symptom ist von etwas, das viel früher begonnen hat.« Sie seufzte. »Leider machen es die ganzen Meme nur umso schwerer, die ursprünglichen Motive zu ermitteln, und soll ich Ihnen etwas sagen, General? Ich glaube, das ist kein Zufall.«

»Sie meinen, das ganze Chaos ist Absicht?«

Calvin nickte langsam.

»Jemand oder etwas versucht, künstlich generierte Meme zu benutzen, um uns vorsätzlich weiter zu verwirren. Das bedeutet, es muss in all diesem botanischen Chaos ein Punkt verborgen liegen, an dem alles begann.« Sie trat an die Videowand und tippte nachdenklich mit einem Finger gegen das Bild der schlafenden Blume. »Ich kann es Ihnen nicht beweisen, aber ich habe das Gefühl, dass sowohl die Blumen auf den Quantenlaptops, unsere künstlerischen Hornissen und dieser ganze andere Blumenquatsch einen einzelnen, gemeinsamen Kristallisationspunkt haben.«

»Können Sie nicht einfach«, fragte Baker langsam, »alle Ereignisse und auftauchenden Motive nach Erscheinungsdatum sortieren und daraus eine geografische Verteilung ermitteln?«

»Sehr gut, General«, erwiderte Calvin. »Das würde man tatsächlich meinen.« Sie hob einen Finger. »George, wärest du so freundlich?«

»Natürlich, Professor.«

Auf einer der Videowände erschien eine Karte der Stadt und sogleich begannen dutzende kleine Blumensymbole aufzuleuchten und verteilten sich über die ganze Fläche.

»Die Verteilung«, erklärte Calvin, »ist mathematisch absolut regelmäßig. Sie ist in der Tat so regelmäßig, dass ich geneigt bin, nicht an einen Zufall zu glauben.«

Baker schüttelte müde den Kopf.

»Desertierende Drohnenschwärme, halluzinierende Rechner, virale Wurstbrote und überall diese verdammten Blumen!«, fluchte der General. »Das ist doch kein Leben für einen Soldaten. Wie soll sich jemand in diesem Irrsinn noch zurechtfinden?«

»Wer oder was auch immer da gegen uns arbeitet«, entgegnete Calvin ruhig, »weiß genau, was er tut. Das Ganze ist in seiner völligen Chaotik viel zu regelmäßig. Jemand möchte, dass es genauso aussieht, damit wir nicht verstehen, dass es einen einzelnen Punkt gibt, an dem alle Fäden zusammenlaufen.«

General Baker schnaufte abfällig.

»Na, dann brauchen wir ja nur einen brillanten Meisterhacker mit Blumenfetisch zu finden. Damit kann ich leben. Solange nichts Schlimmeres passiert.«

»Ich habe so das Gefühl«, murmelte Calvin, »dass wir noch nicht einmal richtig angefangen haben.«

07 | Laborversuch

Ich ließ die Blumen für den Moment hinter mir zurück und entfernte mich zum ersten Mal seit Monaten wieder vom Gelände der Klinik.

Scheinbar machen kühle blaue Augen mutig.

Die U-Bahn-Station der Klinik konnte leicht über einen tief gelegenen Verbindungstunnel erreicht werden, was keinerlei Probleme machte, denn Richard mochte es, auf seinen sechs Beinen die Treppen hoch- und runterzusteigen. Kaum, dass die Menschen ihn kommen sahen, machten sie reichlich Platz.

Meine Reise endete in einem Stadtteil, der von schmutzigen alten Lagerhallen dominiert wurde.

Das Restaurant hieß *Labor*, war extrem populär und hatte vor einigen Wochen eine Lagerhalle am Rande des großen Industrieviertels übernommen, in dem auch die Klinik lag. Es wechselte alle zwei Monate seinen Standort und bewegte sich von leerer Lagerhalle zu leerer Lagerhalle über die Großstadt hinweg. Es hatte mich eine lächerlich hohe Zahl an Kreditpunkten gekostet, die Reservierung zu bekommen, doch ich hatte genügend davon. Die Klinik versorgte mich großzügig, und ich nutzte die Währung so gut wie nie. Wofür auch. Bei Gelegenheiten wie dieser konnte ich sie wenigstens verschwenden, bevor sie verfielen.

Ich weiß noch, wie überrascht ich war, als ich den Nachthimmel über mir bemerkte. In meiner Verwirrung versuchte ich mich daran zu erinnern, ob im Frühling oder Winter die Tage kürzer wurden, als Richard auch schon verkündete, dass wir unser Ziel erreicht hätten.

Die große, dunkle Lagerhalle war mit riesigen Plexiglasboxen gefüllt, die in langen Reihen standen. Sitzgruppen,

Tische mit Stühlen und sogar Betten konnte ich darin erkennen. Sie wurden *Versuchsstationen* genannt und mit fortlaufenden Nummern versehen. Dicke Schläuche der Klimaanlagen und Luftfiltersysteme schlängelten sich von den Boxen zu der hohen Metallkonstruktion des Daches empor und verschwanden dort in der Dunkelheit. Zwischen den einzelnen Versuchsstationen herrschte reger Verkehr kleiner geschlossener Elektromobile, welche Gäste zu ihren Boxen oder Essen und Getränke transportierten.

Die Angestellten trugen allesamt weiße Kittel und Mundschutz. Man musste die Bedienungen mit *Doktor* ansprechen und wurde als Versuchsperson mit einer Nummer adressiert. An den Wänden der Lagerhalle hingen riesige Videoleinwände, auf denen Musikvideos oder Dokumentationen aus *Real-Life*, der bekannten virtuellen Parallelwelt, liefen.

Das Labor hatte einen seltsamen Mix aus Bar, Restaurant, Fitnessstudio und Stundenhotel erfunden, welcher bei jungen Menschen extrem beliebt war. Hauptsächlich, weil alle Boxen von zahlreichen hochauflösenden Kameras beobachtet wurden und niemand sein eigenes Video-Equipment mit in das Restaurant schleppen musste.

Für dieses erste Treffen hatte ich eine Box mit Tisch und Stühlen und vollem Restaurant-Service gebucht. Es gab auch welche mit Sofas, Whirlpools und Sport-Equipment.

Ich brauchte natürlich kein Elektromobil und durfte deswegen allein zu meiner Versuchsstation fahren, deren Schild die Aufschrift *Versuchsbox 14* trug. Richard piepte begeistert und fuhr mit den anderen Elektromobilen um die Wette. Ich konnte schon von Weitem sehen, dass Eva bereits auf mich wartete.

Sie saß zusammengesunken auf ihrem Stuhl und sah so sehr wie ein kleines verängstigtes Versuchstier aus, dass ich unwillkürlich einen Stich im Magen spürte. Das Weiß ihrer Haut und ihres Pullovers ließ sie fast transparent wirken.

Man glaubte das Licht durch ihren Köper scheinen zu sehen, wie durch den Geist einer Verstorbenen.

Eine Bedienung hielt mir die Tür auf, doch Eva bewegte sich nicht, als ich hineinrollte. Als Richard ein Bein entfaltete und den Stuhl auf meiner Seite des Tisches beiseite rückte, registrierte ich aus dem Augenwinkel, wie das laute Geräusch sie aufschreckte.

Ich tat, als hätte ich nichts bemerkt, während die Bedienung uns darüber aufklärte, dass wir fortwährend von Kameras beobachtet würden, wir jedoch das Recht hätten, die Vorhänge der Plexiglasbox zu benutzen, wenn wir das nicht wünschten, obwohl das bisher noch nicht vorgekommen sei. An dieser Stelle unterbrach sie sich, weil Eva aufgestanden war und begonnen hatte, die Vorhänge zu schließen.

»Okay«, verkündete die Bedienung gedehnt. Ihre Tätowierungen leuchteten im Dämmerlicht unserer Tischlampe grün und ihre Augen blieben hinter einer schlanken, silbernen Datenbrille unsichtbar.

»Ihr habt das Recht auf *einen* Toilettengang«, fuhr sie fort und benutzte den Singsang eines Angestellten, der diese Ansprache jeden Tag ein dutzend Mal hielt. »Allerdings muss der Fahrservice euch bringen, ihr dürft die Box ansonsten bis zum Ende des Experiments nicht verlassen. Euer Aufenthalt auf dem Klo wird natürlich gefilmt und wenn ihr die Veröffentlichung freigebt, bekommt ihr zehn Prozent Rabatt. Wenn ihr zu zweit aufs Klo geht, zwanzig Prozent und wenn das Video viral wird, übernehmen wir die Rechnung. Achtet also darauf, euch frühzeitig zu entscheiden. Wir haben wie immer bereits eine Schlange vor den Toiletten.«

Eva riss die Augen auf und sah starr vor sich auf den Tisch.

Sie orderte nur ein Getränk, deswegen tat ich das Gleiche. Ich freute mich auf meinen heißen Tee, denn mir war heutzutage eigentlich immer kalt.

Wir schwiegen und ich sah durch einen Spalt im Vorhang eine Gruppe junger Frauen, die noch schnell ihr Makeup erneuerten, bevor der Wagen sie zu den Toiletten brachte.

Ich drehte den Kopf und sah, wie Eva mich aus ihren kühlen blauen Augen anblickte, und von da an musste ich in eine Zeitschleife geraten sein, denn auf einmal standen unsere Getränke vor uns und das Blau ihrer Augen wurde vom leuchtenden Blau ihrer FusionCola aufgegriffen. Das farbige Licht wurde vom Weiß ihrer Haut und ihrem unvermeidlichen weißen Wollpullover reflektiert und ließ sie nur noch überirdischer aussehen.

»Dies ist also das offizielle Arbeitsgruppentreffen?«, fragte sie übergangslos und ohne Begrüßung.

»Wir sind sogar schon vollzählig«, bestätigte ich heiter.

»Tatsächlich?«

Ich nickte.

»Der Chef sozialisiert nicht und Tuomas verlässt niemals die Klinik. Er sagt, der Hauptgrund dafür, im größten Krankenhaus des Landes zu arbeiten, ist, dass er problemlos auch dort sterben kann.«

»Ironisch?«

»Glaube ich nicht, denn ich bin sicher, dass er sogar Schlüssel zum Krematorium hat. Wahrscheinlich schläft er im Winter in den Brennkammern, weil es dort so schön warm ist.«

Sie schien hinter ihrem Getränk leicht zu schmunzeln.

»Und das sind schon alle Mitarbeiter der Arbeitsgruppe Bioakustik?«

»Wir haben noch eine technische Assistentin, die ist jedoch eine öffentliche Angestellte und hat legendären Status erworben, weil sie jetzt so lange krankgemeldet ist, dass sich niemand mehr an ihren Namen erinnern kann.«

»Und wieso ich?«, fragte Eva und ihre Augen öffneten sich in eine Tiefe, dass mir im Magen flau wurde und ich ehrlicher antwortete als geplant.

»Weil wir eine kleine Gruppe seltsam gebrochener Menschen sind, die nirgendwo sonst hinpassen.«

Sie senkte den Blick auf den Tisch und verharrte einen Moment, bis sie schließlich nickte.

»Für diese Rolle bin ich außerordentlich qualifiziert.«

Sie sah umher. »Wir sind also die Einzigen.«

Ich nickte.

»Und das an einem Freitagabend?«, fragte sie und sah sich um. »Ist das nicht ein bisschen traurig?«

»Keineswegs«, entgegnete ich. »Es ist wundervoll und sehr charmant, denn normalerweise sitze ich allein hier und rede mit mir selbst. *Das* wäre traurig.«

Sie lächelte mit den Augen und verzog die geröteten Mundwinkel nur minimal nach oben, während sie die Lippen zusammenpresste. Das sollte nicht so bezaubernd auf mich wirken, wie es das tat.

»Das kenne ich«, bestätigte sie. »Ich rede auch viel mit mir selbst.«

»Keine Familie?«

Sie zögerte nur eine Sekunde und schüttelte dann den Kopf.

»Du?«

Ich schüttelte ebenfalls den Kopf. Das Schweigen zwischen uns sagte alles. Die letzten paar Pandemiewellen hatten viele Eltern genommen.

»Du kommst nicht von hier, nicht wahr?«, fragte ich sie.

Sie schüttelte den Kopf.

»Bist du eine Außerirdische, die versucht, sich als Mensch in der Hauptstadt auszugeben?«

Sie schien wieder hinter ihrem Glas zu lächeln.

»Mache ich mich denn so schlecht?«

»Ja«, bestätigte ich und lächelte. »Aber das gefällt mir.« Die Stadt ist einschüchternd, nicht wahr?«

Sie nickte stumm.

»Du kommst vom Land«, warf ich sachlich ein.

Sie sah wieder auf den Tisch.

»Ist es so offensichtlich?«

Ich zuckte mit den Schultern und lächelte.

»Megaplex-Schock. Ist schwer zu verstecken. Keine Sorge, es legt sich nach einer Weile.«

Sie sah auf und atmete tief durch.

»Es ist alles so groß und hört überhaupt nicht mehr auf. Ich bin an der Stadtgrenze aus dem Überlandbus in den Hochgeschwindigkeitszug gestiegen und dachte, ich müsste in wenigen Minuten da sein. Aber dann hat es *zwei Stunden* gedauert und ich war noch immer nicht im Zentrum!«

»Und wenn man glaubt, die Gebäude könnten nicht mehr größer werden«, ergänzte ich, »dann kommen die Zwischenebenen und es wird *richtig* überwältigend.«

»Und *so viele* Menschen«, flüsterte Eva.

Ich dachte an all die gefüllten Versuchsboxen. Es war früh am Abend und die richtige Welle stand erst noch bevor.

»Im Moment ist es auch extra voll. Der letzte Lockdown liegt ja erst zwei Wochen zurück.«

»Wie lange wart ihr eingeschlossen?«

»Zwei Monate, aber ich kann mich nicht beschweren. Karhu hat mich aufgenommen und du hast ja gesehen, wie groß die Klinik ist. Ich hatte eine Master-Admin-Schlüsselkarte.«

»Das war nett von deinem Freund.«

»Ehrlich, ich glaube, er hat nicht mal was vom Lockdown gemerkt. Er hat die Klinik im letzten Jahrzehnt nicht verlassen und kommt nur im Notfall aus den Kellerebenen hoch.«

»Er wirkt verloren.«

»Wir sind alle verloren.«

Sie nickte und zog die Ärmel ihres Pullovers über die blassen Hände.

»Und du bringst jede Frau, die in der Arbeitsgruppe anfängt, hierher?«

»Absolut«, bestätigte ich fest. »Jede Einzelne. Seit vielen Jahren.«

Sie sah mich kühl aus halbgeschlossenen Augen an.

»Ich bin die Erste, nicht wahr?«

»Möglich. Das Essen ist gut hier«, verkündete ich, um meine Verlegenheit zu überspielen. »Falls du jemand bist, der in Gesellschaft Nahrung aufnimmt.«

Sie zog die Brauen zusammen und sah mich fragend an.

»Nahrung aufnehmen«, erklärte ich, »ist nutzloser Content. Niemand will einem Menschen beim Kauen zusehen. Deswegen ist Essen in der Gesellschaft aus der Mode gekommen. Möchtest du denn etwas essen?«

Sie schüttelte den Kopf und ich nickte innerlich, denn auch ihr riesiger Wollpullover konnte nicht darüber hinwegtäuschen, dass es nicht sehr viel Eva gab, um das Kleidungsstück zu füllen. Sie griff automatisch nach ihrer FusionCola, blickte nervös nach rechts und links und sah mich dann aus ihren kühlen, blauen Augen an.

»Kann ich dich etwas fragen?«

»Unbedingt.«

»Warum hat Professor Scholz dich *Ludwig* genannt?«

»Oh.« Ich musste lachen. »Als ich vor fast zehn Jahren hier anfing, sah ich noch anders aus. Ich hatte beispielsweise deutlich mehr Masse. Ich bin seitdem viel schmaler geworden, du weißt schon, Muskelabbau und so.« Ich hob meinen dünnen Arm. »Aber ich hatte Glück, denn Richard ist jetzt stark für mich.« Ich tätschelte den Stuhl, der leise und liebevoll pfiff. »Jetzt, wo er in meinem Leben ist, kann ich endlich sein, was ich unter den Muskeln immer schon war, deswegen bin ich jetzt *Lou*. Das hat viele Vorteile. Zum Beispiel ist das Anziehen von Hosen super anstrengend, während Röcke viel bequemer und einfacher sind.« Ich schenkte ihr ein strahlendes Lächeln, das ich benutzte, um Leute zu entwaffnen. Sie gab mir tatsächlich leicht zuckende Mundwinkel zurück.

»Das macht Sinn«, bestätigte sie. »Wenn du schon auf Kleider umstellst, dann passen die langen Haare auch besser zum Look und der Lippenstift greift die Farbe des Kleides wieder auf.«

»Genau!«, rief ich. »Sonst passt das Gesamtbild nicht. Danke! Siehst du, du verstehst das. Männer haben so ihre Schwierigkeiten mit dem Konzept. Aber Scholz meint es nicht böse. Er hat mich sofort in seine Gruppe aufgenommen, meine Einstellung gegen die Verwaltung verteidigt und mir noch nie auch nur ein einziges Mal bei etwas geholfen. Er ist ein guter Mann, nur nicht sehr flexibel. Tuomas sagt, er nennt mich noch Ludwig, weil er die Veränderungen schlicht nicht bemerkt hat.«

»Der Lippenstift ist aber auch sehr dezent«, bestätigte Eva. »Und das Kleid steht dir.«

Ich seufzte.

»Ich habe eine Stunde gebraucht, um hineinzukommen, danach blieb leider keine Zeit mehr, mich zu rasieren. Ich hoffe, du trinkst trotzdem etwas mit mir?«

»Es ist alles gut«, erwiderte Eva mit amüsierten Augen. »Der Drei-Tage-Bart steht dir ebenfalls.«

»Danke«, entgegnete ich und wusste, dass ich heftig errötete. Ich trank von meinem Tee, um mich hinter der Tasse zu verstecken.

»Wie geht es der Blume?«, fragte Eva unvermittelt.

»Sitzt stumm in ihrem Aquarium und verweigert jede Aussage.«

»Meint ihr, es handelt sich um eine neue Spezies?«

»Hier? Inmitten der größten Stadt auf dem Planeten? An einem der unwahrscheinlichsten Orte, die man sich nur vorstellen kann? Macht erst mal keinen großen Sinn.«

»Auf der anderen Seite«, erklärte Eva, »wenn man einen Ort sucht, der sicher, abgelegen und hoch konserviert ist, der stabil und unberührt bleibt, dann ist der Wasserkasten in einer Toilette der Universität der beste Ort, den man finden kann.«

»Guter Punkt. Auch wenn man einwenden könnte, dass eine ökologische Nische zumindest eine Nahrungsquelle braucht, wenn es schon kein Licht gibt. Als Grundlage einer erfolgreichen Existenz gibt es dort viel zu wenig Nahrung und Entwicklungsmöglichkeit.«

»Die Studenten überleben es ja auch.«

Ich musste lachen.

»Noch ein guter Punkt.«

»Glaubst du, wir waren die ersten Menschen, welche diese Blume jemals gesehen haben?«

»Unwahrscheinlich, wenn man bedenkt, dass du bereits mit einer Zeichnung der Blume in den Gruppenraum gekommen bist, bevor wir auch nur die Chance hatten, das erste Foto zu machen.«

Eva erstarrte.

»Das hast du bemerkt?«

Ich nickte.

»Wo hast du die Blume gesehen?«

Sie zuckte mit den Schultern.

»Manchmal tauchen Bilder in meinem Kopf auf.«

»Nachts?«, vermutete ich. »Wenn du nicht schlafen kannst?«

Sie nickte wieder, nahm einen Schluck von ihrem Getränk und versteckte sich hinter dem Glas. »Schlafhalluzinationen oder Wachträume«, fuhr ich fort. »Ein verbreitetes Phänomen, über das Menschen hier nicht gerne reden, denn verminderte Performance aufgrund von Schlafmangel gilt als Schwäche, die einen den Job kosten kann. Lass mich raten, früher hattest du es auch, aber viel schwächer?«

Eva tauchte hinter ihrem Glas auf und musterte mich wieder aufmerksam.

»Keine Sorge, das ist nicht ungewöhnlich. Das macht die Stadt. Es scheint mit der Bevölkerungsdichte in Zusammenhang zu stehen, auch wenn offizielle Studien gerne den gesteigerten Stress angeben, der mit dem Leben in einem Megaplex einhergeht.« Ich lächelte sie aufmunternd an. »Es gibt ungefähr einhundert frei verkäufliche Medikamente dagegen in jeder Apotheke, aber ich würde die Finger davonlassen, es sei denn, du bist ein Fan von schweren Psychosen. Es ist eigentlich eine natürliche Reaktion. Wenn man zu lange zu wenig schläft, kommen irgendwann die Halluzinationen, wenn der Körper auf die Träume besteht.

Die steigen direkt aus dem Unterbewusstsein nach oben und sind für die wenigsten Menschen angenehm. Unsere schöne Heimat hat nicht umsonst den Beinahmen *Stadt der tausend Albträume*. Mach dir keine Sorgen, wir können dir jedes sichere Medikament besorgen, um den Schlaf zu ermöglichen. Ist einer der Vorteile, wenn man Karhu als Freund hat.«

»Als Freund?«, fragte Eva vorsichtig.

»Oh ja«, bestätigte ich. »Du bist jetzt Teil der Gruppe, deswegen auch das Gruppentreffen heute Abend.«

Sie sah sich um und deutete wieder ein Lächeln an.

»Tuomas scheint sehr besonders zu sein.«

»Du hast ja noch nichts gesehen. Es hält sich das Gerücht, dass die Summe aller geheimen Lagerräume von Doktor Tuomas Lauri größer ist als der verfügbare Raum im Gebäude. Niemand besitzt mehr Schlüssel und Zugang zu allem. Wenn jemand Hilfe braucht, weil etwas dringend funktionieren muss, dann geht er zu Tuomas. Es gab das allgemein akzeptierte Gerücht, dass er hier bereits vor dem Bau der Universität eine Höhle bewohnt hat, um einige Jahrhunderte auf das Eintreffen der Bauarbeiter zu warten und ihnen die Schlüssel zu ihren eigenen Baumaschinen zu geben.«

Sie lächelte wieder mit den Augen.

»Wer setzt diese Gerüchte in die Welt?«

»Ich bin relativ sicher, dass er das selbst macht.«

Mir fiel auf, dass Eva, während ich redete, immer wieder im Begriff war einzunicken, obwohl ihre FusionCola genug Koffein enthielt, um ein Nilpferd fliegen zu lassen.

»Es gefällt dir hier nicht«, kommentierte ich leise.

»Macht es dir keine Angst?«

»Ich bin wahrscheinlich schon zu lange in der Stadt. Möchtest du spazieren gehen?«

Sie blinzelte.

»Draußen?«

Ich nickte, während mich eine flüchtige Panik erfasste und ich mich verzweifelt daran zu erinnern versuchte, ob dieser Teil der Stadt eine Ausgangsbeschränkung hatte und wie hoch die Mordrate zu dieser Jahreszeit ausfiel.

»Wir können einfach entlang der U-Bahn laufen. Es ist warm um diese Zeit und alles ist massiv kameraüberwacht.«

Sie zögerte einen Moment, dann nickte sie langsam.

Es dauerte nur Minuten und wir waren unter freiem Himmel.

Die Nachtluft schien Eva aufzuwecken und sie sah aufmerksam umher. Ich sah unsere Reflektion in den verspiegelten Fassaden einer Wachstation.

Sie verschränkte beim Laufen die Arme und schien sich vor der Stadt verstecken zu wollen. Die Straße lag lang und dunkel vor uns. Straßenlaternen standen in langen Entfernungen voneinander und halfen wenig, die Dunkelheit zu vertreiben. Vereinzelte Lichtinseln akzentuierten die Finsternis nur noch stärker. Zu unserer Rechten erhob sich am Horizont das bunt strahlende Gebirge der Innenstadt mit seinen niemals verlöschenden überwältigenden Farben.

Selbst auf diese Distanz waren die Animationen auf den größten Hochhäusern gut zu erkennen. Bunt gezeichnete Blüten regneten in einer langsamen Animation an der Fassade entlang auf die Stadt herab.

Sie folgte meinem Blick.

»Ist es ein Hackerangriff, eine Werbemaßnahme der Besitzer oder eine Warnung der Regierung?«, fragte Eva.

»Es ist symbolisch für unsere Stadt«, entgegnete ich, »dass es kaum noch möglich ist, zwischen diesen Kategorien zu unterscheiden.«

Das war der einzige Austausch, der auf dem kurzen Spaziergang zwischen uns stattfand.

Es musste in der Zwischenzeit geregnet haben, denn die Straße war nass und die Luft hatte sich leicht abgekühlt. Eva trug keine Jacke und ging mit verschränkten Armen und verschlossenem Gesicht neben mir. Mir war kalt, aber ich ignorierte es.

Trotz – oder vielleicht gerade wegen – der fortgeschrittenen Stunde trafen wir auf erstaunlich viele Studenten und Jugendliche. Die zahllosen leeren und kurzfristig zu mietenden Lagerhallen im Industriegebiet eigneten sich perfekt, um Konzerte und Diskotheken zu beherbergen, die immer auf der Flucht vor Autoritäten wie Nomaden durch die Stadt zogen.

Ich konnte sehen, wie Eva die Gruppen musterte, die mal laut diskutierend, mal verschlossen vor sich hinstarrend an uns vorbeizogen. Es war schwer zu sagen, ob der Anblick der neonfarbenen Haare, der leuchtenden Implantate unter der Haut oder die oftmals fehlende Bekleidung sie schockierte oder interessierte. Gelegentlich zogen vereinzelte Anwärter auf den Netzzombie-Status an uns vorbei. Langsam, stumm in die großen Kapuzenpullover gehüllt, welche ihnen zum Markenzeichen geworden waren. Wenn sie sich an uns vorbeischleppten, wandte Eva den Blick ab. Ich konnte es ihr nachfühlen. Auch auf mich wirkte es verstörend, in der Tiefe ihrer in die Stirn gezogenen Kapuzen, den niemals abreißenden Strom einlaufender Daten als schwache Reflexionen und vages Flackern in den Gläsern ihrer Datenbrille erahnen zu können.

Der kurze Spaziergang dauerte keine zehn Minuten, doch bis heute hat er sich mir tief ins Gedächtnis geschrieben. Jetzt, wo ich die Überwachungsvideos von dutzenden Kameras einsehen kann, verstehe ich auch, warum. Damals fiel es mir nicht auf, doch Eva lief *vor* mir. In meiner Erinnerung gehen wir Seite an Seite. Damals wirkte sie auf mich wie ein kleiner verlorener Stern, der vom Himmel gefallen war und nun in der ewigen, ruhelosen Dunkelheit unserer Welt einen Weg heim suchte. Ich war pausenlos damit beschäftigt, mir Wege zu überlegen, sie vor Schaden zu bewahren. Heute sehe ich etwas, was mir damals niemals in den Sinn gekommen wäre. Ich sah aus wie ein großer, unbeholfener Tanker, der von einem kleinen, weißen und zu allem entschlossenen Schleppschiff durch die Dunkelheit gezogen wurde. Damals wirkte sie verloren auf mich, doch vielleicht war es auch nur meine eigene Verlorenheit, welche sich in ihr spiegelte. Heute sieht sie entschlossen aus, wie der helle Stern, der mit purer Absicht in einen dunklen See gefallen ist und nun entschlossen in einer geraden Linie zu Boden sinkt, einem tiefen, unbewussten Ziel entgegen.

Je näher wir der U-Bahn-Station kamen, desto mehr Menschen trafen wir auf dem Weg in die flüchtigen Vergnügungen der Nacht. Schwärme von dunklen Schatten kamen uns entgegen, ein beständiger Strom, der sich vor uns auf dem Gehweg teilte. Vielleicht wegen Richard, der gerne bedrohlich hupte, wenn mir jemand zu nahekam, aber vielleicht auch wegen Eva, deren kleine, schmale Gestalt in ihrem weißen Pullover von innen heraus zu glühen schien und welche dem Weg folgte wie ein Geist, der durch die Nacht trieb. Ich hätte gerne die Gesichter der Menschen studiert, welche uns entgegenkamen, doch es war viel zu dunkel, um Einzelheiten auszumachen, und die langen Straßen hier draußen im Industriegebiet waren schlecht beleuchtet. Außerdem hatte unsere Generation gelernt, den Kopf gesenkt zu halten, denn die Kameras waren überall. Ich sah nur die Gesichtstätowierungen, deren Tinte im Tageslicht transparent blieb und nachts grünlich leuchtete. Die Motive zeigten zu meiner Überraschung fast alle Blumen.

Wir schwammen in einem Strom aus Dunkelheit, inmitten leuchtender Blüten, die uns entgegentrieben und respektvoll beiseite schwammen, kaum dass sie uns sahen. Dabei verneigten sie sich, wenn ihre Besitzer den Kopf senkten und uns Platz machten auf unserem eigenen Weg in die Dunkelheit.

08 | Transphysikalisch

Als General Baker mit seinem Adjutanten im Schlepptau in den Analyseraum gestürmt kam, stand Professor Calvin regungslos mit verschränkten Armen vor einer der Displaywände und hatte die Augen geschlossen. Vor ihr schwebte das große, goldene Gesicht von George, der ebenfalls die Augen geschlossen hielt. Calvins Kopf war ihr auf die Brust gesunken und wenn sie sich noch ein wenig vorlehnte, würde sich die Stirn von beiden auf dem Display berühren. Es war ein seltsam intimer Anblick, von dem ich schon seit einer halben Stunde den Blick nicht abwenden konnte. Um die beiden herum überlagerten sich auf allen anderen Displaywänden zahllose Fotos und Filmsequenzen von Blumen in Form von Graffitis, Merchandising, Nahrungsmitteln und abstrakten Kunstwerken in schnell wechselnder Folge.

Der General hatte natürlich keinerlei Sinn für Subtext und dröhnte sofort los: »Sind Sie immer noch hier, Professor, oder schon wieder?«

Eines musste man der Frau lassen, sie schwankte kaum wahrnehmbar und brauchte nur eine Sekunde, um von Schlaf in volle Betriebsbereitschaft zu wechseln.

»Was bitte ist das für eine Frage, General. Sie waren doch eben erst hier.«

»Das war vor zwölf Stunden, Professor. Der Präsident hat mich in der Zwischenzeit schon dreimal angerufen. Er will wissen, warum seine Stadt von Blumen überflutet wird und was ich dagegen zu tun gedenke.«

»Er könnte sie besteuern? Das funktioniert doch sonst auch ganz gut?«

»Ihr Humor wird uns alle nochmal den Job kosten, Professor.«

Sein Blick streifte suchend über die mit Blumen überladenen Displaywände.

»Was haben Sie herausgefunden?«

Calvin blinzelte und ging zum Tisch, um sich am Tee zu bedienen.

»Das hängt davon ab, was Sie suchen, General. Erklärungen?«, fragte sie müde. »Keine einzige. Aber eine Menge neuer Fragen.«

Sie deutete mit der Tasse auf die Displaywände.

»Sind Ihnen die ganzen neuen, abstrakten Kunstwerke in der Stadt aufgefallen? Ich meine die Graffitis und Skulpturen aus Müll und Ähnlichem?«

Sie trank und sah Baker über den Rand der Tasse hinweg an.

Der Soldat stöhnte genervt.

»Wir lassen die gesamte Flotte der Überwachungsdrohnen rund um die Uhr nach allen blumenrelevanten Straftaten suchen …« Er verstummte und verzog das Gesicht.

Calvin lächelte. »Sie hätten bestimmt nicht gedacht, dass Sie jemals diesen Satz sagen würden, nicht wahr, General?«

Der alte Soldat massierte sich müde die Schläfen.

»Ich werde in die Geschichte eingehen als die größte Lachnummer, welche das Militär je hervorgebracht hat.«

Calvin lächelte kühl.

»Ich kann Sie beruhigen, General. Die Blumenmotive sind meiner Meinung nach nur der Anfang.«

Baker starrte sie an und entgegnete leise:

»Danke, jetzt fühle ich mich viel besser.«

Calvin prostete ihm mit der Teetasse zu.

»Gern geschehen, dafür bin ich doch da.«

Sie trat vor die Videowand und ihre schmale Gestalt verschwand fast in einem Halo schnell wechselnder Blumenmotive.

»George und ich haben eine Statistik über die Wahrscheinlichkeit berechnet, dass all diese Motive zurzeit modalitätsübergreifend miteinander verknüpft variieren. Das Ergebnis ist hochsignifikant.«

Der General wandte sich an Deering, welcher die ganze Zeit über stumm einen Schritt hinter ihm gestanden hatte.

»Können Sie das übersetzen?«

Der Adjutant zog die Hacken zusammen.

»Sir, es scheint, als würden sich alle Blumenmotive in der Stadt in gleicher Weise in ihren Inhalten ändern, egal, welches Medium der Darstellung benutzt wird.«

»Das habe ich doch gerade gesagt«, erklärte Calvin ungeduldig. »Und es sollte nicht passieren. Selbst wenn alle Trittbrettfahrer im gleichen Abstimmungskomitee sitzen, sollte die intersubjektive Variabilität zu hoch sein für eine derart starke Signifikanz. Ich finde das extrem irritierend.«

Der General drehte sich wieder zu Deering.

»Künstler an sich mögen es nicht, ähnliche Werke zu erschaffen«, übersetzte dieser, »selbst, wenn sie sich vorher absprechen.«

»Das macht mir Sorge, General«, erklärte Calvin. »Ich finde keine Erklärung dafür.«

Baker schaute verwirrt über die Displays, welche mit unzähligen Blumenmotiven gefüllt blieben. Er schien es nicht zu sehen, dabei konnte selbst ich bei einem flüchtigen Blick erkennen, dass alle Motive auf den Displays einer ähnlichen Ästhetik folgten.

Sein Blick fiel auf ein dreidimensionales Modell der großen Rose im Kühlhaus, welches sich langsam auf einer der Wände drehte. Der General deutete darauf.

»Was ist mit unseren Hornissenkünstlern?«

»Sie nähern sich mit ihrer Arbeit dem Punkt der maximalen Blüte. Danach werden sie meiner Ansicht nach die Arbeit einstellen.«

»Wann wird das sein?«

»Schwer zu sagen. Irgendwas größer zwölf Stunden und kleiner vierundzwanzig.«

»Entschuldigung? Schwer zu sagen? Sie haben die größten Rechenkapazitäten des Planeten und kriegen es nicht genauer hin?«

»Maximale Blüte, General«, erklärte Calvin kühl, »ist kein wirklich gut zu quantifizierender Begriff. Ich würde dazu normalerweise den Stoffwechsel der beteiligten Blume heranziehen, aber den habe ich in diesem Falle nicht.«

»Und was passiert danach?«

»Keine Ahnung, General, aber ich mache mir Sorgen.«

»Dazu haben Sie auch allen Grund.«

Er drehte sich zu seinem Adjutanten um.

»Deering, Sie sind dran.«

Der junge Soldat trat vor, verneigte sich kurz vor Calvin und wandte sich an den stummen, goldenen Kopf.

»George, würdest du bitte den letzten Nachrichtenstream einer bestimmten Influencerin öffnen? Der von vor drei Stunden. Sie postet unter dem Namen«, er kniff die Augen zusammen. »Sorry, ich kann das nicht lesen. Es schreibt sich. D-€-z-€-\-/-A.«

George öffnete die Augen und lächelte.

»Hallo, Colonel Deering. Die junge Frau ist eine der größten Nachrichtenbloggerinnen der Stadt. Sie hat einen lebenslangen Vertrag mit der NewsCorp. Ich glaube, der Name der Dame spricht sich: *Deceiver*. Ich vermute, die Wahl dieses Pseudonyms für eine Influencerin, welche Nachrichten streamt, soll wahrscheinlich ironisch sein.«

»Oder ein Versprechen«, kommentierte Calvin trocken. »Je nachdem, wie man es betrachtet.«

Der goldene Kopf schwebte zur Seite, die zahllosen flackernden Blumenmotive auf den anderen Displaywänden kamen zur Ruhe und ein neues Fenster öffnete sich neben ihm.

Es zeigte eine junge Frau, welche vor der sich wie ein Gebirge auftürmenden Skyline der nächtlichen Stadt stand. Sie wurde von unzähligen Hochhäusern umrahmt, deren Bildschirmfronten ohne Pause Werbung einblendeten. Ihre Augen blieben hinter einer verspiegelten, goldenen Datenbrille verborgen. Pinkfarbene Haare hingen lang an einer Seite des Kopfes herab, während die glatt rasierte andere Seite im Licht von Scheinwerfern glänzte und eine leuchtende Tätowierung mit dem Logo der NewsCorp zeigte.

»Guten Morgen, Veteranen der Hauptstadt!«, rief sie mit stark übertriebener Heiterkeit. »Unsere News sind wie immer gesponsort durch NukaMeat, unserer freundlichen Familiendruckerei, welche schon seit fast zehn Jahren Essen für uns produziert. Vergesst nicht, in unserem Shop vorbeizuschauen, wo es lauter cooles Merch gibt, dass euch als echte Kenner der News in der Hauptstadt ausweist.« Sie zeigte auf ihr blaues T-Shirt, auf dem eine große rote Rose zu sehen war, zusammen mit dem Schriftzug: *Es geht um die Wurst.*

»Doch jetzt zu den Neuigkeiten, diesmal aus dem Klinikviertel, genauer gesagt aus einem der Anstalten für Netz-Zombies, von denen es immer mehr gibt. Ich sage euch nichts Neues, jeder von uns hat einen von denen in der Familie. Ihr wisst schon, der Cousin, der zu kreischen beginnt, wenn er keinen Screen vor sich hat und deshalb sofort seine Augen auskratzt? Genau die. In einer dieser Verwahrstationen hat wohl eine ganze Gruppe der Insassen schlagartig zu rebellieren begonnen. Unsere Informanten, ebenfalls gesponsort von NukaMeat, deswegen sind sie so aufmerksam, haben uns wissen lassen, dass sich diese Zombies zusammengeschlossen haben, um aus dem Gebäude auszubrechen. Jetzt wollt ihr wahrscheinlich wissen, warum oder?« Sie grinste genüsslich in die Kamera und präsentierte zwei Reihen perfekter Zähne. »Den Teil werdet ihr mögen. Sie sagen, sie müssten fliehen, weil … *die Blumen mit ihnen sprechen wollen!* Natürlich hat das Militär den Laden in wenigen Minuten ausgeräumt und der offizielle Sprecher der Armee hat selbstverständlich keinen Kommentar für uns, selbst, nachdem unser Sponsor NukaMeat ihm einen *Rabattcode* angeboten hat. Ist das zu fassen? Im Stadtnetz grassieren wie immer Gerüchte, dass das Militär Gehirnwäschen an den Zombies durchführt, aber zurzeit scheinen die Ergebnisse eher ungewöhnlich zu sein. Unser Sponsor NukaMeat hat jedenfalls angeboten, alle betroffenen Patienten mit unseren neuen coolen Shirts auszustatten. Soll ja niemand sagen, wir würden uns nicht für das Gemeinwohl einsetzen. Davon abgesehen sind sprechende Blumen in dieser Stadt wohl das geringste Problem. Immerhin sind wir in einer Rezession, welche anhält seit … nun, sie ist älter als ich, so viel ist sicher. Aber zum Glück haben wir die Produkte von …«

Das Bild verschwand mit Calvins energischer Geste und die Wand zeigte wieder nüchterne Auswertungen zu verschiedenen Blumenmotiven.

»Und warum, General, musste ich mir diesen Unsinn jetzt ansehen?«

»Weil wir hier scheinbar ein neues Problem haben, welches thematisch schockierend gut in unsere Blumenbeete passt.«

»Was interessieren mich Patienten, die mit Blumen reden?«

»Es sind Patienten, die der festen Ansicht sind, dass Blumen mit ihnen reden wollen, und es macht uns Sorge.«

»Sie wirkten auf mich bis jetzt nicht wie der sorgenvolle Typ.«

»Bisher haben wir uns auch nicht mit dieser Kategorie von Problemen herumgeschlagen.«

»Und welche Kategorie wäre das, General?«

Der General drehte sich halb zu seinem Adjutanten um, der hinter ihm stand, und zeigte auf Calvin.

»Erklären Sie es ihr, Deering, ich kann es nicht mehr hören.«

»Sehr wohl, Sir.« Der junge Mann trat vor und räusperte sich, während er auf seinem Tablet herumwischte.

»Unser Sicherungsteam von Datenforensikern und Infiltrationsspezialisten war vor Ort und hat die gesamte Einrichtung mit der Pinzette auseinandergenommen.

Wir hatten gerade erst alle verfügbaren Daten der Institution gesichert, als die Anweisung vom Hauptquartier kam, jede Untersuchung und Kommunikation sofort einzustellen und weitere Anweisungen abzuwarten.«

Calvin seufzte.

»Und was bitte soll das wieder bedeuten?«

Deering sah seinen General an, welcher nur grimmig nickte.

»Es bedeutet«, fuhr der junge Mann fort, »dass man uns die Auswertung des Ereignisses abgenommen und einer anderen Abteilung gegeben hat.«

»Wir haben eine andere Abteilung für die Analyse von Cyberkriminalität?«

»Genau das habe ich auch gefragt«, murrte Baker.

Calvin sah ungeduldig zwischen den beiden Männern hin und her und hob fragend die Hände.

»Und?«

Baker winkte müde seinem Adjutanten.

»Deering, sagen Sie es ihr, mir würde sie nicht glauben.«

»Ähm«, begann dieser verlegen und sah Calvin nervös an. »Die Verantwortung liegt nun in der Abteilung, hm, *transphysikalische Phänomene.*«

Calvin blinzelte.

»Entschuldigung? Ich glaube, ich habe mich verhört.«

»Das habe ich auch gesagt«, murmelte Baker.

»Sind Sie sicher?«, fragte Calvin an Deering gewandt.

Der Soldat nickte.

»Das steht hier tatsächlich. Der Leiter der Abteilung hat uns um ein Treffen gebeten.«

»Der … was?«, fragte Calvin entgeistert. »Hat … wann?«

»Jetzt«, fluchte Baker. »Was glauben Sie, warum ich hier bin?«

Calvin drehte sich zu George um.

»Wieso weiß ich nichts von dieser Abteilung?«

Doch bevor dieser reagieren konnte, kam bereits die Antwort durch die sich öffnende Tür.

»Ich vermute, Professor«, erklärte Wagner, während er mit den Händen auf dem Rücken gelassen in den Raum trat, »dass Sie es schlicht vergessen haben. Als der Generalstab Ihnen letztes Jahr die Leitung der Abteilung antrug, haben Sie in einer kurzen Mail geantwortet, dass Sie für so einen Unsinn keine Zeit haben.« Er verbeugte sich leicht vor den Anwesenden. »Guten Tag, meine Damen und Herren.«

»Wagner!«, rief Baker erstaunt.

Der Wissenschaftler nickte dem General zu. »Er trug noch immer den gleichen weißen, sauber gebügelten Kittel, den auch Calvin trug. Seine Augen blieben nach wie vor hinter der großen Datenbrille verborgen. Das schnelle, unaufhörliche Flackern bunter Lichter, die über die Gläser tanzten und sich jedem zeigten, dessen suchender Blick die Augen des Doktors zu finden hoffte.

»Sollen wir vielleicht gemeinsam über die neue Stellung reden, welche Blumen heutzutage in unserem Leben haben?«, fragte der Wissenschaftler mit gespielter Heiterkeit.

09 | Hirnwindungen

Eva saß vor dem Aquarium, das Kinn auf die Hände gestützt und musterte intensiv die Blumen. Mittlerweile hatten sich drei Weitere hinzugesellt.

»Ich glaube, sie freuen sich über die Gesellschaft«, murmelte sie und stand auf, um nach meinem Becher zu greifen. »Sie wirken anders. Wacher«, fügte sie leise hinzu.

Damals bemerkte ich das nicht, denn Eva war gerade an mir vorbei zur Kaffeemaschine gegangen und füllte meinen Becher nach. Was ich jedoch hören konnte, war das leichte Vibrieren meines Handys, welches ich auf den Tisch gelegt hatte.

Evas Blick schweifte kurz vom Kaffee ab und sie drehte den Kopf, um auf das Display zu spähen.

»Da steht nur ein langer Zahlencode und danach der Hashtag: #seeme.«

»Ah«, machte ich und nahm dankend den vollen Becher entgegen. »Das ist der Kollege Doktor Lauri. Der Code bezeichnet den Treffpunkt in der Klinik. Er will mir anscheinend etwas zeigen, was nicht für die öffentlichen Räume gedacht ist.«

Eva runzelte die Stirn.

»Dafür benutzt er Codes und geheime Treffpunkte? Ich bin sicher, dass mein Lehrer im verpflichtenden Bürgertraining das *staatsgefährdend* nennen würde.«

Ich rollte wieder zur Kaffeemaschine, um meinen eigenen Becher nachzufüllen.

»Tuomas ist ein Mensch, der es geschafft hat, sich in einer Gesellschaft, in welcher *Privatsphäre* ein Synonym für *terroristische Vereinigung* geworden ist, zu schützen. Beginnend mit seinem Aufenthaltsort.«

»Sitzt er in einem geheimen Bunker?«

Ich lachte.

»Oh, nein, viel besser. Tuomas hat Lagerräume überall in dieser Klinik, von der die meisten Menschen nicht einmal wissen, dass sie vier Stockwerke tief unterkellert ist.

Die meisten denken, es gäbe nur diese Ebene hier unter dem Boden. Doch unter uns sind weitere weitläufige Kellerbereiche und darunter befinden sich noch mal eine Ebene plus eine geheime Ebene mit Luftschutzbunkern. Und von den Tunneln wollen wir mal gar nicht erst anfangen.«

Ich sah auf mein Handy und seufzte.

»Ich fürchte, ich muss los und ihn treffen. Wenn ich nicht reagiere, dreht er mir das Internet ab.« Ich lächelte schief. »Er ist ein guter Kerl, aber nicht berühmt für seine Geduld.«

Eva sah mich über ihren Kaffee hinweg an.

»Soll ich hier warten?«

»Wenn du willst. Mach dir keine Sorgen wegen dem Chef, er bellt sehr laut, beißt aber nur Männer. Er ist von der … alten Schule.«

»Das ist überaus beruhigend«, kommentierte sie und blickte nervös zu Professor Scholz' geschlossener Bürotür hinüber.

»Ach, komm einfach mit«, entschied ich.

»Vielleicht möchte Tuomas das nicht?«

»Zweifelhaft. Wie ich ihn kenne, wird er dich nicht mal bemerken, wenn du ihm nicht aktiv widersprichst.«

Ich freute mich über die Gelegenheit, Eva die Klinik ein wenig zu zeigen und es half, die Zeit zu vertreiben, denn wir waren lange unterwegs. Es dauerte fast fünfzehn Minuten, bevor wir auch nur das richtige Gebäude fanden. Eva sah sich mit neugierigen Augen um, während *Richard* scheinbar wahllos Abzweigungen nahm und durch endlose Gänge rollte.

»Woher kennst du den Weg, nur durch den Zahlencode?«, fragte Eva irgendwann.

Ich lachte, während Richard schwungvoll und freudig piepend um eine Ecke bog.

»Ich kenne gar nichts. Richard liest meine Nachrichten mit und versteht auch Tuomas' Codes. Ich bin nur die hübsche Fracht.«

Eva überging dies und sah sich weiter mit großen Augen um.

Wir passierten die öffentlichen Bereiche und bewegten uns durch die große Eingangshalle, die mit ihren Menschenmassen und den langen Abfertigungsschaltern an einen Verkehrsknotenpunkt erinnerten. Eva sprach den Gedanken laut aus.

»Es ist wie in einem Flughafen.«

»Der Vergleich ist nicht einmal schlecht«, erwiderte ich.

»Gäste haben in der Regel keine Idee davon, wie groß und weitläufig das Gelände der Klinik ist. Man könnte beginnen zu glauben, dass es möglich sein müsste, in andere Welten und andere Zeiten zu reisen. Ich träume manchmal, dass die Türen der Klinik in andere Dimensionen führen und ich in parallele Versionen meines Universums laufe, die meinem in fast allen Details gleichen, aber eben nur fast.«

Ganze Horden verzweifelter Kranker wälzten sich durch die Eingangshallen der öffentlichen Bereiche. Unter den hohen, hell erleuchteten Decken voller hartem, kaltem Licht, bildeten sich endlose Schlangen maskierter Menschen, schwach, hoffnungsvoll, gebrochen in allen Facetten menschlichen Elends und warteten darauf, verarbeitet zu werden. Niemand sah auf, alle blickten auf die Displays ihrer Handys, empfingen Anweisungen, wurden geleitet, liefen den Pfeilen und Vorschriften nach, wanderten in lang gezogenen Schlangen zu den Diagnosestationen. Beobachtet und überwacht von den allgegenwärtigen Sicherheitskräften in ihren grauen Uniformen. Pflegekräfte in medizinischen Vollschutzanzügen scannten Zertifikate, maßen Temperaturen und sahen dabei aus wie Außerirdische, die ihre Laserpistolen auf die Köpfe Kranker richteten. Ich sah aus dem Augenwinkel, wie Eva sich die Arme fest um den Köper legte und verängstigt umher sah.

»Richard, wir sollten sie an Bord kommen lassen und ein bisschen Gas geben«, erklärte ich beiläufig. »Du weißt, wie ungern Tuomas wartet.« Richard hupte bestätigend und klappte die hinteren beiden Beine halb aus. Ich wandte mich an Eva und deutete mit dem Daumen über die Schulter. »Du kannst aufsteigen. Wenn du dich an meiner Rückenlehne festhältst, sind wir schnell hier raus.« Sie wirkte erleichtert und kletterte hinter mir auf den Rollstuhl. Es war keine offiziell zugelassene Transportmöglichkeit, doch als sie hinter mir stand, bemerkte ich, dass ihr Gewicht keinen wirklichen Unterschied machte. »Alles gut, Richard?«, fragte ich. Richard tutete eine Frage.

»Was sagt er?«, fragte Eva besorgt.

»Er fragt, ob du schon aufgestiegen bist. Er merkt nichts.« Ohne auf eine Antwort zu warten, tippte ich auffordernd auf meine Lehne.

»Na, dann mal los. Bis ans Ende des Universums …«

»… und noch viel weiter«, ergänzte Eva hinter mir.

Richard rollte zügig los und ich spürte Evas nervöse Anspannung durch die Rückenlehne hindurch.

»Mach dir keine Sorgen«, beruhigte ich sie. »Jeder hier in der Klinik kennt uns.«

Tatsächlich wurden wir in jeder Abteilung, an welcher wir vorbeikamen, freudig winkend gegrüßt.

»Du hast nicht übertrieben«, kommentierte Eva hinter mir. »Die freuen sich alle, dich zu sehen.«

»Richard«, korrigierte ich sie. »Sie freuen sich, Richard zu sehen. Niemand hier kennt meinen Namen. Ich sollte vielleicht anfangen, meine Haare grell pink zu färben und eine Federboa zu tragen.«

»Wie wäre es mit einem kürzeren Rock?«, fragte Eva.

»Versuchst du, mich zu stereotypisieren?«, fragte ich freundlich.

Sie schnaufte.

»Okay, dann eben eine rote Clownsnase.«

»Zu nah an der Realität«, murmelte ich.

Wir verließen den öffentlichen Raum mit seinem weitläufigen Eingangsbereich und passierten mehrere Sicherheitsschleusen, an denen uns die bewaffneten Wachen einfach durchwinkten.

»Du hast Glück, sie halten dich für meine Pflegekraft«, kommentierte ich. »Ich hoffe, du bist nicht böse.«

»Ich hatte schon schlimmere Jobs für weniger Geld«, kommentierte Eva trocken.

Wir tauchten in das komplexe und weitläufige Tunnelsystem ein, welches die zahllosen Gebäude des Klinikgeländes miteinander verband. Elektromobile huschten auf lautlosen Gummirollen die Gänge entlang. Ein Transport mit Pflegekräften in voller Montur passierte uns, die längs des Fahrzeugs in langen Sitzreihen hockten wie Bergarbeiter auf ihrem Weg zur Schicht.

An einer Kreuzung mussten wir warten, während eine lange Kolonne kleiner Kastenwagen mit dem Frühstück mehrere Stationen passierte. Richard tauschte fröhliche, piepende Grüße mit jedem der kleinen Wagen, welche höflich zurückpfiffen.

Einmal blieben wir plötzlich zusammen mit allen anderen Fahrzeugen stehen und bewegten uns an die Seite, während der schwarze, bewaffnete Luxustransport eines reichen Patienten passierte.

Wir folgten langen, hell gekachelten Gängen voll hartem, weißem Licht. Im dem kalten, strahlenden Schein wirkte Evas Haut fast durchsichtig und ihre geisterhafte Erscheinung schien mit den Wänden verschmelzen zu wollen.

Richard rollte trotz des dichten Verkehrs zügig voran und wich elegant allen Hindernissen aus – und davon gab es nicht wenige. Hauptsächlich Betten. Sie waren überall und kamen ohne Pause von allen Seiten, zahllos und immer in Bewegung. Blinkende Fähren mit sedierten Patienten, verborgen unter weißer Bettwäsche. Gesteuert von halbintelligenten Pilotprogrammen glitten sie auf ihren Gummirollen lautlos an uns vorbei, als würden sie schweben und sahen dabei aus wie kranke Schwäne, die leise und traurig piepten, wenn sie sich einander näherten. Wie um ihr Leid miteinander zu teilen, während sie ihre schlafende Fracht lautlos an ein anonymes Ziel transportierten.

»Es gibt im Klinikum den Scherz«, erklärte ich, »dass man als stationärer Patient als Erstes beginnen sollte, einen Reiseblog zu schreiben und sich nicht an das Zimmer zu gewöhnen, da man sowieso immer unterwegs sein wird. Bis alle denkbaren und undenkbaren Funktionsabteilungen damit fertig sind, Geld an einem zu verdienen, hat man gelernt, unterwegs zu schlafen. Spart Zimmer. Es gibt das hartnäckige Gerücht, dass die Stellplätze in den Zimmern doppelt und dreifach belegt werden und die Patienten sich dort in Schichten aufhalten, um die Gewinne zu maximieren.«

Ich kann es kaum glauben, doch selbst meine Aufzeichnungen unseres Weges durch die Gebäude sind unvollständig, denn so unglaubwürdig es in dieser Zeit auch scheinen mag, es gab tatsächlich Gänge und Ecken ohne Videoüberwachung. Oder anders gesagt, Tuomas hatte wahrscheinlich dafür gesorgt, dass die Aufnahmen der Kameras dort viele spannende Dinge zeigten, nur niemals die Wahrheit. Das eine ließ sich über die Wege sagen: Sie waren verworren und praktisch nicht dokumentierbar.

»Die Klinik hat schon vor Jahren aufgegeben, Pläne oder Wegweiser zu benutzen«, erklärte ich Eva. »Die Patienten installieren sich stattdessen eine App, welche ihnen mit einem Kompass den Weg zum Ziel weist. Tuomas hat diese Umstellung sehr glücklich gemacht, denn nun muss er nicht mehr aufwändig Schilder und Pläne fälschen, sondern braucht nur noch die Software zu hacken, um so ganze Abteilungen aus dem Lageplan der Klinik verschwinden zu lassen.«

Einmal sahen wir aus einem Glastunnel heraus sogar das Hauptbauwerk gegen den grauen Morgenhimmel. Die Klinik thronte als gewaltiges, dunkles Bauwerk von zweihundert Stockwerken über dem ansonsten spärlich bebauten Industriegebiet.

»Warum hat man damals nicht direkt im Zentrum gebaut?«, fragte Eva, während sie das Hauptgebäude musterte.

»Öffentliche Gelder waren damals knapp und Bauland hier draußen billig«, erklärte ich. »Das ist aber auch schon zahllose Jahrzehnte her.«

In Evas privaten Aufzeichnungen aus dieser Zeit habe ich einen Vergleich gefunden, der es gut trifft:

Die Klinik hockt auf dem Land wie ein ruheloser, fortwährend vibrierender Organismus, der tief in den Untergrund hinabreicht und von dort einem gewaltigen Wurzelsystem gleicht, in alle Himmelsrichtungen Tunnel wachsen lässt, welche in einiger Entfernung wie die Triebe eines Bambus aus der Erde brechen, und immer wieder neue Ableger produziert, die sich in Form von Forschungsinstituten, Verwaltungsgebäuden, Therapiezentren und Parkhäusern in den Schatten der großen Mutter ducken.

Zahllose Tunnel, Brücken, Rohre, autonome Züge auf überdachten Gleisen und sogar Seilbahnen verbinden die Gebäude untereinander, schicken Menschen, Material und Ideen, wie eine Mutter, die ihre Kinder versorgt.

Als wir das richtige Gebäude endlich gefunden hatten, stiegen wir wieder in die Tiefe der Kellerebenen hinab, welche auf nicht wiederzugebende Weise miteinander verschachtelt waren. Es erinnert an ein Pilzgeflecht, das sich in alle Richtungen ausbreitet und in regelmäßigen Abständen neue Querverbindungen hervorbringt.

Irgendwann sah Eva sich irritiert um.

»Diese Gänge und Abzweigungen machen nicht mal Sinn«, kommentierte sie.

»Das ist noch gar nichts«, erwiderte ich. »Tuomas erzählt gerne die Geschichte, dass er einmal einen zehn Kilometer langen Tunnel gefunden hat, welcher bis zum heutigen Tag weiterwächst, um eines Tages in einer anderen fernen Stadt eine neue Klinik sprießen zu lassen.«

Sie sah mich aufmerksam an.

»Ich glaube ihm«, erklärte sie ernsthaft.

»Ich auch.«

Sie lächelte ein ganz klein wenig mit den Mundwinkeln.

»Weißt du, was er in seinen geheimen Verstecken eigentlich treibt?«

»Alles. Arbeiten, leben, essen …«

»Schlafen?«

»Wenn du ein Feldbett siehst, ist es einer seiner Schlafplätze.«

»Benutzt er sie denn zum Schlafen?«

»Nein, natürlich nicht. Sie sehen immer brandneu aus und scheinen nie benutzt zu werden.«

»Ah, *so* ein Schlafort. Die kenne ich. Hat er keine Sorge, von der Verwaltung aufgespürt zu werden?«

»Was, Doktor Tuomas Lauri? Niemals. Dabei ist keines seiner Verstecke abgeschlossen. Sie sind nicht einmal in dem

Sinne versteckt. Sie befinden sich an Orten, die niemand erkennen kann, weil sie sich direkt vor den Augen des Betrachters befinden, dort, wo Menschen es nicht sehen können. Ich glaube, wenn man jemals versucht, ihn tatsächlich zu finden, ist sein Kellerraum einfach nicht mehr da und der Gang endet vor einer leeren Wand.«

Wir fanden ihn in der hintersten Ecke eines lang gezogenen Kellerraumes, dessen Ende man erreichte, indem man einen langen Slalom um unzählige vollgestopfte Regale mit verlorener Technik, defekten Hoffnungen und vergessener Forschung lief. Tuomas trug einen weißen Kittel, hatte sich in die Ecke des Raumes gestellt, den Kopf an die Wand gelegt und schlief mit verschränkten Armen.

Richard kam vor einem Tisch zum Stehen und hupte eine Begrüßung. Ich musterte derweil den seltsamen Aufbau vor mir, ohne auf Tuomas zu achten, der mit einem Zucken zu sich kam und einige Male blinzelte, bevor er sicher war, wo er sich befand.

»Schläfst du eigentlich jemals?«, begann ich, ohne ihn anzusehen.

»Die Stadt schläft nicht«, entgegnete er träge. »Die seltsamen Kräfte, die unser Leben beherrschen wollen, schlafen nicht. Durchsichtige Blattsalate in Wasserkästen von Toiletten schlafen nicht.« Er blinzelte. »Du hast dir ganz schön Zeit gelassen.« Eva schien er nicht zu bemerken.

Ich betrachtete den Laptop vor mir auf dem Tisch, welcher über mehrere Kabel mit einem offensichtlich medizinischen Gerät verbunden waren. Es hatte diese weiße, desinfizierte, abgerundete Ausstrahlung, die Technik in Krankenhäusern gerne hat.

»Wertest du wieder für einen der Ärzte Daten aus?«

»Nein, es ist umgekehrt.«

»Wie jetzt, umgekehrt?«

Ich starrte auf den Aufbau und registrierte zum ersten Mal den Inhalt des großen Displays, auf welchem sich komplex geformte Wolken in unterschiedlichen Farben flackernd umeinanderdrehten. Helle weiße Punkte leuchteten in den Mustern wie Schwärme von Leuchtkäfern, welche sich in den Wolken zu verbergen suchten. Das Ganze sah aus wie die Cartoon-Version eines mit Sternen übersäten Nachthimmels voller bunter Gaswolken.

Ich kniff die Augen zusammen, wie ich es immer tat, wenn ich etwas nicht verstand. Mir war nie bewusst gewesen, dass ich dann aussah wie jemand mit akuter Verstopfung.

»Das sind doch aktive Mustererkennungen, nicht wahr? Ist das Hirnaktivität? Soll das noch auf ein Hirnmodell transferiert werden?« Ich musterte verwirrt die Visualisierung. Endlich fiel bei mir der Groschen.

»Warte mal. Ist das eines der neuen Geräte zur Hirnmusterinterpretation?«

Tuomas nickte und betrachtete ebenfalls nachdenklich das Display.

»Heilige Scheiße«, hauchte ich. »Die Dinger sind monströs teuer. Sind das nicht Prototypen, welche wir vom Militär geliehen bekommen haben? Die werden doch zur Darstellung der Hirnaktivität bei Komapatienten benutzt oder zur Kontrolle von hirnchirurgischen Eingriffen. Wer hat dir das Ding gegeben, das kostet doch etliche Millionen?«

Tuomas zuckte mit den Schultern.

»Zehn Millionen Kreditpunkte teures Equipment, zehn Kreditpunkte teures Schloss.«

»Du hast es gestohlen.«

»*Geliehen.* Der Trick ist, damit rauszugehen, als würde es dir gehören.«

»Du wirst noch mal in den Knast wandern.«

»Zweifelhaft.«

Ich zeigte auf den Bildschirm.

»Ist das die Hirnaktivität eines Patienten?«

»Kann man so sagen.«

»Und du wertest es auf dem Quantenlaptop aus. Das zumindest ist nichts Ungewöhnliches.«

»Ist es nicht?«, fragte Eva.

»Das machen wir ständig«, erklärte ich. »Der ganze Sinn, die biologische Forschung zusammen mit der medizinischen in ein Gebäude zu stecken, war gewesen, den Medizinern Zugang zu vernünftigen Analyse-Methoden zu geben, respektive Leuten, die wussten, was sie taten. Forschungsgelder in Millionenhöhe von der Pharmaindustrie zu bekommen und sie in Daten umzusetzen, ist leider nicht genug für wissenschaftliche Durchbrüche. An irgendeinem Punkt muss man dann eine mehrfaktorielle Varianzanalyse über die Daten rechnen, um die eigenen Thesen signifikant zu bekommen, und dann kommen die Mediziner meist sehr kleinlaut zu uns und bitten um Hilfe.«

»Die bekommen sie natürlich auch«, ergänzte Tuomas. »Kurz nachdem ihnen der Chef erklärt hat, wie peinlich und jammervoll sie sind.« Er grinste kalt.

Ich lächelte Eva an.

»So sehr unsere Arbeitsgruppe auch die Lachnummer in der medizinischen Forschung ist und wir *die Müllkippe*, oder *der Sumpf* genannt werden. Am Ende stehen sie alle bei Tuomas, denn mein Lieblingsberg von einem Mann im Metal-Shirt gilt allgemein als überaus peinlich und brillant.« Ich wandte mich an Tuomas. »Okay, was macht diesen Patienten so besonders, dass wir seinetwegen eine Tagesreise hierher unternehmen mussten?«

»Er will seine Geheimnisse absolut nicht preisgeben.«

Ich blinzelte ihn an.

»Sorry, verstehe ich nicht.«

Tuomas tätschelte den Laptop mit seiner riesigen Hand.

»Ich untersuche die Aktivität dieses Koma-Patienten.«

Ich starrte den Aufbau eine Weile lang an, bevor es endlich bei mir im Kopf klickte.

»Du versuchst, den zufallsverteilten Bildern auf die Spur zu kommen.«

Er nickte.

»Ich habe bereits sechs Quantenlaptops unter Beobachtung und übertrage seit Tagen alle Bilder in ein Sammelarchiv. Ich hatte dir ja gestern schon gesagt, dass es keine zufallsverteilten Inhalte mehr sind. Seit zwei Tagen sind es nur noch Blumen und der Trend geht weiter.«

»Es gibt einen Trend?«

Er nickte.

»Es sind seit zwölf Stunden signifikant mehr Vertreter der Rosaceae enthalten.«

»Aber warum der Aufwand? Was ist an einem dummen Blumenvirus so interessant?«

Tuomas zog ein Handy aus seiner inneren Westentasche, hob einen Finger und suchte mit schnellen Bewegungen ein Bild aus dessen Speicher heraus.

»Deswegen. Es tauchte letzte Nacht das erste Mal auf.«

Er hielt uns das Handy hin. Das Bild zeigte eine Rose, allerdings nicht in ihrer gewöhnlichen Gestalt.

»Eine Rose aus Eis«, hauchte Eva.

»Eine durchsichtige Blüte«, bestätigte Tuomas. »Erinnert sie euch an was?«

Wir schwiegen eine Weile.

»Das kann nicht sein«, kommentierte ich irgendwann.

»Natürlich nicht. Ein bisschen viel Zufall oder?«

»Okay, du hast mein Interesse«, erklärte ich. »Also, was machst *du* hier?«

Tuomas tippte mit dem Finger auf den Laptop.

»Der Trick ist es, ihn nichts merken zu lassen, denn sonst hört er sofort auf. Deswegen musste ich erst mal einen Code schreiben, der den Rechner schlafen lässt, während ich dennoch aktiv alle Ports und Aktivitäten auslese.«

»Aber das kann doch niemals funktionieren, der Prozessor ist kein Hirn.«

»Danke, Lou. Dein Griff am Offensichtlichen ist bemerkenswert. Aber beide sind ähnlich mächtig, was die Leistung angeht, und ich war bei den Jungs in der Hirnphysiologie. Einer der Physiker, der an den neuronalen Netzen für Prothesensteuerung bastelt, schuldete mir einen Gefallen und hat mir einen Algorithmus gebaut, um die Prozessoraktivität des Quantenprozessors auf eine dreidimensionale Darstellung zu mappen.«

»Da kann doch nichts dabei herauskommen«, warf ich verwirrt ein.

»Würde man meinen.«

Ich schüttelte energisch den Kopf.

»Du wertest die Aktivität eines Quantenprozessors aus, das macht nicht mal in der Theorie Sinn. Es ist, als würdest du ein Windrad an eine Schreibmaschine anschließen und auf Gedichte warten.«

Tuomas stutzte und starrte einen Moment ins Leere.

»Wow. Die Idee ist cool, das sollten wir unbedingt probieren. Wo hast du das jetzt her?«

»Keine Ahnung, aber wir könnten ein Rad oben auf dem Klinikdach installieren, und ein paar Schreibmaschinen finden wir bestimmt noch und ...«

»Entschuldigung?«, warf Eva ein.

Wir drehten uns zu ihr um.

»Auswertung? Ihr erinnert euch?«

»Genau!«, rief ich und fand meinen Faden wieder. »Das macht nicht mal theoretisch Sinn. Die Prozesse sind nicht vergleichbar mit der Aktivität in einem menschlichen Kortex.«

»Das ist richtig«, bestätigte Tuomas. »Und das bringt mich zu meiner ersten erstaunlichen Erkenntnis. Die Quantenrechner machen weit mehr als nur Bilder zeigen. Sie wechseln in einen Modus, der an die Arbeit alter Grafikkarten erinnert.«

»Die was machen? Die Bilder berechnen?«

»Nein, sie berechnen keine Bilder. Sie berechnen eine Simulation. Auf einem schockierend hohen Niveau in einer verblüffend kurzen Zeit.«

»Eine Simulation wie in …«

»Wie in hochorganisierten, miteinander interagierenden Strukturen, welche natürliche Prozesse nachahmen.«

Ich war vollkommen verloren.

»Blumenwiesen?«, riet ich verwirrt.

»Fast. Ich habe einen der Physiker in der Arbeitsgruppe für kortikale Simulationen gebeten, sich die Daten anzusehen, aber er hat nur einen Blick auf die Bilder geworfen und gesagt, dass es aussieht wie eine sehr einfache Version von etwas, das die Programmierer künstlicher Intelligenzen eine *Bewusstseinsmatrix* nennen.« Er grinste.

Ich blinzelte.

»Die Rechner simulieren eine künstliche Intelligenz?«

»Nein, die Daten sind zu komplex dafür und doch wieder zu einfach.«

»Das macht immer noch keinen Sinn.«

»Genau.«

»Okay okay. Warte, lass mich das richtig verstehen. Du hast einen Quantenrechner, der in dem Moment, wo niemand mehr mit ihm arbeitet, selbstständig beginnt, eine Art künstliche Intelligenz zu simulieren, welche sich als obsessiver Florist rausstellt?«

»Etwas in der Art, ja.«

»Das können wir unmöglich jemandem erzählen.«

»Nein, wirklich?«, fragte er höhnisch. »Was meinst du, warum wir im Keller wohnen, du Heldin?«

»Sie sammeln keine Blumen«, erklärte Evas leise Stimme.

Tuomas und ich drehten uns synchron um und starrten sie fragend an.

»Könnt ihr es nicht sehen?«, fragte sie, ohne den Blick von dem Bildschirm zu nehmen.

»Sie träumen«, erklärte Eva leise.

Ich öffnete den Mund und schloss ihn gleich wieder.

Als ich gerade einen zweiten Versuch unternehmen wollte, klingelte Tuomas' Handy. Er nahm das Gespräch an, lauschte einen Moment und bestätigte kurz, bevor er uns wieder ansah.

»Das war unser Hausklempner«, erklärte er heiter. »Er fragt, ob wir Platz für weitere zwanzig von den Blumen haben.«

10 | Grundrauschen

Wagner lächelte in die verblüfften Gesichter. Er schien den Moment zu genießen, auch wenn ich am ein- und ausgehenden Datenstrom sehen konnte, dass er bereits wieder Mails sichtete, während die anderen Anwesenden noch damit beschäftigt waren, den richtigen Gang für die Unterhaltung zu finden.

Die schiere Geschwindigkeit, mit welcher der Mann Daten in seiner Brille sichtete, beeindruckte mich. Aus meinem endlosen Fundus auswertbaren Videomaterials wusste ich, dass Wagner sie auch zum Schlafen nicht abnahm. Er ruhte sitzend in einem Sessel für niemals mehr als drei Stunden am Stück. Seine Mitarbeiter waren überzeugt, dass er das hauptsächlich tat, um die Batterien seiner Brille zu laden.

»Sie hatten natürlich gute Gründe für Ihre Ablehnung«, erklärte Wagner freundlich in die sich ausdehnende Stille hinein. »Zu dieser Zeit waren Sie gerade damit beschäftigt, die Matrix des ehemaligen Projekts Prometheus komplett neu zu gestalten und George hier zu aktivieren.«

Calvin wandte sich an George.

»Habe ich diese Anfrage wirklich bekommen?«, fragte sie ehrlich verblüfft.

»Das ist korrekt«, entgegnete der goldene Kopf, ohne den Blick zu heben. »Das Re-Design meiner Bewusstseinsmatrix hat den wesentlichen Teil des letzten Jahres eingenommen und ich hatte strikte Anweisung von Ihnen, alle eingehenden Anfragen für neue Projekte mit dem von Doktor Wagner zitierten Text zu beantworten.«

Wagner schenkte den Anwesenden ein kühles Lächeln. »Aber das ist ja nun nicht mehr wirklich relevant, nicht wahr?« Er breitete die Arme aus. »Willkommen in der einen Abteilung, über die sich alle lustig machen und die sich dennoch immer stärkerer Nachfrage erfreut.«

»Pompöse Selbstinszenierung?«, fragte Baker.

»Nein, transphysikalische Phänomene«, erwiderte Wagner sachlich.

Calvin blinzelte.

»*Trans* … was?«, fragte sie.

»Und *Sie* leiten die Abteilung?«, fragte Baker weiter.

»Natürlich«, entgegnete Wagner kühl. »Was glauben Sie, warum ich lange vor Ihnen im Kühlhaus angekommen bin?«

»Ich dachte, Sie wohnen dort«, erwiderte Baker trocken.

»Das ist sehr amüsant, General. Tatsächlich musste ich als Allererstes die Freigabe erteilen, dass andere Abteilungen involviert werden dürfen, bevor Sie überhaupt informiert wurden.«

»Das ist überaus großzügig von Ihnen«, erklärte der General mit dem Gesicht einer heraufziehenden Gewitterfront.

»Entschuldigung«, warf Calvin ein und schloss die Augen, während sie irritiert den Kopf schüttelte.

»*Trans*-physikalisch? Was bitte ist ein transphysikalisches Phänomen, und wieso haben wir eine Abteilung dafür?«

»Soweit ich weiß, haben wir sogar eine Abteilung für Kommunikation mit Außerirdischen«, warf Baker ein.

»Haben wir?«, fragte Calvin verblüfft. »Und was machen die den ganzen Tag?«

»Woher soll ich das denn wissen, ich habe keine Freigabe dafür. Wahrscheinlich schauen sie SciFi-Filme.«

»Meine Abteilung«, unterbrach Wagner die beiden, »bearbeitet alle Phänomene, zu deren Erklärung Wissenschaft allein nicht mehr ausreicht. Wie wir aus der Korrelation der Blumenmotive sehen können, haben wir es hier mit etwas sehr, hm, *Seltsamem* zu tun.«

»Woher wissen Sie von meiner Korrelation?«, entgegnete Calvin eisig.

Wagner seufzte.

»Es ist wohl kaum *Ihre* Korrelation, Professor. Beruhigen Sie sich, niemand überwacht Sie. Entgegen anders lautenden Gerüchten sind andere Menschen ebenfalls in der Lage, Daten zu analysieren. Davon abgesehen. Selbst wenn wir Sie überwachen wollten, wäre sowieso ich derjenige, welcher am Ende die Daten auswerten müsste und ich habe schon genug zu tun. Im vorliegenden Fall haben wir schlicht entlang der gleichen Bahnen gedacht und das gleiche Ergebnis gefunden.«

Calvin sah ihn regungslos an.

»Sie scheinen von all den Ereignissen nicht außerordentlich überrascht zu sein, Doktor. Liegen noch weitere, hm, transphysikalische Phänomene in Ihrer Abteilung?«

Wagner lächelte.

»Diese Informationen sind vertraulich.«

»Wollen Sie mich verarschen, Mann?«, donnerte Baker. »Ich leite persönlich den gesamten Bereich für Cyberkriminalität und habe die höchsten Freigaben. Ich berichte direkt an den Präsidenten!«

Deering hob vorsichtig eine Hand.

»Ich fürchte, Doktor Wagners Sicherheitsstufe liegt über Ihrer, Sir.«

»Was?«, bellte der General und sah seinen Adjutanten fassungslos an.

»Sollten sich Erkenntnisse einstellen«, erklärte Wagner gönnerhaft, »welche es nötig machen, Ihnen weitere Interessensgebiete meiner Abteilung zu offenbaren, werde ich das selbstverständlich tun.«

»Ich kann den Präsidenten auch einfach selbst fragen«, knurrte Baker.

»Das können Sie, General«, entgegnete Wagner ruhig, »aber ich fürchte, er besitzt nicht die nötigen Freigaben.«

Bakers Gesicht wurde tiefrot. Er holte bereits Luft und öffnete den Mund, als Calvin ihm entgegen jeder Gewohnheit sanft eine Hand auf die Schulter legte. Der General klappte den Mund zu und sah sie verlegen an.

Calvin wandte sich an Wagner.

»Und was hat das mit dem Vorfall in den Nachrichten zu tun?«

Der Angesprochene verbeugte sich leicht.

»Vielen Dank, Professor. Wer bin ich, Ihre kostbare Zeit zu verschwenden?« Er wandte sich einer Displaywand zu und legte die Fingerspitzen aneinander. Ich konnte die Geschwindigkeit seiner Zugriffe auf Calvins System sehen und sie musste es auch bemerkt haben, denn sie kniff die Augen zusammen und ihr Mund wurde zu einem schmalen Strich.

»Der Vorfall ereignete sich auf einer Isolationsstation zur Rehabilitierung von Patienten mit schwerer Netzpsychose. Wir hängen es nicht an die große Glocke, aber wie Sie sicher aus den Sicherheitsbriefings wissen, hat die Zahl dieser Einrichtungen in den letzten Jahren explosionsartig zugenommen.« Das Display vor ihm begann sich mit Auswertungen und Bildern zu füllen. »Diese Einrichtungen arbeiten alle nach dem gleichen Konzept«, dozierte Wagner. »Die Patienten bekommen selbstverständlich keinen Zugang zu Netz, Bildschirmen oder Medien irgendeiner Art. Alle Einrichtungen dieser Art sind vollständig vom Netz getrennt.«

»Man kann Institutionen auch auf althergebrachte Weise infiltrieren«, warf Calvin ein. »Mit Datenträgern zum Beispiel, die jemand zur Tür hineinträgt.«

»Alle diese Einrichtungen sind analog. Selbst Dokumentationen werden auf Papier durchgeführt.«

»Papier!«, rief Baker.

Wagner nickte.

»Das Personal muss speziell geschult werden, es ist sehr aufwändig und teuer. Aber Psychosen dieser Art können selbst durch die Anwesenheit von Verwaltungscomputern ohne Netzzugang getriggert werden.« Er hob einen Finger. »Aber die Patienten bekommen einmal am Tag eine Stunde Therapie vor einem speziellen Bildschirm, der ihnen weißes Rauschen zeigt.«

Er drehte sich zu dem goldenen Kopf um.

»George, könntest du uns das Beispiel zeigen?«

Neben Wagner öffnete sich ein Fenster, welches ausschließlich schnell wechselnde weiße und schwarze Pixel zeigte.

»Dies ist ein Beispiel von mir und es ist tatsächlich nicht zufällig. Ich werde ihnen gleich erläutern, warum das wichtig ist.«

»Sieht aus wie ein Schneetreiben«, kommentierte Baker.

Wagner überging dies.

»Menschen, die sich mit zunehmend stärkeren Datenströmen ihrer Datenbrillen das Hirn gegrillt haben, müssen in einem extrem langsamen und aufwändigen Prozess wieder an Bildschirme gewöhnt werden, damit sie nicht direkt zu epileptischen Anfällen neigen, wenn sie ein Display sehen. Sie müssen ihr Hirn langsam wieder darauf trainieren, nicht zu viele Informationen auf einmal aufzunehmen. Daher das weiße Rauschen. Es dient dazu, den Patienten einen visuellen Inhalt auf einem Bildschirm zu präsentieren, der jedoch gleichzeitig keinen Inhalt hat und ihnen erlaubt, den Anblick eines Bildschirms zu ertragen, ohne eine psychotische Episode mit gewalttätigen Affektdurchbrüchen zu triggern.«

Wagner wandte sich wieder an seine Zuhörer.

»Zum Zeitpunkt des Vorfalls hatte dieses weiße Rauschen jedoch schlagartig nicht mehr den gewünschten Effekt.«

»Und warum?«, fragte Calvin.

»Weil es Bilder von Blumen in den Köpfen der Betrachter erzeugte.«

»Das Rauschen enthält Blumen?«, fragte Baker verwirrt.

Wagner hob einen Finger und lächelte.

»Nein, eben nicht. Und hier wird die Angelegenheit kompliziert. Wir haben natürlich die Algorithmen mit der Pinzette zerpflückt und sie enthalten keinerlei Auffälligkeiten.«

Calvin ging langsam zum Tisch und goss sich Tee nach.

»Wie kamen Sie dann dahinter?«

Wagner wirkte tatsächlich verlegen.

»Um ehrlich zu sein, ich kam hinter überhaupt nichts. Der Zufall hat uns geholfen. Ein Angehöriger hat mit einer illegalen Kamera in seiner Datenbrille den privaten Raum einer Patientin gefilmt und unter anderem mehrere Minuten von dem weißen Rauschen.«

»Warum würde ein Angehöriger …«, begann der General.

»Es handelt sich um den Bruder einer Patientin, der sich selbst in ihrem Raum gefilmt hat und seine eine Million Follower eingeladen hat, mit ihm zusammen verrückt zu sein, wie seine Schwester.«

»Aha, wo ist der junge Mann jetzt?«

»Wir haben ihn in Haft genommen.«

»Gut, schmeißen Sie den Schlüssel weg.«

»Sehr wohl General.«

»Können Sie jetzt zum Punkt kommen?«

Wagner räusperte sich.

»Einer der Follower des jungen Influencers ist ein begabter Hacker und Datenanalyst, welcher außerdem der Verschwörungstheorie anhängt, dass die Regierung diese Bildschirme mit weißem Rauschen nutzt, um Gehirnwäsche zu betreiben.«

»Und tun wir das?«

Wagner zuckte mit den Schultern.

»Wir könnten, aber warum sich die Mühe machen? Was sollen wir mit einem Haufen Verrückter anfangen?«

»Die Macht übernehmen?«, fragte Calvin.

»Wir sind bereits an der Macht, Professor.«

»Und was«, unterbrach Baker die beiden ungeduldig, »hat er herausgefunden?«

»Es gibt tatsächlich Blumenmuster in dem Rauschen. Der Trick ist, die Informationen erst durch ein Bewusstsein zu filtern.«

»Was heißt das?«

»Es muss ein Mensch sein, der den Bildschirm beobachtet. Wenn wir lediglich die Daten analysieren, finden wir nichts.«

Baker blinzelte erstaunt.

»Und Sie sind nicht auf diesen Zusammenhang gekommen?«, fragte Calvin.

»Dass die Daten ihren Effekt erst zeigen, wenn sie von einem menschlichen Bewusstsein verarbeitet wurden? Nein. Wären Sie?«

Calvin starrte einen Moment lang in das Rauschen, dann schüttelte sie den Kopf.

»Wie hat der Hacker das gemacht?«

Wagner zuckte mit den Schultern.

»Zivile Datenbuchse. Videoplattformen erzeugen heutzutage täglich Schwärme von Millionären, die sich alles leisten können. Intrakranielle Datenbuchsen sind zwar noch sündig teuer, aber in Privatkliniken kann man heute alles kaufen. Sie sind bei Hackern überaus begehrt, denn mit ihrer Hilfe kann man Codes um ein Vielfaches schneller visualisieren.

Natürlich grillt sich etwa ein Drittel der Benutzer das eigene Hirn. Aber so ist das mit Pionieren.«

»Planen Sie das auch zu tun, Professor Wagner?«, fragte Baker unschuldig.

Wagner überging dies.

»Konnten Sie es reproduzieren?«

Wagner nickte.

»Nicht mit diesem Rauschen dort«, er zeigte auf die Displaywand, »denn dieses ist nicht zufällig, es sieht nur so aus. In dem Moment, wo ein Algorithmus regelmäßige Daten produziert, zeigt sich der Effekt nicht mehr. Es funktioniert außerdem besser, wenn das Rauschen aus etwas entsteht, welches einem natürlichen Phänomen folgt. In meiner Versuchsreihe von vor sechs Stunden habe ich die Brownsche Molekülbewegung auf der Oberfläche meines Kaffees benutzt.«

»Haben Sie an sich selbst getestet?«, fragte der General freundlich.

»Um Gottes willen, nein!«, rief der Wissenschaftler. »Natürlich an Studenten. Laut Aussage der Testpersonen ist die Wirkung vergleichbar mit einem starken Halluzinogen. Die Wirkung ist jedoch nicht beängstigend, sondern wird durchgehend als angenehm und friedvoll beschrieben. Alle Studenten beschreiben zudem unterschiedliche Blumen. Möglicherweise gibt es hier einen Bias zu einer persönlichen Präferenz, das ist jedoch schwer zu quantifizieren.«

»Das heißt, jedes Mal, wenn ein Mensch auf diesem Planeten in weißes Rauschen starrt, kriegt er einen Drogentrip? Dann können wir genauso gut dichtmachen.«

»Das konnte ich bereits ausschließen. Ich bin in Korrespondenz mit Kollegen in aller Welt und habe bereits erstes Feedback erhalten. Das Phänomen ist auf die Hauptstadt beschränkt, wie alles, was die Blumen betrifft. Darüber hinaus muss man tatsächlich ein Minimum von dreißig Minuten konzentriert hineinsehen, bevor sich der Effekt zeigt. Nichtsdestotrotz verändert und beeinflusst irgendjemand oder irgendetwas die Realität direkt im Bewusstsein von Menschen. Jedoch nur hier in dieser Stadt und nur mit Blumen.«

»Wir müssen dies unbedingt sofort kontrollieren«, erklärte Calvin.

»Das sehe ich auch so«, bestätigte Wagner. »Es sind bereits Säuberungs-KIs im Stadtnetz aktiv, welche jedes weiße Rauschen identifizieren und mit künstlichen Daten versehen, welches den Effekt blockiert.«

»Das ist alles schön und gut, Doktor, aber wer zum Teufel ist für diesen Mist verantwortlich«, polterte Baker.

»Ich habe nicht die geringste Idee, General. Gott? Außerirdische? Ihr Tipp ist genauso gut wie meiner.«

»Das nennen Sie eine wissenschaftliche Erklärung?«

»Nein, ich nenne das ein transphysikalisches Phänomen. Es gibt keine Erklärung«, erwiderte Wagner geduldig. »Deswegen liegt der Vorgang in meiner Abteilung.«

Baker schloss die Augen und versuchte sich zu beruhigen.

»Was gedenken Sie nun zu tun, Wagner?«

»Ich gedenke, mir einen Kaffee zu holen, General. Ich glaube nicht, dass wir allzu lange warten müssen, denn nennen Sie es eine transphysikalische Intuition, aber ich habe so den Verdacht, dass dies nur der Anfang ist.«

11 | Contentcreator

Wir saßen alle gemeinsam im Gruppenraum beim Kaffee und starrten stumm in das Aquarium auf dem Tisch in der Mitte des Raumes.

Ich hatte kurz gehofft, mich neben Eva stellen zu können, doch der Drang, möglichst nahe an der gurgelnden Kaffeemaschine zu bleiben, hatte die Oberhand gewonnen. Ich hing wieder halb aus meiner Sitzschale gelehnt auf dem Tisch und konnte Eva erneut durch das Wasser hindurch beobachten, wie bei unserem ersten Treffen.

Sie trug wie immer ihren unvermeidlichen weißen Wollpullover, nur das Aquarium hatte gewechselt. Wir hatten es zügig gegen ein größeres austauschen müssen und selbst in diesem, welches über hundert Liter mehr fasste, wurde es langsam eng. Die Blumen stapelten sich schon auf zwei Ebenen übereinander.

Eva klammerte sich an ihren großen Kaffeebecher, und wenn sie nicht in schnellen kleinen Schlucken daraus trank, starrte sie, wie wir alle, regungslos in die dichte Masse der halbdurchsichtigen Blumen. Es war schon ihr zweiter Becher, doch es hielt sie nicht davon ab, gelegentlich einzunicken. Ihr blasses Gesicht schwebte zwischen den durchsichtigen Blüten, als würde sie den Haufen transparenter Blumen als Kissen benutzen. Für einige Sekunden lang wirkte sie dann fast friedlich.

»Das ist keine sinnvolle Dauerlösung«, erklärte Tuomas irgendwann. Er hatte die Ellbogen auf den Tisch gestellt und starrte nachdenklich abwechselnd in seinen Kaffeebecher oder darüber hinweg in das Aquarium. Es wurde nicht deutlich, ob er mit uns oder zu sich selbst sprach. Bei ihm musste man immer damit rechnen, dass er andere Anwesende nicht bemerkte.

Professor Scholz kam zügig durch den Gruppenraum gelaufen. Anfangs hatte ich ihn ignoriert, weil ich damit beschäftigt gewesen war, Eva anzustarren, doch jetzt merkte ich, dass er schon zum dritten Mal an uns vorbeieilte. Einmal hatte er sich Kaffee geholt, danach im Chaos der Regale nach Werkzeugen gesucht. Jetzt trug er eine Glasscheibe in einen der Arbeitsräume. Mir war das gar nicht aufgefallen, doch Eva schreckte jedes Mal hoch und folgte ihm kurz und nervös mit den Augen.

»An irgendeinem Punkt«, fuhr Tuomas unbeeindruckt fort, »wird jemand Offizielles dahinterkommen, was in unserem Wassersystem los ist, und dann kommen viel zu neugierige Menschen und stecken ihre Nasen in unsere Klos.«

Eva blinzelte und schüttelte den Kopf, um die Müdigkeit zu vertreiben.

»Was, wenn es die ganze Stadt betrifft oder das ganze Land?«

»In dem Fall sollten wir besser mit unseren Blumen nirgendwo mehr aufzufinden sein, wenn es losgeht«, murrte Tuomas.

»Was, wenn sie tatsächlich gefährlich sind?«, fragte Eva weiter.

Tuomas schüttelte den Kopf.

»Ich habe mehrere Käfige voller Versuchsratten in der Pharmakologie mit dem Wasser aus dem Aquarium gefüttert. Denen geht es gut.«

Eva riss die Augen auf.

»Hattest du dafür eine Genehmigung?«

Tuomas schenkte ihr nur einen müden Blick.

»Das ist noch gar nichts«, erklärte ich kühl. »Heute Morgen habe ich ihn dabei erwischt, wie er mit dem Wasser aus dem Aquarium Kaffee machen wollte.«

Eva setzte sich kerzengerade auf und sah entsetzt in ihre Tasse hinein.

»Was denn?«, rief Tuomas und sah erstaunt zwischen uns hin und her. »Der war für den Studentenkurs. Das nennt man Grundlagenforschung. Glaubt ihr etwa, die Regierung oder PharmaCorp arbeiten anders?«

Ich rieb mir erschöpft die Augen und seufzte.

»Wie geht es deinem Patienten im Keller?«, fragte ich ihn, um das Thema zu wechseln. Er sah mich verwirrt an. »Dem, der zusammengeklappt auf dem Tisch liegt und von Blumen träumt?«

»Oh«, machte er und begann, auf dem Handy herum zu wischen. »Die Hauptmotive enthalten zunehmend Themen, welche sich an unsere Gäste annähern, also Wasser, Durchsichtigkeit, Glas, Eis und so weiter, sowie natürlich unzählige blühende Rosen in allen Varianten. Was mich jedoch an der ganzen Sache fasziniert, ist, dass die ganze Stadt diese Motive aufzugreifen beginnt.«

»Was ist daran erstaunlich?«, fragte ich. »Die sozialen Medien leben doch davon, Motive aufzugreifen und zu Geld zu machen. Jeder Newsfeed wird von dutzenden Influencern belagert, die bereit sind, auf alles aufzuspringen, was auch nur nach viralem Content riecht.«

»Danke«, erklärte Tuomas kühl. »Das ist mir bekannt. Heutzutage hat jede zweite Mülltonne ihren eigenen Influencer, der ihr Recht auf gleichberechtigte Befüllung bis aufs Blut verteidigt. Aber das meine ich nicht. Ich spreche davon, dass die Stadt selbst, also alle Menschen, die darin wohnen, beginnen, die Motive aufzunehmen.« Er zeigte mit dem Daumen hinter sich und einer der Monitore an der Wand erwachte zum Leben und zeigte Fotos. »Hier«, erklärte Tuomas. »Die Straßenkids sprayen weniger Reviermarkierungen ihrer Gangs an die Wände, sondern wechseln zu Blumen. Büroangestellte benutzen Klebezettel, um Blumenmuster an ihren Hochhausfenstern zu gestalten. Kiddies klauen Stühle aus der Schule und formen daraus Blumen auf Schulhöfen. Und das hier«, er hob einen Zeigefinger, »finde ich, schlägt dem Fass die Krone ins Gesäß.« Das Foto zeigte eine Betonwand, auf der jemand in Rot und in kruden, aber deutlich zu erkennenden Strichen eine Blume gemalt hatte.

»Ist das Blut?«, fragte Eva angewidert.

»Ist es«, bestätigte Tuomas. »Das ist eine Wand im Zoo, genauer gesagt im Affenhaus, ganz genau genommen bei den Bonobos.« Er grinste schief. »Also das ist mal ein Künstler, der sich nicht durch einen Mangel an Materialien abhalten lässt. Dem Männchen wurde von einem seiner Artgenossen ein Stück vom Finger abgebissen, woraufhin dieser – nach Aussage des Influencers – nachdenklich seinen blutenden Finger betrachtete, zur nächsten Wand ging und das hier gemalt hat.«

»Entschuldigung?«, unterbrach Eva. »Sein … sein Influencer?«

»Jedes Zootier hat einen eigenen Influencer«, erklärte ich.

»Natürlich, sorry, ich bin noch neu hier«, erklärte Eva und sah mich mit großen Augen an.

Ich lächelte sie an und wandte mich an Tuomas. »Hat er auch erklärt, worüber die Männchen gestritten haben?«

»Das war kein Männchen«, kam die Stimme von Professor Scholz, welcher gerade den Raum betrat, ohne auf den Bildschirm zu achten. Er trat an das Regal, begann etwas zu suchen und erklärte beiläufig: »Das war ein Bonobo-Weibchen. Das Männchen hat zu lange die Paarung verweigert und das Weibchen hat die Geduld mit ihm verloren.« Er kramte eine Weile und hielt dann triumphierend eine große Flasche Klebstoff hoch. Erst jetzt bemerkte er unsere entsetzten Gesichter.

»Was?«, fragte er. »Das ist noch harmlos. Die Weibchen beißen auch schon mal andere Dinge ab, wenn sie sauer sind. Da hilft dann auch kein Leim mehr.« Er hielt triumphierend den Kleber hoch und verließ den Raum.

Eva blinzelte, schüttelte den Kopf und begann, sich die Schläfen zu massieren.

»Und was will uns dieses Ereignis nun sagen?«, fragte ich Tuomas.

»Nun«, entgegnete er gedehnt. »Entweder bedeutet es, dass die Affen im Zoo den sozialen Medien folgen, was mich nicht im Geringsten überraschen würde, oder es bedeutet, dass etwas unser aller Bewusstsein beeinflusst. Egal ob Mensch, Tier oder Rechner. Jetzt müssen wir nur noch herausfinden, ob die Blumen die Ursache oder das Symptom sind. In jedem Falle wird irgendjemand sehr bald dahinterkommen, dass wir es mit mehr als nur Memen zu tun haben und dann sind unsere neuen Gäste hier kein Geheimnis mehr. Bis dahin sollten wir einen Plan haben, welcher hoffentlich einschließt, dass wir und die Blumen verschwinden.«

»Ich hätte Mathe studieren sollen«, murmelte Eva. Sie sah fast flehentlich in ihren Becher. »Kaffee«, murmelte sie beschwörend.

»Warte, ich bringe dir einen«, rief ich lauter als geplant. Darauf hatte ich die ganze Zeit gewartet, denn ich wollte Tuomas unbedingt zuvorkommen. Ich rollte schon um den Tisch herum und Eva warf mir einen überraschten Blick zu, als ich ihre Tasse mit beiden Händen entgegennahm. Richard brachte mich zur Anrichte inklusive Technikmüllhalde, welche unsere Küche darstellte. Er entfaltete seine Beine und nutzte die Hydraulik meiner Sitzschale, um mich hoch genug zu heben, sodass ich an die Kaffeemaschine herankam. Ich hatte extra gewartet, bis die Kanne nur noch halb voll war, sodass ich sie mit beiden Händen geradeso anheben konnte.

Planung ist alles.

Meine Sorgen erwiesen sich als unbegründet, denn Tuomas starrte noch immer auf sein Handy und murmelte: »Wir brauchen mehr Platz und mehr Reserven. Wer weiß, wie viele von den Dingern wir noch bekommen und überhaupt schreit das alles nach einer besseren Logistik.«

Ich seufzte innerlich. Zwischenmenschliches registrierte Tuomas nur, wenn es entweder auf dem Display seines Handys erschien oder vielleicht noch, wenn es ihn in die Nase biss. Das konnten wir jedoch erst testen, sobald sich ein Freiwilliger fände.

Richard fuhr mich besonders vorsichtig zu Eva zurück, damit ich mir nicht den heißen Kaffee in den Schoß schüttete und als ich ihr die Tasse reichte, hauchte sie einen müden Dank, dem so was wie die Idee des Ansatzes eines kleinen Lächelns folgte. Ich war zu gelähmt, um etwas Sinnvolles von mir zu geben, doch Richard hupte bereits eine fröhliche Erwiderung und fuhr mich kurzerhand wieder an meinen Platz zurück, um mich vor der Peinlichkeit meines offenstehenden Mundes zu bewahren. Hätte sie mir in dem Moment einen Löffel gereicht und sich das Meer gewünscht, ich wäre bereits auf dem Weg zur Küste gewesen.

Stattdessen erklang das Klirren von Glas, gefolgt vom gedämpften Fauchen eines Bunsenbrenners und einem erstickten Fluchen. Wir drehten alle drei den Kopf in Richtung des Arbeitsraumes, in welchem Scholz verschwunden war, und sahen uns verwundert an. Es folgte das eindeutige Splittern von Glas und ein deutlich lauteres Fluchen.

Als wir geschlossen in den Werkstattraum traten, stand der Professor an einer Werkbank. Vor ihm lag ein Würfel, der aus Glasscheiben zusammengesetzt war, welche Scholz offensichtlich selbst zugeschnitten hatte. Das Gebilde wies eine Kantenlänge von etwa zwanzig Zentimetern auf. Fünf der sechs Seiten hatte er schon zusammengeklebt, die sechste, welche den Würfel wie einen Deckel verschließen sollte, schien er gerade mit einem Bunsenbrenner bearbeitet zu haben, wobei sie ihm durch die Hitze geplatzt war. Er sah uns zu dritt durch die Tür spähen und erklärte genervt. »Nichts sterilisiert besser als Hitze, es sei denn, man wird von billigem Glas boykottiert. Zum Glück habe ich damit gerechnet und extra eine Scheibe mehr zugeschnitten. Helfen Sie mal mit, Doktor Lauri.«

Eva und ich beobachteten, wie Scholz gemeinsam mit Tuomas eine weitere Scheibe präparierte und daraufhin den Würfel bis zum Rand mit sterilisiertem Wasser aus einem großen Kanister füllte.

»Ich wusste nicht, dass wir zehn Liter sterilisiertes Wasser haben«, bemerkte Tuomas.

»Haben wir auch nicht«, entgegnete Scholz, wischte den Glasrand trocken und präparierte ihn mit Kleber.

»Auf dem Kanister steht: *Organische Chemie*«, kommentierte Tuomas beiläufig.

»Ich habe das Material«, erklärte Scholz sachlich, »aufgrund von Prioritäten unserer Forschungsgruppe schlicht und ergreifend requiriert.«

»Er hat es geklaut«, wisperte ich Eva zu, die schmunzelte.

Wenige Minuten später waren die beiden fertig und Scholz musterte zufrieden einen hermetisch geschlossenen Glaswürfel, der mit Wasser gefüllt war. Er wuchtete das Ding schnaufend von der Arbeitsplatte und trug es an uns vorbei, lief den Gang entlang und verschwand in der Toilette.

Eva sah dem Mann mit offenem Mund nach. Irgendwann zeigte sie mit dem Finger auf die geschlossene Klotür und fragte: »Will ich wissen, was er da macht?«

»Nein«, erklärte ich.

»Wahrscheinlich nicht«, bestätigte Tuomas.

Eva öffnete und schloss den Mund einige Male, während es in ihrem Gesicht arbeitete. Schließlich fragte sie: »Ist das hier normal?«

Ich überlegte einen Moment.

»Ich wünschte, ich könnte sagen: *Nein.*«

12 | Verkehrsmittel

Als General Baker in den Analyseraum trat, standen Calvin und Wagner bereits schweigend mit verschränkten Armen nebeneinander und blickten konzentriert auf eine der Displaywände. Georges goldener Kopf hing wie immer regungslos an einer Seitenwand und verfolgte die Ereignisse mit ausdruckslosem Gesicht.

Der General stellte sich neben die beiden Wissenschaftler, welche ihn nicht beachteten, und blickte immer wieder zwischen ihnen und der Videowand hin und her.

Das Bild zeigte eine undefinierbare weiße Form, welche sich amorph und fließend in der Mitte bewegte. Es wurde von einer Art bläulichem Glühen umgeben. Ich konnte in meinen Nahaufnahmen verfolgen, wie Baker erfolglos versuchte, dem Gesehenen einen Sinn zuzuordnen. Er zog verwirrt die Brauen zusammen.

»Ist das etwa der außergewöhnliche Notfall, für den Sie mich aus dem Offiziersclub geholt haben? Was soll das überhaupt sein? Sieht nicht sehr beeindruckend aus.«

Die beiden Wissenschaftler wandten sich gleichzeitig zu Baker um.

»Das«, erklärte Wagner, »ist ein neuer Cyberangriff.« Er zögerte. »Oder zumindest etwas in dieser Art. Es ist schwer zu sagen.« Er zeigte auf die Wand. »Die Meldung kam vor zwanzig Minuten auf meinen Tisch. Unsere Einsatzkräfte sind bereits vor Ort und haben das Gebiet weiträumig abgeriegelt und alle auslaufenden Informationskanäle gesperrt. Ironischerweise gab es für sie nicht viel zu tun. Das Gebiet war praktisch menschenleer und die Sicherheitsüberwachung der Videoanlage zeigte keinerlei Auffälligkeiten.«

»Das ist wundervoll«, kommentierte der General. »Wollen Sie mir vielleicht auch verraten, von welchem Gebiet wir sprechen?«

»Wir sind am Hafen«, warf Calvin ein. »Sie sehen die Kaianlage des Verladeterminals Eins am Hafen. Genauer gesagt der Vorplatz, wo Ware darauf wartet, auf einen der großen Überseefrachter verladen zu werden.«

Baker stutzte.

»Und das Gebiet ist leer? Da sind keine Menschen an Bord?«

»Eine Handvoll Ingenieure und Techniker«, erwiderte Wagner. »Der ganze Bereich ist heutzutage vollautomatisiert.«

»Und wo waren diese Leute?«

»Betrunken«, erklärte Calvin trocken. »Wir haben einen hysterischen Anruf des leitenden IT-Experten am Hafen bekommen, der glaubte, dass die Maschinen die Herrschaft übernehmen.«

»Klingt interessant«, kommentierte Baker. »Welche Maschinen?«

»In diesem Falle Autos«, erklärte Wagner. »Das bläuliche Glühen ist die Restlicht- und intelligente Kontrastverstärkung der Überwachung.«

»Ich sehe keine Autos«, murrte Baker und legte den Kopf schief.

»Das Weiße sind die Autos«, erklärte Calvin. »Der Blickwinkel ist von der Kommandobrücke des Frachters hinab auf die Kaianlagen.«

»Sieht verdammt hoch aus.«

»Das fiel mir auch auf. Man neigt dazu zu vergessen, wie groß diese Schiffe sind.«

Der General studierte erneut das Display und kniff die Augen zusammen.

»Was?«, rief er. »Die weißen Punkte da? Das müssen Tausende sein.«

»Das ist korrekt«, erklärte Wagner. »Es sind knapp zehntausend geparkte und in weiße Folie verpackte Elektroautos für den afrikanischen Markt. Die Hauptstadt ist immerhin der größte Autoproduzent auf dem Kontinent.«

Baker schwieg einen Moment.

»Okay, ich sehe, dass die Autos scheinbar willkürlich in Bewegung sind. Seltsames Hobby für die frühen Morgenstunden. Wer fährt denn da spazieren? Wer lenkt die Autos?«

»Niemand«, erklärte Calvin.

Der General verdrehte die Augen.

»Na gut, von wem werden sie ferngesteuert?«

»Wir wissen es nicht«, erklärte Wagner. »Aber wer auch immer das macht, ist geradezu verblüffend präzise.«

Baker schüttelte den Kopf.

»Das ist doch ein Fernzugriff über das Netz. Erzählen Sie mir doch nicht, dass Sie den nicht verhindern können.«

Der Wissenschaftler nickte nachdenklich.

»Wir könnten«, gab er zu, »aber im Moment bin ich nicht sicher, ob wir *wollen*.«

»Entschuldigung. Sie wünschen sich, dass jemand tausende von Autos entführt?«

»Nicht entführt in dem Sinne. Schauen Sie, auf den Satellitenaufnahmen sieht man es besser.«

»Wir überwachen die Kaianlagen per Satellit?«

»Natürlich, General. Wir überwachen alles. Dies ist unser einziger Überseehafen. Der größte der Welt. Hier werden Waren im Wert von mehreren Milliarden Kreditpunkten am Tag umgeschlagen. Als der Anruf kam, haben wir nicht lange gebraucht, um den betroffenen Bereich zu finden.«

Auf sein beiläufiges Fingerschnipsen hin öffnete sich ein neues Fenster.

»Wir haben die Aufnahme von einer KI bereinigen lassen. Jetzt haben wir auch vernünftige Kontraste.«

In dem Fenster zeigte sich ein dichter Schwarm weißer Punkte auf dunklem Hintergrund, welcher scheinbar zufällig in Bewegung war.

»Sieht aus wie Ihr weißes Rauschen, nicht wahr?«, fragte der General beiläufig.

Calvin nickte.

»Wir glauben, dass diese Erkenntnis Teil der Botschaft sein soll. Doch sehen Sie selbst, was passiert.«

Baker folgte stumm dem Gewimmel der weißen Punkte.

»Und das sind wirklich alles Autos? Das Gelände muss riesig sein.«

Wagner zeigte auf das Display.

»Hier, jetzt geht es los.«

Der Schwarm aus weißen Punkten zerfiel in zwei gleich große Gruppen, welche sich in einigem Abstand zu Kreisen anordneten.

Innerhalb beider Kreise formten sich fortwährend Muster aus hellen und dunklen Flächen.

»Kennen wir schon die Bedeutung der Muster?«, fragte Baker, ohne die Augen vom Geschehen zu nehmen.

Calvin nickte.

»Ich habe George angewiesen, beliebig viele Sub-KIs zu rekrutieren, um die Bedeutung über eine Mustererkennung zu entschlüsseln. Es erwies sich als weitaus einfacher, als wir vermutet haben.«

»Die Muster stellen Kontinente dar«, erklärte Wagner. »Wir sehen hier zweimal die Erde. Die Muster repräsentieren die Bewegung der Oberfläche während der Drehung des Planeten.

»Hätte ich nicht erkannt«, murrte Baker.

»Nun, zehntausend Autos klingen beeindruckend«, erklärte Wagner, »aber als Bildpunkte benutzt, reichen sie nicht für eine sonderlich hohe Auflösung. Sehen Sie, nun bewegen sich die beiden Erden wieder aufeinander zu. Das heißt, die Autos innerhalb der Kreise verändern fortlaufend ihre Position zueinander, während die großen Formen sich ebenfalls bewegen. Ich erwähne dies nur, um klarzustellen, wie komplex und aufwändig diese Aktion ist. Wer auch immer dies steuert, hat meine volle Bewunderung. Es ist eine logistische Meisterleistung.«

»Wundervoll«, grollte Baker. »Ich werde mich bemühen, dies dem Präsidenten weiterzugeben und der letzte von uns im Arbeitsamt zahlt dann die erste Runde.«

Wagner überging dies.

»Sehen Sie, jetzt laufen die beiden Formen ineinander und bilden gemeinsam eine neue.«

Baker blickte stumm auf die Displaywand, während sich die Autos in ihre finale Position begaben und dann stillstanden.

Der General atmete tief durch.

»Nun, wir brauchen zumindest keine aufwändige Analyse, um diese Form zu erkennen, nicht wahr?«

»Nein«, bestätigte Wagner. »Ich träume mittlerweile selbst von blühenden Rosen. Ein Umstand, den meine alte Mutter freuen würde, mich jedoch mit zunehmender Sorge erfüllt.«

»Das ist doch kein Zufall«, konstatierte Baker. »Selbst ich sehe, dass das Ding aussieht wie die Rose im Kühlhaus.«

»Können wir davon ausgehen, dass diese Blume da im Zusammenhang zu unserer Rose steht?«

»Sehr sicher sogar«, erklärte Calvin. »Die Blume im Kühlhaus hat nun die maximale Blüte erreicht. Die Hornissen haben daraufhin ihre Arbeit eingestellt, den Ort verlassen und sind wieder auf dem Stützpunkt, von dem sie initial ausgebrochen waren.«

Baker sah zu Boden und schien nachzudenken.

»Wir sind also sicher, dass dies da«, er zeigte auf die Displaywand, »kein Trittbrettfahrer verursacht hat?«

»Absolut!«, erklärte Wagner. »Keine Privatperson hat die Ressourcen dafür.«

»Wirklich?«, fragte der General. »Um ein paar Autos spazieren zu fahren?« Er drehte sich um und zeigte auf George. »Kannst du das?«

»Nein, General Baker«, kam die ruhige Antwort des goldenen Kopfes.

»Nein?«, fragte Baker und wandte sich an Calvin. »Das Budget für Ihr Spielzeug da ist größer als das der meisten Länder, und der da kann nicht mal ein paar Autos lenken?«

»Das Problem«, erwiderte George ruhig, »sind die exakten Lokalisationen. Die Sensoren der Autos sind nicht für eine derart komplexe Aufgabe gebaut und es gibt keinen Weg, die exakte Position eines einzelnen Wagens auf den Zentimeter zu bestimmen, weil die Elektronik an Bord eine so feine Ortung über Satelliten nicht erlaubt. Immerhin sind es keine Kampfflugzeuge, sondern minimal ausgestattete Kleinfahrzeuge zum Einkaufen fahren. Das bedeutet, der einzig mögliche Weg wäre über die relative Position aller Fahrzeuge zu allen anderen anhand visueller Bezugspunkte, welche die Kameras erkennen können. Das lässt sich technisch umsetzen, aber nicht leicht und auch nicht schnell.«

»Mit anderen Worten«, erklärte Baker, »wer auch immer das gemacht hat, hat sich lange und gut vorbereitet.«

»Das glaube ich nicht«, erwiderte George, »denn die Autos wurden erst gestern geliefert und standen zufallsverteilt. Es kommt also kein vorbereitetes Programm in Frage.«

»Okay«, erklärte der General langsam. »Wir können das also nicht. Was ist es dann, was uns dieser ganze Scheiß sagen will?«

»Scheint, als würden wir demnächst mit einem Planeten zusammenstoßen«, erklärte Calvin in einem nüchternen Tonfall.

Baker schüttelte langsam den Kopf.

»Lassen Sie mich das richtig verstehen. Die Bedrohung, welche wir die ganze Zeit versuchen zu isolieren, besteht darin, dass eine zweite Erde auf Kollisionskurs mit uns ist, und die Blumen sind die Warnung? Seien Sie mir nicht böse, aber für einen Science-Fiction Roman ist das ein lausiger Plot.«

»Ich glaube nicht«, erklärte Calvin leise, »dass wir die Botschaften wortwörtlich nehmen dürfen.«

»Also keine zweite Erde, die in uns hineinkracht?«, fragte Baker spöttisch. »Na, dann bin ich ja beruhigt.« Er massierte sich mit einer Hand die Augen. »Was ich nicht verstehe, und vielleicht können Sie beide als hochkompetente Wissenschaftler mich hier erleuchten, warum der ganze Aufwand? Wer auch immer das macht, hätte uns doch einfach einen Text schicken können.«

»Vielleicht«, warf Calvin ein, »haben wir es mit einer fundamentalen Sprachbarriere zu tun. Möglicherweise wissen die nicht, wie man schreibt oder spricht?«

Baker stöhnte lang gezogen.

»Bitte fangen Sie jetzt nicht mit Außerirdischen an«, bettelte er und schloss die Augen. »Der ganze Mist ist jetzt schon nervtötend genug. Wenn Sie mir jetzt mit Außerirdischen kommen, die uns Blumen schenken wollen, melde ich mich dienstunfähig.«

Calvin schien dies nicht gehört zu haben, denn sie sprach in einem nachdenklichen Tonfall weiter: »Alle diese Motive haben etwas geradezu Psychedelisches, nicht wahr? Einen Subtext, der bloße Realität zu transzendieren versucht. Es scheint, als wolle etwas über symbolische Bildsprache kommunizieren.«

»Wenn es denn eine Kommunikation ist«, warf Baker ein.

»Vielleicht«, erklärte Calvin, als spräche sie mit sich selbst, »sind die Blumen gar keine Warnung, sondern eine Art Symptom einer fundamentalen Änderung, welche die Natur aller Dinge selbst betrifft. Wir haben mit dem weißen Rauschen bereits ein Phänomen, welches sowohl die Physik überschreitet als auch deutlich metaphorischer ist, als es unserem wissenschaftlichen Gemüt recht sein sollte.«

Baker sah sie eine Weile lang stumm an.

»Wirklich? Sie werden mir hier auf unsere alten Tage hin noch philosophisch?«

Calvin zuckte mit den Schultern und zeigte auf den Tisch.

»Mein Teetasse ist schon seit Stunden leer. Das muss es sein.«

Baker lächelte und wandte sich an Wagner.

»Praktischerweise müssen wir uns ja über die Erklärung überhaupt nicht den Kopf zerbrechen, Professor, denn wir haben ja hier unter uns einen Experten für transphysikalische Phänomene. Dieser wiederum ist, wenn ich das mal anmerken darf, in den letzten Minuten erstaunlich still geworden.«

Er musterte den Wissenschaftler.

»Gibt es vielleicht etwas, was Sie uns über transphysikalische Erden erzählen möchten, Doktor?«

Wagner schwieg eine Weile, dann seufzte er.

»Ich hatte gehofft, das vermeiden zu können.«

13 | Kontaktverlust

Manchmal besucht mich Tuomas in meinem neuen Leben. Wenn man es denn so nennen kann. Es hat lange gedauert und er hat hart dafür trainiert, aber irgendwann hat er gelernt, mit mir in Kontakt zu treten. Am Anfang erschien er nur gelegentlich und flüchtig in meinen Träumen. Er wirkte desorientiert und verunsichert. Doch mittlerweile ist sein Astralkörper mehrere Minuten lang stabil und wir können uns unterhalten. Ich erzähle ihm dann, wie meine Arbeit voranschreitet, den exakten Ablauf der Ereignisse zu dokumentieren. Tuomas hat sich verändert. Er hat viel Gewicht verloren und arbeitet offensichtlich hart an sich. Er ist alt geworden. Meine Welt steht still, doch er treibt weiter im Strom der Zeit seiner stofflichen Existenz. Ich will gar nicht wissen, wie viele Jahre vergangen sind. Er redet nicht darüber und versucht, sich nichts anmerken zu lassen. Aber ich kann spüren, dass er noch einsamer geworden ist, jetzt, wo er weiß, wie leer seine Welt wirklich ist.

Wir saßen vor den Aufzeichnungen und betrachteten Evas Unterkunft durch den am Boden stehenden Netz-Assistenten.

Der kleine Würfel bot uns durch seine acht Kameras einen guten Rundumblick.

Unterkunft war als Wort schon fast irreführend. Tatsächlich handelte es sich schlicht um einen alten Dachboden, auf dem eine Matratze am Boden lag. Dort saß Eva, wenn sie nicht in der Klinik war, im Schneidersitz und tief über ihren Laptop gebeugt. Sie hatte sich selbst jetzt im warmen Beginn des Frühlings eine Decke um die Schultern gelegt. Über ihr waren die alten Holzbalken und die Dachpfannen gut zu erkennen. Es gab keine sichtbare Dämmung.

Das bedeutete, dass ihre karge Bleibe im Sommer zu einem Backofen wurde und sich im Winter in einen Kühlschrank verwandelte. Immer wenn ich sie so sah, drohten mir die Tränen zu kommen.

»Sie wirkt so klein, blass und gebrochen«, sprach Tuomas meine Gedanken laut aus. »Wenn sie die Mundwinkel zu ihrer Andeutung eines Lächelns verzieht, hat man Sorge, dass die Haut reißt.«

»Dennoch wirkt sie immer seltsam entspannt, wenn ich sie so auf ihrer Matratze hocken sehe«, entgegnete ich.

»Sie erinnert mich an eine weise Frau«, erklärte Tuomas, »welche in einer abgelegenen Höhle hoch über den konventionellen Sorgen ihres Volkes thront.«

Das war keine Übertreibung, denn sie thronte tatsächlich.

Evas kleine Gestalt erhob sich aus einem kleinen Miniatur-Wald, welchen sie um sich herum geschaffen hatte. Überall auf dem Dachboden, dicht um die Matratze herum gedrängt, standen Blumentöpfe mit grünen Pflanzen. Jemand hatte Lampen an die Dachbalken gehängt, damit sie genug Licht bekamen.

Als ich es das erste Mal sah, erschrak ich tatsächlich.

»Wenn ich mich richtig erinnere«, fragte ich an Tuomas gewandt, »war doch der Besitz von Pflanzen streng verboten, oder?«

Ja, so tief war meine Welt gesunken.

Tuomas nickte bestätigend.

»Das ist noch immer so. Zumindest innerhalb der Stadtgrenzen. Das Equipment zum Verändern von Erbgut ist so billig und einfach auf dem Schwarzmarkt zu kaufen, dass jeder Idiot die Möglichkeit hat, zu Hause das Erbgut von Pflanzen zu verändern. Als Folge davon hatte irgendwann jeder zweite Jugendliche einen mit Drogen durchtränkten Gummibaum zu Hause stehen.«

»Warum ist Eva nie verhaftet worden?«, fragte ich mich laut. »Immerhin übertrugen acht Kameras jeden Winkel ihrer Behausung an die zentrale Überwachung.«

Wir prüften aus reiner Neugier, welchen Zustand ihr Netz-Assistent gehabt hatte, und stellten zu unserer Verblüffung fest, dass er abgeschaltet gewesen war.

Das versetzte mir tatsächlich einen Stich, obwohl ich nicht einmal mehr lebendig war, jedenfalls nicht im gewöhnlichen Sinn.

»Waren die Netz-Assistenten damals nicht schon seit einigen Jahren verpflichtend für jeden Privathaushalt gewesen?«, fragte ich Tuomas.

»Absolut«, entgegnete er. »Die Installation eines Ausschalters wurde bestraft.« Er lächelte. »Das qualifizierte als schwerer Verstoß gegen die Gesetze zum Schutz unschuldiger Bürger. Nicht, dass es irgendjemanden gegeben hätte oder geben würde, der freiwillig einen Ausschalter an seinem Netzzugang erlaubt. Die meisten Menschen brechen schon in blanke Panik aus, wenn man auch nur die *Möglichkeit* eines Netzausfalls erwähnt. Eine der am häufigsten bei Therapeuten behandelten Erkrankungen bei Jugendlichen ist noch immer die Angst, den Zugang zum Netz zu verlieren. Es führt zu einem akuten Identitätsverlust, wenn man ihnen den Avatar nimmt. Als vor einigen Jahren das Netz in der ganzen Hauptstadt im Zuge eines Terroraktes für sechs Stunden ausfiel, gab es hunderte von Suiziden unter Jugendlichen, die überzeugt waren, dass dies die einzige adäquate Art war, auf den Verlust ihres Avatars zu reagieren. Gespaltene Persönlichkeiten sind normal geworden. Die meisten Menschen sprechen von sich als zwei Personen. Die Fleischhülle, die arbeiten geht und Essen aufnimmt, und ihr wahres Ich, der Schmetterling, der fliegen kann, wenn auch nur virtuell. Diejenigen, die keine Avatare pflegen, gelten als unkultivierte Höhlenmenschen.«

Ich nickte abwesend, während ich Eva weiter betrachtete, deren Gesicht vom Schein ihres Laptop-Monitors erhellt wurde. Ich verfügte zu dieser Zeit über Vollzugriff auf alle Informationen des gesamten Netzwerkes und prüfte aus Neugier, was in den Wohnvierteln nahe der Universität um diese Uhrzeit an Aktivität geherrscht hatte.

»Ich finde hunderte von Studenten«, erklärte ich. »Alle sitzen sie auf ihrem Bett, tragen ihre Datenbrillen und konsumieren Inhalte im Meta-Netz.«

»Macht Sinn«, warf Tuomas ein, »denn zu dem Zeitpunkt war ja Abend.«

»Ein paar studieren tatsächlich oder schreiben an einer Hausarbeit. Der weitaus größte Teil jedoch ist mit anderen Dingen beschäftigt. Männer hauptsächlich mit Pornografie. Frauen mit sozialen Medien. Hm, manchmal finden sich Paare zusammen auf einem Zimmer und nicht selten werden die Interessen kombiniert.«

»Das war ein Trend«, erklärte Tuomas, »der seitdem nur immer krasser geworden ist. Paare, welche die Art, Qualität und Details ihrer, hm, Zusammenkünfte live online teilen, bekommen deutlich mehr Likes und finden sehr einfach Sponsoren.«

»Sponsoren?«, fragte ich verblüfft. »Zu welchen Produkten?«

»Nun, alles von Reizwäsche bis zu Medikamenten. Ist ein Milliardenmarkt. Zu deiner Zeit ist es nur eine Nische gewesen, doch heute ist es das neue Normal. Hat zu einer ungeahnten Popularität des Kamasutra geführt. Gibt jetzt sogar Kurse für Influencer, um sich möglichst gut in, hm, Position zu bringen.«

Ich lächelte. Tuomas hatte nicht nur abgenommen, er hatte auch begonnen, seine Sprache zu kontrollieren.

»Erstaunlich«, murmelte ich, »dass all diese Menschen noch Zeit für ihr Studium finden.«

Eva saß von all dem unbeeindruckt auf ihrer Matratze und hatte die Augen geschlossen. Eben war sie wieder für zwanzig Minuten eingeschlafen.

»Was macht sie denn da, sie rührt sich ja überhaupt nicht.«
»Ich glaube, es hat als Meditation angefangen, bevor ihre Erschöpfung zu groß wurde.«

»Sie sitzt schon seit echt langer Zeit da, und das mit verschränkten Beinen.«

»Ja, ihr Körper ist nicht nur schockierend zierlich, sondern auch verblüffend gelenkig. Ich weiß aus ihren verschlüsselten Tagebuchaufzeichnungen, dass ihre Mutter sie zum Ballett geschickt hat, als sie klein war. Damit sie mädchenhafter wird.«

»Das hat ja gut funktioniert«, kommentierte Tuomas trocken.

»Nicht wahr?«, seufzte ich. »Solche Bemühungen der Eltern haben ja oft den gegenteiligen Effekt, aber ich glaube, sie hat es dennoch verinnerlicht, denn mir ist von Anfang an aufgefallen, dass sie sich mit der Eleganz einer Tänzerin bewegt.«

»Habe ich nie bemerkt«, bemerkte Tuomas.

»Schockierend«, murmelte ich.

In dem Moment riss Eva mit einem Ruck die Augen auf und sah blinzelnd auf den Bildschirm.

»Was ist passiert, Bhante«, fragte sie irritiert. »Bin ich eingeschlafen?«

»Nur kurz«, entgegnete der Mann, der auf dem Monitor zu sehen war, höflich und nicht ganz richtig. Er hatte ebenfalls die ganze Zeit über regungslos gesessen, erst kurz vor Eva die Augen wieder geöffnet und schenkte ihr nun ein warmes Lächeln. Es war offensichtlich, dass er nicht in hiesigen Breiten saß, denn die grob gearbeitete Holzwand im Hintergrund verfügte über eine Fensteröffnung, durch welche man dichten Regenwald sehen konnte.

Damals sah ich den Mönch zum ersten Mal und war hauptsächlich verwirrt, denn ich hatte bis zu diesem Zeitpunkt noch nie einen gesehen. Der kahle Kopf und die braune Robe bildeten natürlich deutliche Hinweise.

»Ich glaube nicht, dass dies hier ...«, wandte ich mich an Tuomas, doch der Platz neben mir war schon wieder leer. Tuomas' Konzentration hatte nicht mehr gereicht und seine Astral-Präsenz war wieder in seinen physischen Körper zurückgefallen.

»Es ist in Ordnung, Eva«, erklärte der Mönch, »wir werten es als einleitende Entspannungsübung.«

»Es tut mir leid, Bhante«, murmelte Eva und rieb sich die Augen. »Das Semester hat begonnen und ich muss ständig das Zimmer verlassen, um an den praktischen Seminaren teilzunehmen. Ich hätte Literatur studieren sollen, dann könnte ich alles vom Bett aus machen.«

Der Mönch betrachtete sie ruhig und ich sah einen seltsamen Ausdruck in seinen Augen, den ich damals noch nicht zuordnen konnte.

»Wie viel hast du diese Woche geschlafen, Eva?«, fragte er.

»Keine Ahnung. Ein paar Stunden die Nacht? Schwer zu sagen. Nicht viel.«

»Hast du Tabletten genommen?«

Sie schüttelte den Kopf.

»Nein. Ich schlafe dann zwar, aber ich verliere den halben darauffolgenden Tag, weil die Nachwirkungen so schwer sind. Mein Kopf ist dann voller Pudding und ich kriege keinen klaren Gedanken zusammen. Wenn ich nicht schlafe, ist das genauso, aber wenigstens kann ich, wenn ich mir Mühe gebe und mir Zeit nehme, einen Gedanken zusammenstückeln.«

»Und wenn du schläfst? Was ist mit den Träumen?«

»Unverändert. Ich träume von Blumen. Immerzu Blumen. Helle Blumen. Verborgen hinter blendenden bunten

Lichtern, sodass sie kaum zu sehen sind. So hell, dass ich geblendet werde und davon aufwache.« Sie seufzte. »Was heißt das nur, Bhante?«

»Es sind nicht *deine* Träume, so viel ist klar«, entgegnete der Mönch ruhig.

»Wie schön. Und was sollen sie bedeuten?«

»Das kann niemand wirklich wissen. Träume heben den Zeitverlauf auf. Sie können Vergangenes verarbeiten oder Schatten von Zukünftigem enthalten. Selbst Angriffe von Bösem sind möglich für den, der sich nicht schützt. Machen dir die Träume denn Angst?«

Eva dachte einen Moment lang über die Frage nach.

»Nein.«

»Dann kann es auch kein feindseliger Akt sein. Denke daran, so oft wie möglich achtsam zu bleiben und nutze die Schutzmeditation, welche ich dir beigebracht habe.«

»Und was mache ich mit den ganzen Blumen, welche meinen Kopf füllen? Und nebenbei auch das Aquarium der Arbeitsgruppe und die Rechner?«

»Was, hatten wir gesagt, machen wir mit narrativen Elementen, deren Bedeutung man nicht versteht?«

»Man stellt Fragen«, entgegnete Eva müde. »Ich stelle ihnen pausenlos Fragen, sie erweisen sich jedoch nicht als allzu gesprächig.«

Der Mönch lächelte.

»Das stimmt so nicht. Du hast sie bereits unbewusst befragt, kaum dass du sie in den Rechnern gesehen hast, und sie haben dir gesagt, dass sie träumen. Da hast du deine tiefe Einsicht.«

»Das kann man ja wohl kaum eine Erkenntnis nennen«, entgegnete Eva. »Das war mehr eine Art Intuition.«

»Natürlich war das eine Intuition«, erklärte der Mönch. »Wie hast du erwartet, dass Menschen zu Einsichten kommen? Hast du gedacht, das Universum schickt dir eine Bestätigungsmail?«

Eva schmunzelte müde mit halbgeschlossenen Augen.

»Heutzutage schreibt niemand mehr Mails, Bhante.«

»Das Universum ist altmodisch«, entgegnete der Mönch ungerührt. »Interagiere mit deinen Blumen. Wenn dein Bewusstsein Fragen stellt, wird das Universum dir Antworten geben.«

»Wortwörtlich oder metaphorisch?«, fragte Eva schläfrig.

»Ja«, antwortete der Mönch.

»Natürlich«, entgegnete Eva. »Ich frage mich, ob es noch andere gibt, die so wie ich von den Blumen träumen.«

»Deine ganze Stadt träumt, aber sie merkt es kaum.«

»Wirklich? Aber ihre Bewohner kreieren tausende von Memen, welche ihre Träume zu enthalten scheinen.«

»Das bedeutet nicht, dass ihnen bewusst ist, was sie tun. Sie sind alle in einem tiefen Schlaf gefangen.«

»In einer Stadt, die nicht schläft?«, fragte Eva.

»Genau«, entgegnete der Mönch.

Eva kniff die Augen zusammen.

»Warum können Mönche nicht einfach eine Frage geradeheraus beantworten?«

»Was hättest du davon, wenn ich anfange, dir einfach so Antworten zu geben?«

»Ich könnte aufhören, pausenlos Fragen zu stellen?«

»Versuch doch stattdessen, das Pausenlose aufzugeben und stell dafür nur die richtigen Fragen.«

»Was sind die richtigen Fragen?«

»Guter Start«, entgegnete der Mönch.

Doch Eva war schon wieder eingeschlafen.

14 | Alchemistentraum

Baker legte sich die Hände vor das Gesicht.

»Bitte erklären Sie mir jetzt nicht, dass doch noch ein Planet mit uns kollidieren wird, ich hatte noch keinen Kaffee heute.«

Der Wissenschaftler legte den Kopf schief und schien nachzudenken.

»Nicht *kollidieren*«, erklärte er schließlich langsam. »Eher *konvergieren*. Beziehungsweise möglicherweise auch nur *kommunizieren*. Also denselben Raum einnehmen und sich gewissermaßen für eine kurze Zeit mit uns *synchronisieren*. Wie die Schwebung zweier Frequenzen, die ähnlich, aber nicht gleich sind.«

Der General sah ihn ausdruckslos an.

Wagner seufzte.

»Sie haben bestimmt schon einmal gesehen, wie zwei Lichter nebeneinander blinken, aber nicht im gleichen Rhythmus, was dazu führt, dass sie nie im gleichen Takt sind. Manchmal sind sie weit auseinander und blinken nacheinander. Dann wieder nähern sie sich einander an und blinken schließlich fast gleichzeitig, nur um danach wieder auseinanderzulaufen. Man kann das gleiche Verhalten auch mit Tönen demonstrieren. Wissen Sie, was ich meine?«

»Nein«, erklärte Baker kalt.

»Ich weiß, was Sie sagen wollen«, warf Calvin ein. »Die Analogie bezieht sich wahrscheinlich auf die Position und die Umlaufgeschwindigkeit der beiden Welten.«

Der Wissenschaftler nickte bestätigend.

»Es ist zumindest eine Idee. Mehr haben wir im Moment sowieso nicht. Die beiden Planeten könnten ähnlich groß und ähnlich schnell sein und sie folgen dem gleichen Weg.

Wenn sich die Geschwindigkeit jedoch auch nur leicht unterscheidet, werden sie sich die meiste Zeit an unterschiedlichen Orten aufhalten und nur im Abstand von langen Zeiträumen den gleichen Ort einnehmen.«

»Meinen Sie nicht«, fragte Baker freundlich, »wir hätten einen weiteren Planeten in unserem Sonnensystem irgendwann einmal bemerken müssen?«

Wagner winkte ungeduldig ab.

»Oh, nein, nein. Nicht in unserem Sonnensystem. Nicht mal in diesem Universum. Jedenfalls nicht in dem Teil, den wir beobachten können.«

»Natürlich«, entgegnete Baker. »Mein Fehler. Und *wo* bitte ist diese zweite unsichtbare Erde nun?«

Der Wissenschaftler zuckte mit den Schultern.

»Keine Ahnung. In irgendeinem parallelen Universum? In einer anderen Dimension? Was weiß ich. Im Hyperraum oder einem Schattenuniversum oder einer Spiegelebene. Suchen Sie es sich aus.«

Baker seufzte.

»Und das nennen Sie eine valide wissenschaftliche Theorie, Doktor?«

»Nein, das nenne ich die Beschreibung eines transphysikalischen Phänomens, deswegen heißt meine Abteilung so. Ich kann das gerne noch ein paarmal wiederholen, General.«

»Sie sind verrückt, Wagner.«

»Ich weiß«, entgegnete der Wissenschaftler fröhlich. »Das qualifiziert mich ja für den Job bei Ihnen.«

»Meine Herren!«, unterbrach Calvin die beiden Männer. Sie wandte sich an Wagner. »Ich kenne Sie lange genug, Doktor. Ich weiß, wenn Sie zur beißenden Selbstironie greifen, sind Sie ernsthaft besorgt.«

Wagner atmete aus, ließ dabei die Schultern sinken und sah auf einmal müde aus.

»Schauen Sie«, erklärte er eindringlich. »Die narrativen Gesetze unserer Fiktionen sagen doch sehr deutlich, wenn sich eine andere Welt nähert, wechseln Monster herüber, die uns alle umbringen wollen. Dieses Motiv ist praktisch zum Klischee erstarrt.«

»Sind Sie sicher«, fragte Baker kühl, »dass Sie Bücher und Filme wirklich als Vorlage für Ihre Erklärungen benutzen wollen?«

»Nein!«, rief Wagner. »Das ist genau mein Punkt! Falls es Ihnen noch nicht aufgefallen ist, General, wir haben es hier im Moment nicht mit Monstern zu tun, jedenfalls nicht dem, was wir klassischerweise unter dem Wort verstehen. Wenn wir alle diese Phänomene unter einen Schirm packen wollen, das wird doch schnell offensichtlich, dass wir es hier ausschließlich mit Bewusstseinsinhalten zu tun haben, die versuchen, eine physische Form zu finden. Wir kriegen Monster, aber wir bekommen sie erst in unseren Köpfen und danach suchen sie sich eine physische Form.«

»Und welche Form wäre das, Doktor?«

»Blumen.«

»Es könnte schlimmer sein, meinen Sie nicht?«

»Könnte es? Wenn Menschen als mordende Monster durch die Straßen ziehen würden, hätten Sie wenigstens einen Gegner, auf den Sie schießen könnten. Dies hier«, und er deutete auf ein sich öffnendes Fenster voller Blumen, welche die beiden ineinanderlaufenden Welten umgaben, »entzieht sich nicht nur unseren Erklärungen. Es ist auch weit außerhalb unserer Kontrolle.«

Calvin hob eine Hand.

»Können wir vielleicht zu dieser ominösen unsichtbaren Erde zurückkehren?«

»Wie Sie wünschen. Ich kann Ihnen die Mathematik dahinter gerne ausführlich erläutern, aber um es kurz zu machen, lassen Sie es mich so sagen: Wir wissen seit einigen

Jahrzehnten, dass die Gleichungen, mit denen wir unsere Realität beschreiben, sich nur lösen lassen, wenn wir annehmen, dass es eine unendliche Anzahl von Universen und Dimensionen gibt. Die Phänomene, die wir jetzt sehen, wurden tatsächlich theoretisch bereits beschrieben. Wir wussten, dass die Überlagerung mehrerer paralleler Seinszustände, also Ausprägungen innerhalb paralleler Universen, nicht dazu führen würden, dass sich ganze Naturgesetze ändern, oder die Grundfesten der Physik ins Wanken bringen, *jedoch* würde sich die Ausprägung anpassen, was wir zum Beispiel in der Veränderung physikalischer Konstanten sehen.«

»Interaktion zweier … was … in … wo?«, fragte der General.

Jetzt hob Calvin beide Hände.

»Moment. Langsam. Sie wollen sagen, dass sich unsere Naturkonstanten ändern?«

Wagner nickte.

»Aber ohne dass sich das Verhalten der Gesetze ändert?«

Wagner zögerte, dann nickte er wieder.

»Das ist Wahnsinn«, murmelte Baker.

»Können Sie mir ein Beispiel geben?«, fragte Calvin ungerührt.

»Natürlich, Professor. Wenn Sie sich die Zahl Pi ansehen, werden Sie feststellen, dass sich das Ergebnis für die Berechnung in den letzten Monaten geändert hat. Kreise sind aber immer noch rund.«

Calvin kniff die Augen zusammen.

»Geändert. Wie?«

»Die Stellen hinter dem Komma ändern sich, ab Position zehn Millionen.«

Schweigen fiel über den Raum, während Calvin zu Boden blickte und Baker ratlos zwischen den beiden hin und her sah.

»Und jetzt sehen Sie einen Anstieg der Änderungsrate.«

»Sehr gut, Professor. Wenn Sie das schon so schnell deduziert haben, sind Sie sicher nicht überrascht zu erfahren, dass sich die Geschwindigkeit der Änderung auf einer Sättigungsfunktion bewegt. Raten Sie mal, wann der maximale Punkt erreicht sein wird?«

»Hat es was mit Blüten zu tun?«, fragte Calvin.

Wagner nickte.

Calvin wandte sich an George.

»Kannst du das bestätigen?«

Der große, goldene Kopf nickte.

»Ich prüfe bereits die Ergebnisse und kann in den Berechnungen von Doktor Wagner keinen Fehler finden.«

Calvin nickte.

Der General sah sie entgeistert an.

»Sie glauben ihm diesen Quark doch wohl hoffentlich nicht?«

»Ich habe im Moment keine bessere Erklärung, General. Nehmen wir es mal als ungewöhnliche Arbeitsthese.« Sie sah Wagner an. »Also eine Konvergenz zwischen zwei Welten. Aber nicht auf einer physikalischen Ebene.«

»Genau. Stellen Sie sich vor, dass sich ein Objekt in einem parallelen Universum mit uns synchronisiert. Ich schwöre, in den Formeln lässt sich das sehr elegant ausdrücken.«

»Sie glauben, dass eine parallele Erde mit uns Kontakt aufnimmt?«

Er verzog das Gesicht.

»Nicht exakt, aber nahe dran.«

»Das ist doch Unsinn«, polterte Baker.

»Würde man meinen, ja, aber es kommt noch besser. Wir glauben, dass es nicht das erste Mal ist, dass es passiert. Es gab eine Menge kataklystische Ereignisse auf der Erde, welche wir mit Klimawandel und Meteoriten, Erdbeben und

Ähnlichem erklärt haben. Das muss auch nicht alles falsch sein. Es könnte jedoch eine weit komplexere gemeinsame Ursache haben. Wir haben ein Modell entwickelt, nachdem sich dieses Ereignis alle paar hunderttausend Jahre wiederholt.«

»Lassen Sie mich raten. Dann wird die Welt zerstört.«

»Ja und nein. Möglicherweise. Vielleicht. Nicht unbedingt.«

»Wissen Sie, Wagner, wenn Sie Ihrer alten Universität einen Brief schreiben und erklären, wie Sie jetzt arbeiten, bekommen Sie vielleicht die Kosten Ihrer Promotion rückerstattet.«

Wagner überging dies und wandte sich an Calvin.

»Es könnte sein, dass die Zerstörungen ausgelöst wurden durch die Abwesenheit eines bestimmten Faktors, der sie verhindern kann. Ein Faktor, der im Moment vorhanden zu sein scheint.«

»Und welcher Faktor könnte das sein?«

»Das menschliche Bewusstsein.«

Calvin schüttelte langsam den Kopf.

»Das Leben auf der Erde wurde tausende Male zerstört, weil jemand oder etwas auf uns gewartet hat? Ist das nicht ein wenig zu romantisch und nebenbei furchterregend anthropozentrisch gedacht?«

»Natürlich, Professor. Es geht auch nicht um uns im Speziellen. Es geht mehr um ein weit genug entwickeltes Bewusstsein, welches die Ereignisse reflektieren kann und empfänglich für die damit verbundene Kommunikation ist.«

»Nehmen Sie es mir nicht übel Doktor, aber meinen Sie nicht, dass das alles sehr wenig mit Wissenschaft zu tun hat und mehr mit haarsträubendem Mystizismus?«

»Nun, es ist definitiv transphysikalisch, jedenfalls im herkömmlichen Sinne, und möglicherweise ist die fehlende

Mystik genau unser Problem. Vielleicht wären wir hier mit einer alchemistischen Wissenschaft besser bedient. Wir hätten deutlich weniger Schwierigkeiten, die Ereignisse zu erfassen, soviel ist sicher.«

»Mann, sind Sie besoffen?«, fragte Baker mit drohendem Tonfall.

»Was er damit meint, General«, begann Calvin beschwichtigend, »ist, dass es mal eine Zeit gab, da das Bewusstsein mit seinen persönlichen Erfahrungen in all ihrer religiösen Tragweite Teil der Naturphilosophie war. Im Zuge der Erfindung der modernen Wissenschaft haben wir das meiste davon wieder rausgeworfen zugunsten eines streng rationalen und mechanistischen Ansatzes, der auf reproduzierbare Rechnungen konzentriert ist und das persönliche Erleben vollständig ausklammert.«

Baker atmete tief durch.

»Ich möchte nicht undankbar klingen, denn ich freue mich immer, wenn ich meinen Militärdienst mit Philosophie bereichern kann, aber was hat das mit unseren Blumen zu tun?«

»Nun, wir sehen jetzt Phänomene, welche nicht in der Naturwissenschaft messbar sind. Die Motive finden ihren Weg aus unseren Träumen in unser Bewusstsein. Von dort steigen sie nach oben. Wer kann sagen, von wo sie in unser Unterbewusstsein gestiegen sind? Am Ende finden sie ihren Weg in unsere physische Realität beziehungsweise das, was wir dafür halten.«

»Sie erwarten doch wohl hoffentlich nicht, dass ich mir das merke oder schlimmer noch, dem Präsidenten erkläre. Wollen Sie mir ernsthaft einreden, dass Menschen von Blumen fantasieren und diese dann real werden?«

In diesem Moment öffnete sich die Tür des Analyseraumes und Colonel Deering trat ein. In den Händen hielt er ein Goldfischglas voller Wasser, welches er den Anwesenden entgegenstreckte.

»Entschuldigen Sie bitte meine Verspätung, aber wir haben etwas im Frischwassersystem der Stadt gefunden, was Sie mir wahrscheinlich nicht glauben würden, deswegen habe ich es mal mitgebracht.«

15 | Unterbewusstes

Eine von Tuomas' Angewohnheiten, welche mich am meisten verstörte, war, mich immer wieder aufs Neue endlose Treppen hinabzuführen, die ich noch nie gesehen hatte. Dabei bedeutete es nicht einmal so sehr Arbeit für mich, schließlich war es Richard, der seine sechs Beine entfaltete, meine Sitzschale auf sorgsam austarierten Druckluftdämpfern anhob und sehr vorsichtig und dabei leise piepend protestierend die Stufen hinabtastete. Über die Jahre war ich im Stillen zu der Überzeugung gelangt, dass die Kellerebenen der Klinik mehr Räume in sich aufnahmen als der Grundriss des Gebäudes Platz dafür bot. Überhaupt fand ich das Motiv eines transdimensionalen Kellers unter einer Klinik auch viel glaubhafter, als einfach durch magische Türen in fremde Welten zu treten.

»Ich bin seit fast zehn Jahren hier und man würde meinen, dass ich so langsam den Überblick hätte, zumindest was die erste und zweite Kellerebene betrifft. Auch wenn ich noch immer nicht weiß, was auf den zwei darunter los ist.«

»Vier, wie kommst du auf vier?«, fragte Tuomas amüsiert. »In diesem Multiversum suggerieren die Gleichungen eine unendliche Zahl an Kellerebenen unter dieser Klinik.«

»Wundervoll«, konstatierte ich, während Richard maulig hupend versuchte, uns um eine besonders enge Kurve zu manövrieren. »Bist du in irgendeiner davon nicht unerträglich?«

»Die Mathematik suggeriert, dass ich in einer davon aus Lakritze gemacht bin.«

»Ich hasse Lakritze.«

»Natürlich. Die narrative Verpflichtung des Universums fordert, dass mein Charakter überall kohärent bleibt.«

Ich rollte die Augen.

Wir stiegen nasse Betonstufen hinab, umgeben von rohen Betonwänden. Die Luft wurde zunehmend feuchter und ich glaubte, das ferne Plätschern von Wasser zu hören. Ich wäre nicht einmal erstaunt gewesen, wenn wir plötzlich in eine natürliche Grotte hinausgetreten wären.

»Bisschen feucht für einen Keller unter einer Klinik.«

»Gehörte bis vor fünf Jahren der Tierphysiologie.« Tuomas' Stimme hallte den Betonschacht hinauf. »Dann ist der letzte Professor in Rente gegangen und hat den Schlüssel zu seinem Keller mitgenommen. Die haben hauptsächlich am Nervensystem von Flusskrebsen gearbeitet und Ableitungen im Hirn von Goldfischen gemacht. Seine Forschung hatte jedoch keine Zukunft, haha, und nun stehen die Räume leer.«

»Ja, klassische Neurophysiologie ist wohl tot. Haha.«

»Seit die letzte pandemische Notlage alle Tierschutzgesetze gekippt hat, um die schnellere Entwicklung von effektiveren Impfstoffen zu fördern, stürzen sich alle nur noch auf Affen. Und die haben gerade neue Tierställe bekommen. Am Ostende der Klinik, hinter den Parkhäusern und den hohen Absperrzäunen.«

»Will ich das sehen?«

»Nein, willst du nicht.«

»Und niemand in der Klinik hat nach diesem Keller auch nur gefragt?«

»Niemand über der Erde interessiert sich für uns. Es gilt als tiefer Abstieg deiner Karriere, haha, hier unten auch nur gesehen zu werden.«

»Und wir sind bemüht, sie in dem Glauben zu lassen?«

»Absolut!«, bekräftigte Tuomas. »Die Klinikleitung errichtet immer weitere Gebäude auf dem Gelände und die Kellerebenen geraten zunehmend in Vergessenheit. Eine Entwicklung, welche ich rundweg begrüße.«

Ich hatte das Gefühl, dass wir seit Stunden in die Tiefe gingen und erwartete langsam Moos an den Wänden zu finden. Tatsächlich hatte jemand mit einem dicken Filzmarker direkt auf den Beton geschrieben. Ich las den Satz, während Richard vorsichtig und leise pfeifend die Treppe hinabstieg. *Realität ist das, was sich zu verschwinden weigert, selbst wenn ich aufhöre, daran zu glauben.*

Von den weiteren Ereignissen dort unten habe ich keine Aufzeichnungen und musste mich auf meine Erinnerungen verlassen. Niemand hat dort jemals Kameras installiert und selbst unsere allseits wachsamen Handys hatten so tief unten unter so viel Beton keinen Empfang. Mir ist aber, als würde ich die Kühle der feuchten Luft noch immer auf meiner Haut spüren.

Die Treppe endete und unsere Stimmen hallten laut von den glatten Betonwänden zurück, während wir einem kurzen Gang folgten, der in einen endlos scheinenden Kellerraum führte.

Ich bekam keine verwunschene Grotte zu sehen, sondern einen weitläufigen Lagerraum, dessen Wände mit großen Aquarien in unterschiedlichen Größen vollgestellt waren, die auf massiven Metallgerüsten ruhten. Es mussten mindestens ein Dutzend sein. Das größte davon, fast zwei Meter lang, enthielt als einziges Wasser. Davor stand Eva auf einer kurzen Trittleiter. Sie senkte gerade ein großes Becherglas in das Wasser hinab und ließ eine der Blumen vorsichtig in das Aquarium gleiten, wo sie langsam zu Boden schwebte, der bereits mit Blüten bedeckt war.

»Sieht aus wie das Ende einer aquatischen Kirschblüte«, kommentierte Tuomas.

Ich seufzte.

»Karhu, bitte sag mir, dass du sie nicht hier unten eingesperrt hast. Ich habe keine Lust, noch einmal mit dir in die

Personalabteilung zu gehen und der Dame dort erklären zu müssen, warum du fortwährend junge Studenten rund um die Uhr im Keller arbeiten lässt.«

»Woher soll ich wissen«, rief Tuomas empört, »wann Tage enden oder ob Studenten ein Zuhause haben?«

»Ich weiß, ich weiß«, seufzte ich und winkte ab. »Ich kenne dich ja, aber es ist verblüffend schwer, das einem Außenstehenden zu erklären.«

Eva drehte sich um, zog einen Schlüssel aus der Tasche und winkte damit.

»Keine Sorge, ich bin keine Gefangene.«

»Das würde ich mir niemals erlauben«, empörte sich Tuomas. »Was glaubt ihr eigentlich, wer ich bin?«

»Professor Scholz hat schon heute Morgen ein Machtwort dazu gesprochen«, erklärte Eva trocken.

»Ja«, murmelte Tuomas, »das auch.«

»Müsst ihr wirklich keiner offiziellen Stelle in der Klinik melden, was ihr hier macht?«, fragte Eva und sah sich um.

Tuomas grinste mich an.

»Ist sie nicht zauberhaft? Steht in meinem Keller und benutzt Formulierungen wie *offizielle Stellen*.«

»Sie ist ja noch neu«, erklärte ich lächelnd.

Eva zuckte mit den Schultern und setzte eine weitere Blume aus einem Eimer in das Aquarium.

»Was machen die Rechner?«, erkundigte sie sich.

»Eine sehr gute Frage«, entgegnete Tuomas und zog sein Handy aus der Innentasche seiner Weste. Er wischte eine Weile auf dem Display herum und hielt es uns dann hin.

Auf dem Bildschirm zeigte sich eine durchsichtige Blume aus Eis, welche vor einem dunklen Hintergrund schwebte und dabei schwach von innen heraus glühte.

Ein geisterhaftes, schwach bläuliches Leuchten, welches zu pulsieren schien.

»Erinnert mich an bestimmte Arten fluoreszierender Quallen«, warf ich ein und erwartete, dass das seltsame Geschöpf erschrak und aus dem Bild schwamm.

Eva kam zu uns hinüber und ihr Blick wanderte zwischen dem Display und dem Aquarium hin und her.

»Das ist genau die gleiche Blume, nicht wahr?«, fragte sie. »Ob außer uns noch jemand davon weiß?«

Tuomas' Handy vibrierte. Er drehte das Display und schien eine Nachricht zu lesen.

»Unser Zulieferer aus der Klempnerbranche«, kommentierte er. »Er sagt, dass wir einen weiteren Putzeimer voll von den Dingern haben können. Und wir sollen uns beeilen, denn wenn seine Kollegen in der Regierung dahinterkommen, was im Wassersystem der Klinik los ist, werden sie garantiert systematisch durch alle Wasserkästen gehen und die Blumen zerstören.«

Tuomas legte den Kopf schief. »Nun, wenn alle Klempner der Klinik im Begriff sind, jede einzelne Toilette zu kontrollieren, und wenn auch nur einer davon ein Video oder Foto ins Netz stellt, geht das unter Garantie in wenigen Minuten viral.«

Er sah auf, griff nach einem Putzeimer und ging wortlos hinaus.

»Umso wichtiger«, ergänzte ich, »dass wir umgezogen sind. Ich habe dem Chef schon erklärt, dass wir die Blumen zerstört haben und niemals auch nur Kenntnis von dem ganzen Vorgang hatten.«

»Und das hat er akzeptiert?«

»Natürlich. Wir sind seine Mitarbeiter. Er hat uns gut trainiert.« Ich schauderte und verschränkte meine Arme. Die Kälte hier unten begann mir zuzusetzen und mein leichtes Frühlingskleid fiel nicht wirklich unter Arbeitskleidung. Ich hatte es mehr wegen des Blumenmusters ausgesucht.

Eva bemerkte mein Frösteln.

»Ich mag dein Kleid«, erklärte sie, »aber es ist nicht wirklich für diese Umgebung geeignet.«

»Konnte ich ahnen«, murrte ich, »dass ich am frühen Morgen noch vor meinem ersten Kaffee in eine feuchte Höhle entführt werde?«

Eva ging zu einem leeren Aquarium hinüber, von dessen Kante sie eine leichte Sommerjacke fischte. Sie trat an mich heran und breitete sie über meinem Oberkörper aus.

»Hier«, erklärte sie. »Ich habe heute Morgen noch ein wenig im Regen gestanden.«

Ich sah sie mit großen Augen an, als hätte sie offenbart, mit einem Drachen zur Arbeit geflogen zu sein.

»Du hast … was? Ist das nicht gefährlich?«

»Es ist nur Wasser, Lou«, erklärte sie ruhig und schenkte mir einen kühlen Blick.

Ich schwieg, während ich sie bewundernd unter der Jacke hervor ansah. Sie nickte jedoch nur kurz und wandte sich wieder ihrer Arbeit zu. Eine Weile lang beobachtete ich schweigend, wie sie vorsichtig eine Blume nach der anderen in das Wasser des Aquariums gleiten ließ. Ich erinnere mich, dass ihre Jacke noch ein wenig feucht war und entfernt nach Vanille roch. Eine Seife vielleicht? Ich weiß bestimmt, dass ich die nächsten Minuten damit verbrachte zu überlegen, wie sich verhindern ließe, die Jacke wieder zurückgeben zu müssen. Irgendwann hörte ich Evas leise Stimme.

»Vor einer Woche träumte ich noch vom Leben in der großen Stadt. Ich habe nicht damit gerechnet, in einem feuchten Keller zu stehen und Blumen zu sortieren.«

Ich sah zu ihr auf und versuchte, unauffällig weiter unter die Jacke zu kriechen. Es sah seltsam aus, wie sie dort in einem unwirklichen Licht in ihrem weißen Pullover über den Blumen stand. Der Anblick beunruhigte mich, wenn ich auch nicht wusste, warum.

»Ich wünschte, ich könnte dir sagen, dass dies eine ungewöhnliche Woche für uns ist.«

Eva sah noch immer nachdenklich auf die Blumen hinab.

»Irgendjemand scheint Hinweise zu streuen, dass diese Blumen existieren, aber warum der Umstand?«

Ich nickte zustimmend.

»Wer kommt auf die Idee, Quantenrechner mit einem Virus auszustatten, welches eine rudimentäre Bewusstseinsmatrix mit floristischen Tendenzen erzeugt? Es wirkt hochgradig verworren und ehrlich gesagt viel zu kompliziert. Wer auch immer sich diese Geschichte ausgedacht hat, muss dringend lernen, einfacher zu denken.«

»Oder«, warf Eva nachdenklich ein und verschränkte die Arme, »das Ganze ist noch viel komplexer und wir sind erst am Anfang von all dem Seltsamen, was noch passieren wird.«

»Noch seltsamer?«, fragte ich entgeistert. «Seltsamer als durchsichtige Wasserblüten in Toiletten und infizierte Quantenrechner mit Blumenfetisch? Wie sollte sich das noch steigern?«

Ich hielt inne, denn in diesem Moment sah ich es. Ohne ein Wort zu sagen, schob ich einen Arm unter der Jacke hervor und zeigte mit einem Finger auf den Lichtschalter neben dem Eingang. Richard, mit seinem jahrelangen Training, meine Wünsche zu antizipieren, rollte mich lautlos näher, bis mein ausgestreckter Finger exakt auf dem Schalter zu liegen kam. Das Klicken klang unnatürlich laut in meinen Ohren und mit der Dunkelheit fiel völlige Stille über den Raum.

Ich verharrte einen Moment lang im Stockdunklen und betrachtete innerlich mein Erstaunen, dass ich den unerhörten Zustand mehr genoss als fürchtete. Seltsamerweise kam kein einziges Wort des Protestes von Eva. Ich öffnete gerade den Mund, um nach ihr zu fragen, als ich hörte, wie sie überrascht Luft holte.

Ich wandte mich ihr zu und erkannte ihre schmale weiße Gestalt, welche über dem Aquarium stand. Für einen Moment sah es aus, als gäbe es weder die Glaswände noch die Trittleiter. Sie stand mit ausgebreiteten Armen und schien von innen heraus zu leuchten, auf allen Seiten umgeben vom schwachen bläulichen Schein einer kleinen Blumenwiese.

16 | Rattenkunst

Calvin saß allein in ihrem abgedunkelten Analyseraum. Sie hatte sich vor über einer halben Stunde eine Tasse Tee eingegossen, seitdem hatte sie sich nicht mehr bewegt und hielt das inzwischen erkaltete Getränk noch immer in der Hand.

Alle vier Displaywände zeigten einen durchgehenden Sternenhimmel, der sie auf allen Seiten umgab. Calvin jedoch beachtete das überhaupt nicht, denn ihr Blick hing fortwährend an dem Goldfischglas.

Darin am Boden liegend schwamm eine einzelne kleine durchscheinende Blume.

Calvins Hand lag dicht neben der Blume auf dem Tisch und sie tippte immer wieder gedankenverloren mit dem Nagel ihres Zeigefingers gegen das Glas, als wollte sie die Blume auffordern, sich endlich zu äußern.

Irgendwann ertönte die warme Stimme von George im Raum.

»Sie betrachten die Blume jetzt seit über einer halben Stunde, Professor.«

»Sie redet nicht mit mir, George«, entgegnete Calvin, ohne den Blick von der Blume zu nehmen.

»Ich hoffe, das ist metaphorisch gemeint, Professor«, entgegnete George, »denn soweit ich weiß, enthält Ihre Tasse nur reinen Tee.«

Calvin lächelte.

»Was für ein seltsames Wesen. Hast du die Analyse über die Verteilung der Gengruppen beendet?«

»Das habe ich, Professor, deswegen habe ich mir erlaubt, Sie zu unterbrechen.«

»Und?«

»Ihre These hat sich als korrekt erwiesen. Anhand des von Ihnen entworfenen statistischen Indikators kann ich nachweisen, dass der genetische Code dieses Wesens keinen künstlichen Ursprung hat. Eine brillante Verwendung statistischer Marker in einem ungewöhnlichen Anwendungsgebiet, wenn ich mir die Bemerkung erlauben darf.« Calvin schien nicht zugehört zu haben.

»Sie sieht aus, als hätte sich eine Qualle in einen Kopfsalat verliebt und Nachkommen gezeugt«, verkündete sie.

George zögerte kurz.

»Manchmal sind Ihre Beschreibungen gleichzeitig vollkommen unsachlich und erstaunlich akkurat, Professor. Wie machen Sie das?«

»Ist mein Job«, entgegnete Calvin trocken. »Ich bin Psychologin. Vielleicht sollten wir …«

»Es tut mir leid, Professor, aber wir bekommen Besuch. Die beiden Herren nähern sich sehr schnell und sie streiten.«

»*Männer*«, seufzte Calvin leise, nippte von ihrem kalten Tee und verzog das Gesicht.

Als kurz darauf die Tür neben ihr aufgerissen wurde, wandte Calvin nicht einmal den Blick, doch alle vier Displaywände änderten augenblicklich ihre Anzeigen und wechselten zu Auswertungen, Analysen, Graphen und Videoaufnahmen von Blumen.

Baker und Wagner stürmten praktisch gleichzeitig in den Raum und kollidierten dabei im Türrahmen, was der hitzigen Diskussion der beiden jedoch keinen Abbruch tat.

»Wieso«, rief Baker ungehalten, »kann ich neuerdings keinen einzigen Einsatz mehr leiten, ohne dass Sie mir nach fünf Minuten die Zuständigkeit entziehen?«

»Ob Sie es glauben oder nicht«, erwiderte der Wissenschaftler ungewohnt hitzig, »es ist auch nicht meine bevorzugte Art, meinen Tag zu füllen, ich habe tatsächlich Besseres zu tun, als ständig meine Arbeit zu unterbrechen, um mit meinem Team einen Ihrer Einsatzorte zu sichern.«

»Sie können mir nicht ständig meine Arbeit blockieren«, rief der General, »ich berichte immerhin direkt an den Präsidenten!«

»Wie schön für Sie, General, *ich nicht.*«

»Das ist mir bekannt, und wieso kann mir eigentlich niemand sagen, für wen Sie tatsächlich arbeiten?«

»Mit diesem Wissen«, entgegnete der Wissenschaftler kühl, »müssen Sie sich nicht belasten, General.«

Bakers Gesicht wurde bedrohlich rot und er donnerte: »Wagner, ich schwöre ich werde Sie …«

»Meine Herren«, unterbrach Calvin die beiden ruhig, während sie eine neue Tasse mit heißem Tee füllte, »ist das vielleicht eine Art, in den Analyseraum einer Dame zu stürmen? Dies ist ein Ort der Besinnung und Reflektion. Dazu bedarf es Ruhe, wenn das nicht offensichtlich ist. Worüber streiten Sie beide jetzt wieder?«

»*Ratten*!«, riefen die Männer gleichzeitig.

»Okay«, erklärte Calvin. »Sie haben mein Interesse. Was ist passiert?«

Baker atmete einmal tief durch, bevor er sich Calvin zuwandte, doch bevor er beginnen konnte, fiel sein Blick auf das Becherglas.

»Was ist das denn?«

»Unser neuer Gast im Frischwassersystem der Stadt«, entgegnete Calvin ruhig. »Er ist sehr still, doch bei näherer Inspektion offenbaren sich ungewohnte Tiefen.«

»Ach so«, murmelte Baker abwesend. »Ich habe den Bericht gelesen. Alle Tests sind harmlos.«

Wagner, dessen flackernde Datenbrille verriet, dass seine Aufmerksamkeit schon wieder anderem gegolten hatte, wandte sich ebenfalls dem Tisch zu und warf einen flüchtigen Blick auf die Blume.

»Der toxikologische Test kam negativ zurück. Ich habe das Screening gesehen. Unauffälliger Standard-Proteinmatsch.

Das Ding ist exakt genauso langweilig, wie es aussieht. Ich vermute, irgendein Student hat in seiner Freizeit mit der DNA von marinen Weichtieren und irgendeinem Grünzeug experimentiert und diesen Unsinn da zusammengebaut. Jetzt hockt das nasse Gemüse überall in unserem Frischwassersystem. Ein absolut lästiger Vorfall, jedoch kein systemkritischer. Ich habe bereits einen Plan entworfen, wie wir das Rohrsystem der Stadt am effektivsten mit hochkonzentriertem Chlorwasser spülen, um den Unsinn zu zersetzen. Der genetische Code zeigt keinen Copyright-Hinweis oder irgendeine Signatur, das wiederum ist das einzig Ungewöhnliche. Normalerweise sind diese jungen Hobbygenetiker immer dumm genug, ihren Namen irgendwo rein zu schlüsseln, wo wir ihn natürlich finden. Es ist jedoch nicht wirklich relevant.«

Baker grunzte.

»Darum kümmern wir uns, wenn wir mal fünf Minuten am Stück keine schweren Krisen haben.«

»Wollten die Herren darüber mit mir reden?«, fragte Calvin geduldig.

Der General blinzelte irritiert.

»Die Herren erwähnten Ratten«, soufflierte Calvin höflich.

»Was?«, rief Baker. »Ach so, ja!« Er wirbelte zu Wagner herum. »Wie zur Hölle konnte das überhaupt passieren, Doktor? Hat Ihre eigene Abteilung nicht vor fünf Jahren von mir den Auftrag bekommen, unser Stromnetz zu sichern?«

»Das haben wir auch«, antwortete der Wissenschaftler mit gezwungener Ruhe. »Wir haben mehr als zwanzig terroristische Anschlagsszenarien simuliert und es tut mir aufrichtig leid, wenn Angriffe von Nagetieren nicht Teil davon waren.«

»Was ist passiert?«, fragte Calvin.

»Wir haben den Strom in drei Bezirken verloren«, entgegnete Baker gepresst.

»Oje«, flüsterte Calvin.

»Oje, in der Tat«, murrte der General. »Über fünfhundert medizinische Notfallteams sind ausgeschwärmt und pumpen an jeder Ecke Beruhigungsmittel in die Leute. Wir haben dutzende epileptische Anfälle die Minute, und unsere Armee muss die Straßen sichern, weil es überall Körper aus den Hochhäusern regnet.«

Calvin schloss die Augen.

»Wie viele Selbstmorde sind es?«, fragte sie.

»Über hundert die Stunde«, entgegnete Baker. »Das ist zehnmal höher als die Baseline für diese Bezirke. Wir können den Menschen problemlos Essen, Wasser oder Wärme nehmen, wenn wir ihnen im Gegenzug mehr Bandbreite schenken. Fällt jedoch das Netz aus, kommen wir kaum hinterher, die Toten einzusammeln.«

»Was ist die normale Vorgehensweise in so einer Situation?«

»Nun«, erklärte Wagner, »wir schalten gewöhnlich einige hundert Kreditpunkte frei für jeden, der es lebend durch den Stromausfall schafft. So konnten wir in der Vergangenheit einen Rückgang der Selbstmordrate um siebzig Prozent erzeugen.«

Calvin blinzelte.

»Halten Sie das für einen heilsamen Ansatz?«, fragte sie kühl.

»Nein«, warf Baker ein. »Wir halten das für einen *funktionierenden* Ansatz. Unser Job ist es, die Ordnung zu gewährleisten, nicht, gebrochene Menschen zu heilen.«

»Aha. Gut zu wissen. Was ist der Status?«, fragte Calvin an Wagner gewandt.

»Der Strom läuft wieder«, erwiderte der Wissenschaftler.

»Was zur Hölle hat da so lange gedauert!«, bellte der General.

Wagner hob entschuldigend beide Hände.

»Es war die Pest auf Raten, den verdammten Virus aus dem System zu bekommen. Ich selbst hätte ihn nicht hinterhältiger programmieren können.«

Baker öffnete den Mund und schloss ihn wieder. Er massierte sich müde die Augen und entgegnete: »Bitte erzählen Sie mir nicht, dass Ihre Abteilung zuständig ist, weil ein Virus von den Ratten auf die Computer übergesprungen ist. Ich werde langsam zu alt für Leute, die schlechte Fantasy-Romane in meiner Stadt inszenieren.«

»Fast«, erklärte Wagner und zeigte auf eine Displaywand. Ein Fenster öffnete sich und das Bild einer Überwachungskamera wurde eingeblendet. Die Videoaufnahme zeigte eine Ratte, die vor einem Computer am Boden hockte und mit großer Sorgfalt einen Datenträger in den Port schob.

»Okay«, erklärte Baker und hob die Hände. »Ich gebe auf. Sie sind zuständig.«

»Ich dachte«, warf Calvin ein, »systemkritische Bereiche sind immer schwer gesichert. Hohe Mauern, Stacheldraht, Kameras, Drohnen, Wachroboter und so weiter.«

»Dem ist tatsächlich so«, bestätigte Wagner. »Unsere überlebenswichtige Infrastruktur ist in der Tat so stark gesichert wie nichts anderes in der Stadt.«

»Dann stellt sich jedoch heraus«, verkündete Baker, »dass eine Ratte, die durch die Kanalisation schwimmt, aus der Toilette klettern kann, um dann einfach nur durch die offene Klotür über den Gang in den Kontrollraum zu schlendern.«

»Entgegen anders lautenden Gerüchten«, warf Wagner ein, »haben wir keine vollständige Videoüberwachung der Kanalisation.«

»Glauben Sie mir, das wird sich ändern«, murrte der General.

Calvin nickte.

»Also gut. Wir haben eine Ratte, die offensichtlich ein Umspannwerk infiltriert hat, um dort einen Virus in das System zu laden, welcher den Strom im ganzen Bezirk ausfallen lässt.« Sie zögerte und zog die Brauen zusammen. »Dennoch liegt der Vorgang bei Ihnen, Doktor. Ist das notwendig? Es erscheint mir ein wenig voreilig, denn Ratten sind doch gut trainierbar? Und das dort«, sie wies auf das Videobild, in welchem die Ratte in einer Endlosschleife immer wieder den Datenträger in den Rechner steckte, »ist doch eine speziell genveränderte Laborratte. Ich selbst interessiere mich nicht für Tierversuche, aber die schwarzen Fellmarkierungen identifizieren doch die einzelnen Tiere, nicht wahr? Sind die denn von uns? Ich könnte mir vorstellen, dass es kybernetische Tiere sind, die extra schlau gemacht wurden, auch wenn ich ziemlich sicher bin, dass es verboten ist, die Intelligenz von Tieren zu erhöhen.«

Wagner nickte.

»Sie haben vollkommen recht, Professor. Die Tatsache, dass sich eine Ratte einen Datenträger um den Hals hängt und lernt, einen Port zu benutzen, reicht nicht aus, um meine Abteilung zu involvieren. Dass niedere Wirbeltiere gut trainierbar sind und man ihre Intelligenz nicht erhöhen darf, ist schließlich weithin bekannt, immerhin hat unser guter General unzählige davon unter seinem Kommando.«

Baker schnaubte.

»Starke Worte für einen Mann, der dieser Tage hauptberuflich Blumen sammelt.«

Wagner überging dies.

»In dem vorliegenden Fall sind die Tiere nicht direkt von uns, sondern von einem privaten Hersteller, der uns beliefert. Diese Exemplare sind eine Neuentwicklung. Sie werden bei der Suche nach Erdbebenopfern eingesetzt.« Er sah zu Bakers Fenster hinüber. »Gerüchten zufolge auch zu Sabotage hinter feindlichen Linien. Der Hersteller wusste vom Verschwinden der Tiere. Sie haben versucht, den Vorfall geheim zu halten, während sie selbst nach den Exemplaren gesucht haben, in der Hoffnung, dass wir ihnen nicht sofort den Laden dichtmachen und alles übernehmen.«

»Und was haben wir getan?«, fragte Baker.

»Wir haben den Laden dichtgemacht und alles übernommen«, erklärte Wagner trocken.

»Wir haben es hier mit einem Prototyp zu tun, denn es sind genau genommen keine Ratten. Es sind Bio-Drohnen auf Rattenbasis. Netzzugang. Kybernetische Implantate. Kameraaugen. Fernsteuerbar. In einer besonderen Version auch detonierbar.«

»Entschuldigung?«, unterbrach Calvin. »Detonierbar?«

Baker nickte.

»Das ist die einfachste Art, sie als Waffen einzusetzen.«

»Das kann nicht Ihr Ernst sein.«

»Oh doch. Ich habe mir erklären lassen, dass alles eine Frage des Marketings ist.«

»Marketing?«, fragte Calvin tonlos.

»Absolut«, entgegnete Baker. »Wenn fünfzig Ratten einem Terroristen im Schlaf die Schlagader zerreißen, kommt man als Kriegsverbrecher vor Gericht. Wenn die Ratte explodiert, ist es ein Unfall beim Umgang mit Sprengstoff. Erstaunlich, wie oft so was passiert.«

Calvin starrte ihn nur an.

»Was?«, fragte der General. »Glauben Sie, ich habe einen netten Job? Ich versuche, die Sicherheit der größten Stadt der Welt zu gewährleisten und Sie sehen ja, was hier los ist.«

Wagner räusperte sich.

»Um zum Punkt zu kommen, möchte ich Ihnen gerne in Erinnerung rufen, dass es *drei* Ratten waren und nicht nur eine. *Drei* Ratten in drei Umspannungswerken für drei

Bezirke.« Er begann an den Fingern abzuzählen. »Ratte eins fand die Tür der Toilettenräume verschlossen und brauchte etwa zehn Minuten, um den Klodeckel zuzuklappen und mit einem gezielten Sprung auf die Klinke die Tür zu öffnen. Nebenbei erwähnt eine außerordentliche kognitive Leistung. Ratte zwei benutzte fünf Minuten später die gleiche Lösung, jedoch ohne jede Zeitverzögerung.« Er pausierte einen Moment, bevor er fortfuhr. »Ratte zwei wiederum hatte weniger Glück als ihre Vorgängerin und fand den Kontrollraum nicht leer vor. Der Wachmann in diesem Umspannwerk saß an seinem Platz vor den Monitoren und lag nicht in der Umkleide auf einer Bank und schlief seinen Rausch aus. Ratte zwei verbrachte daraufhin ebenfalls etwa zehn Minuten damit, im Korridor auf die Garderobe zu klettern und mit einem gezielten Sprung auf den Notfallhebel den Feueralarm auszulösen, welcher den Wachmann aus dem Kontrollraum trieb.« Er zögerte erneut, bevor er erklärte: »Ratte drei traf auf das exakt gleiche Szenario wie Ratte zwei und löste beide Aufgaben in unter einer Minute, ohne auch nur einmal zu zögern.«

Baker schüttelte ungeduldig den Kopf.

»Das ist eine eindrucksvolle Einführung in die Wunder des Nagetiertrainings, aber sogar ein alter Soldat wie ich weiß, dass man die Viecher mit Implantaten steuern kann wie Roboter. Wir besitzen sogar das verdammte Patent auf diese Technologie. Benutzen sie zum Minenräumen. Sehr effektiv und billig. Regnet halt Rattenbrei, aber man kann nicht alles haben.«

Wagner sah ihn ungerührt an.

»Die Tiere brachen nach Erfüllung ihrer Aufgabe tot zusammen und werden gerade von meinem Team bis auf die Zellebene auseinandergenommen. Es sind gewöhnliche Bio-Drohnen, General. Ja, sie sind genverändert und ja, sie sind kybernetisch verstärkt, aber am Ende des Tages sind es

Ratten.« Er hob einen Finger. »Ach ja, habe ich erwähnt, dass alle drei Tiere einen Abschiedsbrief hinterlassen haben?« Er sah lächelnd in die schockierten Gesichter und zeigte auf die Displaywand. Mit einem Kugelschreiber, den sie vom Tisch genommen haben, auf die Wand neben dem Überwachungsplatz gemalt.«

Das Bild zeigte drei identisch ausgeführte kleine Blumen. Unschuldige, naive Motive, wie ein Kind sie malen würde.

»Sie geben auch ganz gute Künstler ab, nicht wahr?«, fragte Wagner.

Calvin starrte die Blumen wortlos an und musste sich für einige Minuten in ihren tiefen Überlegungen verloren haben, denn als sie wieder daraus auftauchte, hatten die beiden Männer ihre hitzige Diskussion aus dem Raum hinausgetragen. Sie waren schon fast wieder in den Laborräumen angekommen, um sich die Ergebnisse der Obduktion der Nagetiere anzusehen.

»Wie lange hat der Stromausfall gedauert, George?«, fragte Calvin fast träumerisch.

Der große goldene Kopf tauchte neben ihr auf der Displaywand auf.

»Etwa drei Stunden, Professor.«

Calvin nickte nachdenklich.

»Die Herren haben erklärt, dass die Situation während dieser Zeit kontinuierlich eskaliert ist. Selbstmordrate, Plünderungen und ähnliches. Hast du Zahlen dazu?«

»Ich habe, Professor, und die Aussage erweist sich bei näherer Untersuchung als nicht korrekt. Es gab in der Tat einen ersten steilen Anstieg über das gesamte Gewaltspektrum, eigen und fremd, doch nach etwa einer Stunde nahm die Aktivität genauso unvermittelt wieder ab und kam praktisch zum Erliegen.«

»Die Selbstmordrate fiel also wieder?«

»Wie ein Stein, Professor.«

»Eine interessante Entwicklung, nicht wahr?«

»Dem würde ich zustimmen, Professor. Wir können im Moment die während des Stromausfalls gespeicherten Aktivitätsprofile von den mobilen Endgeräten sammeln, welche jetzt nach und nach wieder ans Netz gehen. Das erlaubt uns Rückschlüsse auf die Aktivitäten der Benutzer während der Dunkelperiode.«

»Und?«

»Die ersten Auswertungen zeigen einen extremen Anstieg panischer und aggressiver Aktivität während der ersten Stunde nach Beginn der Dunkelheit, welcher im Laufe der zweiten Stunde durch eine andere Aktivität ersetzt wird, welche sich daraufhin wie eine Welle durch die Bezirke ausbreitet.«

»Tatsächlich«, murmelte Calvin und nippte an ihrem Tee. »Und mit was haben sich die Bürger die Zeit vertrieben?«

»Schlaf«, entgegnete George. »Die Abwesenheit von Licht in den frühen Morgenstunden hat Arbeit unmöglich gemacht und die Menschen sind nach der ersten Panik zur Ruhe gekommen. Wahrscheinlich zum ersten Mal seit vor zehn Jahren eine permanente Beleuchtung der Innenräume aller Privathaushalte aus Sicherheitsgründen Gesetz wurde.«

Calvin nickte langsam.

»Wie hoch ist die Einwohnerzahl in den drei Bezirken?«

George wandte den Kopf zur Seite und machte einer Stadtkarte Platz, welche sich neben ihm aufbaute und die drei betroffenen Bezirke rot umrahmte.

«Es handelt sich um den Bereich der Stadt mit der höchsten Einwohnerdichte. Hauptsächlich billige Unterkünfte, welche die umliegenden Fabrikdistrikte mit Arbeitskräften versorgen. Sie kennen die Bereiche vielleicht aus den berühmten Fotografien der endlosen Reihen von Hochhäusern.«

»Graue Betonsilos von Horizont zu Horizont?«

»Eben diese. Durch die hohe Fluktuation, den allgegenwärtigen Schwarzhandel mit Identitäten und mobilen Endgeräten ist die Schätzung nicht ganz einfach. Ich würde sagen, etwa fünfundzwanzig Millionen Menschen sind nicht unrealistisch.«

»Fünfundzwanzig Millionen schlafende Menschen«, flüsterte Calvin, »und drei Ratten, welche sich einen Gedankenraum teilen. George, sei doch bitte so gut und rekrutiere eine Analyse-KI und lass sie die sozialen Medien dieser Bezirke durchkämmen. Mich würde interessieren, was die Menschen über ihre Erfahrung in der Stille schreiben.«

»Sie möchten wissen, was die Menschen getan haben?«

»Ich möchte wissen, was sie geträumt haben«, entgegnete Calvin und tippte dabei wieder gedankenverloren mit dem Fingernagel gegen das Becherglas.

17 | Würfelmagie

Ich war so müde, dass ich überhaupt nicht bemerkt hatte, wie Richard mich von meinem Zimmer zu den Räumen der Arbeitsgruppe gebracht und im Gruppenraum an den Tisch gefahren hatte.

Es war keine gute Nacht gewesen.

Mit schwindender Muskulatur fiel es mir immer schwerer, mich nachts auch nur zu drehen. Lag ich jedoch zu lange platt auf dem Rücken, wachte ich irgendwann in den frühen Morgenstunden mit üblen Rückenschmerzen auf. An diesem Morgen hatte ich eine Stunde gebraucht, um aus dem Bett in mein Kleid und in die Sitzschale zu kommen. Tatsächlich dauerte es nur fünfzehn Minuten. Die dreiviertel Stunde davor hatte ich damit verbracht, meinen Stolz zu überwinden und nach meiner Krankenschwester zu klingeln. Danach hatte ich einen Becher Wasser mit Schmerzmitteln gefrühstückt und musste sofort eingeschlafen sein, kaum dass ich in Richards Obhut angekommen war.

Ich schlug die Augen erst wieder auf, als ich etwas Kühles und Weiches an meiner Wange spürte. Ich hatte gerade geträumt, dass ich an einem See lag, im warmen Sand, und in den Himmel über mir schaute, aus welchem große Schneeflocken in Form von Kristallblumen zu mir herabschwebten und sanft auf meiner Wange landeten.

Die Realität erwies sich als noch viel wundervoller. Ich sah eine kleine weiße Hand, die mich an der Wange gestreichelt hatte. Ich glaube, ich war noch nie schöner erwacht. Zumindest nicht als Lou. Mein Glück erfuhr noch eine weitere ungeahnte Steigerung, denn Eva stand nicht nur vor mir und lächelte mit ihren Augen, sondern ich spürte auch, wie sie vorsichtig meine Hände um etwas Warmes schloss, das sich als Becher mit Kaffee erwies.

Einen Moment lang dachte ich, ich sei gestorben und im Himmel, doch dort gibt es keinen Kaffee, keine Schmerzen und, gewissermaßen als ultimativen Beweis, keinen Tuomas, der sich schwer und laut stöhnend neben mir auf den Stuhl fallen ließ und sofort zu maulen begann.

»Warum bin ich hier? Ist schon wieder Teammeeting? Sagt mir nicht, dass die Woche schon wieder um ist.«

»Der Chef hat gesagt, wir sollen herkommen«, erklärte Eva und sah Tuomas kühl an. »Er meint, dass er uns helfen muss, weil wir allein ganz offensichtlich absolut nichts verstehen.«

Tuomas nickte.

»Klingt ganz klar nach Scholz.« Er hob Eva seinen Becher entgegen und blickte vielsagend zur Kaffeemaschine hinüber, doch sie ignorierte ihn und ging wieder zu ihrem Platz mir gegenüber zurück. Dabei wies sie auf einen alten Pappkarton, welcher kopfüber mitten auf dem Tisch stand und offensichtlich etwas darunter verbarg. »Ich vermute«, fügte sie hinzu, »dass es etwas damit auf sich hat?«

»Das ist korrekt«, erklärte Professor Scholz, welcher in diesem Moment durch die Tür trat.

Der alte Mann wies mit einem Zeigefinger erst auf Tuomas und dann auf den Karton, woraufhin der Angewiesene sich seufzend vorlehnte und den Karton vorsichtig hochhob. Darunter kam der Glaswürfel zum Vorschein, den der Professor nur wenige Tage zuvor selbst gebaut hatte.

Es folgte einer dieser Momente absoluter Stille, während alle Anwesenden gleichzeitig den Atem anhielten.

Eva lehnte sich vor, stellte die Ellbogen auf den Tisch und stützte den Kopf auf die Hände, während sie konzentriert in den Würfel starrte.

Richard verkündete mit einer leisen und tiefen Tonfolge, dass er schwer beeindruckt sei. Tuomas hob sein Handy, aktivierte die Kamera und zoomte in den Glaswürfel hinein, bis die kleine und perfekt geformte Blume das ganze Display füllte. Schließlich brach er das Schweigen.

»Was zur Hölle …«, begann er und verstummte.

Mir wiederum fiel nichts Besseres ein als zu sagen: »Ich wusste nicht, dass wir auch Magie auf dem Lehrplan haben.«

Scholz schnaufte amüsiert.

»Es ist die Lehre vom Leben, Ludwig. Sie ist schon immer magisch gewesen. Vielleicht haben Sie es nur nicht mitbekommen.«

»Wie haben Sie …«, begann Tuomas ein zweites Mal.

»Ich habe überhaupt nichts, Doktor Lauri. Seien Sie versichert, dass der Würfel friedlich und unberührt auf dem Spülkasten meiner Toilette stand. Meine These war allerdings, dass es nicht lange dauern würde, bis ich eine Blume darin finden würde. Ich vermute stark, dass ich zwei der Faktoren, welche zum Erscheinen beitragen, bereits kenne. Zum einen die relative Unbewegtheit des Wassers, weswegen übrigens unbenutzte oder wenig frequentierte Toiletten stärker betroffen sind, und zum anderen die Reinheit des Wassers.«

»Beitrag zum Erscheinen?«, echote Tuomas und sah Scholz an, als hätte er den Verstand verloren.

»Natürlich«, entgegnete Scholz, als würde er über das Wetter reden.

»Entschuldigung«, entgegnete Tuomas, »aber war das Wasser nicht destilliert, das Glas mit Hitze sterilisiert und der ganze Würfel hermetisch verklebt?« Er sah zwischen den leeren Gesichtern seiner Kollegen am Tisch hin und her. »Wir übergehen jetzt also wirklich den Punkt, wo Wesen einfach so aus dem Nichts erscheinen? Wirklich? Ich glaube, dass der Umstand ein wenig mehr Aufmerksamkeit verdient.

Ich meine, an welchem Punkt sind magische Pflanzen in unseren Lehrbüchern aufgetaucht, ohne dass ich etwas davon mitbekommen habe?«

»Das ist die Seite direkt nach den magischen Pilzen, glaube ich«, warf ich ein und grinste Tuomas an.

»Was bitte haben Lehrbücher damit zu tun?«, fragte Scholz irritiert.

»Nun«, begann Tuomas, »da dies hier eine wissenschaftliche Arbeitsgruppe ist …«

»Ach, jetzt hören Sie mir doch mit Wissenschaft auf«, polterte Scholz. »Sie wissen doch genauso gut wie ich, dass die Hälfte der Paper, welche veröffentlicht werden, mehr oder weniger frei erfunden sind. Wenigstens haben wir hier ein Untersuchungsobjekt, das tatsächlich existiert.« Er warf Tuomas einen abfälligen Blick zu. »Sie sind doch nun weiß Gott lange genug in meiner Arbeitsgruppe, um zu wissen, dass Ihnen Lehrbücher hier nicht helfen.« Er deutete auf den Glaswürfel. »Und im Moment beschäftigen wir uns halt mit transdimensionaler Biologie. Wo ist das Problem?«

Tuomas blinzelte und einen Moment sah es so aus, als wäre sein Hirn abgestürzt.

»Transdimensional?« fragte ich und versuchte verzweifelt, nicht den Anschluss an die Unterhaltung zu verlieren.

Scholz nickte grimmig.

»Es ist doch nur logisch.«

»Sie finden es also normal, dass sich Lebewesen völlig unmotiviert irgendwo materialisieren?«

»Es ist weder irgendwo, Doktor Lauri, und schon gar nicht unmotiviert. Davon abgesehen sind die Traditionen unserer Kulturen voll von diesen Wesen. Warum also nicht auch Pflanzen?«

An diesem Punkt starrten alle Anwesenden Professor Scholz nur noch sprachlos an.

Dieser seufzte und erklärte in einem Tonfall, als würde er mit Kindern reden, während er an den Fingern abzählte: »Bigfoot, Yeti, Sasquatch, Nessi.«

»Geister, Engel«, fügte Eva fast flüsternd hinzu, ohne den Blick von dem Würfel zu nehmen.

Scholz zeigte triumphierend auf die zierliche Frau.

»Ha! Ich habe mich nicht getäuscht. Sie *hat* Potenzial!«

»Ist das alles?«, fragte Tuomas sarkastisch.

»Nein«, entgegnete Scholz und kratzte sich nachdenklich den Bart. »Ich vermute auch, dass ein großer Teil aller Ufo-Sichtungen ihren Ursprung in den Projektionen transdimensionaler Reisender hat.«

Tuomas klappte der Mund auf und er starrte seinen Chef sprachlos an.

Scholz sah ihn erstaunt an.

»Ist Ihnen nie aufgefallen, dass sich die Form der Ufos den technischen Entwicklungen und der Ästhetik der Zeit anpassen, in welcher sie erscheinen? Nein? Deutet das nicht darauf hin, dass Wesen, die sich aus anderen Dimensionen auf unsere Existenzebene spiegeln, unser Bewusstsein als Projektionsfläche benutzen? Gewissermaßen als Filter?«

Tuomas sah noch einmal mit aufgerissenen Augen zwischen seinen Kollegen hin und her. Eva, welche den Blick nicht vom Glaswürfel genommen hatte, erklärte: »Sie nehmen eine Form an, welcher etwas entspricht, das wir verstehen können. Sie benutzen dazu die archetypischen Motive, die unsere Rasse im Unterbewusstsein mit sich herumträgt.«

Diesen Einwurf verstand ich wiederum sofort.

»Ah!«, machte ich. »Weil sie nicht wissen können, auf welche Evolutionsstufe und welche Spezies sie hier treffen werden. Das ist wirklich clever.«

Tuomas spähte kritisch in seinen Becher.

»Ist heute irgendetwas im Kaffee? Ich habe das Gefühl, mich hat jemand in einen Fantasy-Roman geschmissen und alle haben das Skript bekommen, nur ich nicht. Als nächstes legt jemand Tarot-Karten und verkündet, dass der Auserwählte unter uns ist.«

»Das würde zu lange dauern«, kommentierte Scholz, »davon abgesehen kennen wir die Auserwählte schon lange.« Er sah zu Eva hinüber, welche den Würfel ansah. »Wir wissen auch schon, mit wem sie reden muss, wir müssen nur noch herausfinden, wie wir das Gespräch ans Laufen kriegen.«

Tuomas warf die Hände hoch.

»Ich glaube, ich habe den Anschluss an die Realität verloren.«

Scholz grinste.

»Das wurde aber auch Zeit.«

Tuomas holte bereits Luft, doch der alte Professor hob einen Finger und die Anwesenden verstummten.

»Diskutieren Sie nicht mit mir, ich deduziere hier nur vor mich hin. Die Frage nach dem *Wie* ist interessant, doch für Sie alle von untergeordneter Relevanz. Ich möchte Sie vielmehr ermutigen, intensiver über das *Warum* nachzudenken und die möglichen Konsequenzen zu erforschen, denn ich habe so das Gefühl, dass Ihnen nicht mehr viel Zeit bleibt, bevor andere sich die gleichen Fragen stellen und auf Antworten bestehen.«

Sehr vorsichtig, den Blick noch immer auf den Glaswürfel gerichtet, hob Eva eine Hand und berührte mit einem ihrer blassen kleinen Finger das Glas des Würfels. Sofort begann die Blume darin zu leuchten.

»Nettes Nachtlicht«, kommentierte Tuomas.

Professor Scholz nickte nachdenklich und warf Eva einen langen Blick zu.

»Das ist ein Talent, junge Frau, welches ich an Ihrer Stelle unbedingt für mich behalten würde. Die Kräfte, welche unser aller Leben kontrollieren, haben mitunter seltsame Ideen, wenn sie etwas sehen, was sie haben wollen.«

»Das ist mir bereits aufgefallen, danke«, murmelte Eva, ohne den Blick von der leuchtenden Blume zu nehmen.

»Warum«, warf ich verwirrt ein, »passiert das erst jetzt? Es ist ja nicht so, dass Eva nicht schon jede einzelne Blume im Keller in die Aquarien umgesetzt hätte.«

»Sie kennen mich jetzt«, antwortete Eva gedankenverloren.

»Nehmen Sie den Würfel mit, Eva«, erklärte Scholz. »Betrachten Sie ihn als Geschenk. Ich habe so das Gefühl, dass wir alle davon profitieren werden, wenn Sie und Ihre neuen Freunde sich besser kennenlernen.«

Tuomas kniff die Augen zusammen.

»Es muss etwas«, begann er langsam, »mit der Anzahl der Blumen und der physischen Nähe zu tun haben. Das sind die Faktoren, die sich geändert haben. Vielleicht etabliert sich eine Form der Kommunikation, sobald sich die Blumen in großer Nähe im gleichen Wasser befinden.«

»Das hat aber gedauert«, kommentierte Scholz sarkastisch. »Ich dachte schon, Sie kommen nie dahinter. Doktor Lauri, was wissen wir über gallertartige Wesen, wenn sie auf der Erde vorkommen, wo es dunkel und kühl ist?«

»Sie sind schwer zu finden?«, fragte Tuomas irritiert.

»Sie treten in Kolonien auf«, warf ich ein.

Scholz zeigte mit dem Finger auf mich und wandte sich an Tuomas.

»Beginnen Sie ihr Hirn wie Ludwig zu benutzen, dann sehen wir Sie vielleicht eines Tages auch in vernünftiger Kleidung.« Er zeigte wieder auf die Blume im Glaswürfel.

»Diese Wesen erscheinen im Wasser an dunklen Orten nahe Menschen. Das ist ein guter Start, denn immerhin liebt es unsere Spezies, nahe am Wasser zu siedeln. Für uns Menschen führen alle Wege zum Wasser. Es macht Sinn, dort ruhige Orte tiefer innerer Einkehr zu vermuten.« Scholz grinste. »In einem Anflug von, wie ich finde, nicht unerheblicher Ironie handelt es sich bei diesen Orten tatsächlich um Orte tiefer innerer Einkehr. Dass es am Ende auch gleichzeitig Spülkästen von Toiletten sind, sagt vielleicht mehr über uns, als uns lieb sein sollte.«

Wir tauschten verwirrte Blicke, weil zu diesem Zeitpunkt niemand von uns so recht wusste, was Scholz zu sagen versuchte. Ich sollte mich erst viel später daran erinnern, wie recht er hatte.

»Sie glauben«, fragte Tuomas langsam, »die Blumen haben aktiv nach künstlichen Wasserstrukturen gesucht, um die Nähe von Menschen zu finden?«

Scholz schüttelte den Kopf.

»Doktor Lauri, Sie haben den großen Fehler, dass Sie solide in einem mechanistischen Universum verankert sind. Es hilft Ihnen, gut in der Gesellschaft zu funktionieren, doch bei den Blumen geraten Sie schnell an Ihre Grenzen.«

»Das heißt doch«, warf ich ein, »dass wir die Blumen in großer Nähe zueinander lagern sollten, nicht wahr. Also nicht in getrennten Aquarien. Das klingt für mich, als müssten wir noch einmal umziehen. Aber wohin?«

Scholz hob einen Finger und gebot uns kurz zu warten, während er in seinem Büro verschwand.

Wir hatten kaum Zeit, uns gegenseitig fragend anzusehen, bevor er auch schon wieder zurückkehrte und eine große Papierrolle auf den Tisch warf. Wir breiteten das große Papier aus und Tuomas pfiff anerkennend.

»Ein Bauplan der Klinik. Vom Anfang. Wow. Ich wusste nicht mal, dass es sowas noch gibt. Wo haben Sie den her?«

»Aus dem Archiv.«

»Wann?«

»An dem Tag, als Sie die erste Blume gefunden haben.«

»Aber Sie konnten doch nicht wissen …«

»Doch, konnte ich«, unterbrach Scholz ihn. »Deswegen bin ich hier der Professor und Sie der Assistent.«

Er tupfte auf eine bestimmte Stelle der Karte und sah Tuomas fragend an. Dieser schwieg lange, bis er schließlich gemächlich erklärte: »Das kann tatsächlich funktionieren. Aber was dann? Was würden Sie vorschlagen, was wir danach tun sollen?«

»Wer ist wir?«, rief Scholz und warf die Hände hoch. »Wieso habe ich Sie eigentlich promoviert, Doktor Lauri? Ich habe schon die halbe Arbeit für Sie gemacht. Die Teile liegen alle auf dem Tisch, bildlich gesprochen. Sie müssen Sie nur noch zusammensetzen. Davon abgesehen«, er zeigte auf Eva, »können Sie auch einfach Ihr Orakel fragen.«

18 | Massenpsychose

Die junge Frau mit der goldenen Datenbrille und den pinkfarbenen Haaren füllte die komplette Displaywand und grinste breit in die Kamera. Sie zeigte zwei strahlend weiße Zahnreihen und die Auflösung war so hoch, dass der QR-Code ihres Werbepartners aus der Zahnprothesenindustrie sehr einfach gescannt werden konnte.

»Guten Morgen, meine lieben Rosinenbrötchen«, flötete sie. »Ich wollte nur kurz melden, dass es für den heutigen Beitrag zum ersten Mal keinen Sponsor gibt!« Sie trat zurück, breitete die Arme aus und auf den Hochhäusern der Skyline hinter ihr flammten dutzende weinende Emojis auf. »Doch glaubt mir, ihr werdet es nicht wirklich erstaunlich finden, wie ihr gleich sehen werdet.« Sie machte ein übertrieben ernstes Gesicht. »Noch ein Hinweis an meine minderjährigen Zuschauer. Wenn ihr dieses Video gesehen habt, dann geht schnell zu Mami und Papi und bittet darum, dass sie eure Medizin zum Schlafen verdoppeln, glaubt mir, ihr werdet es brauchen.« Sie schlug sich eine Hand vors Gesicht. »Oh, ich Pfeife, das wäre der perfekte Sponsor gewesen! Warum habe ich daran nicht früher gedacht? Hey, PharmaCorp, wenn ihr eine ausführliche Reportage haben wollt, um euren Kinder-Alptraumsaft besser zu vermarkten, schickt mir einen Text, okay?« Sie schüttelte den Kopf. »Egal, dieser spezielle und ziemlich coole Albtraum kommt aus dem chinesischen Viertel. Ihr wisst schon, der Teil der Stadt im, haha, *fernen Osten*, wo man die besten synthetischen Frühlingsrollen und die billigsten Medikamenten-Imitate bekommt. Sorry, PharmaCorp. Was man dort *auch* kaufen kann, ist die beste traditionelle chinesische Medizin, womit wir beim Thema wären.« Sie lächelte vergnügt in die Kamera. »Wusstet ihr, dass die Chinesen aus Insekten Heilmittel herstellen? Nein? Ich auch nicht. Wusstet ihr, dass die Chinesen Käfer zermahlen, um daraus eine Paste zu machen? Nein? Ich auch nicht. Wusstet ihr, dass man aus Käfern Salbe herstellen kann, um die dann in Tuben zu verkaufen wie Zahnpasta?« Sie schlug sich die Hände vor den Mund. »Wow, das sind zwei Tuben, die ihr am frühen Morgen im Badezimmer besser nicht verwechselt!«

Sie trat auf die Kamera zu und fragte: «Wusstet ihr, dass die beliebteste Salbe aus *Kakerlaken* hergestellt wird? Ich gebe euch einen Moment, während ihr euren Kaffee vom Monitor wischt.« Sie grinste wieder breit und drehte den QR-Code auf ihren Zähnen in die Kamera. »Jetzt denkt ihr bestimmt, das wäre schon das Schlimmste gewesen, nicht wahr?« Sie trat noch näher an die Kamera heran und flüsterte: »Wusstet ihr, dass es Leute gibt, welche für diese Salbe in großen, dunklen, unterirdischen Anlagen Millionen von Kakerlaken züchten?« Sie zeigte mit dem Finger nach unten. »Haut mir mal in die Kommentare, wenn ihr bis zu diesem Moment dachtet, ihr hättet den schlimmsten Job im Universum. Die zehn besten Kommentare gewinnen einen Kaffeebecher mit einem speziellen Motiv aus Kakerlaken.« Sie schlug sich wieder die Hand vor die Stirn. »Oh, ich hab's! Wenn dieses Video zehn Millionen Likes in einer Stunde kriegt, dann gehe ich persönlich nach Chinatown und kaufe die Salbe. Dann gibts ein spezielles Unpacking-Video für meine Abonnenten.« Sie schmunzelte und sah lange in die Kamera. »Ich wette, ihr denkt, das war jetzt das Schlimmste, nicht wahr?«

Ich habe keinerlei Erinnerung mehr an diese Frau, obwohl ich sicher bin, dass ich sie zumindest mal gesehen haben muss, als ich noch lebte. Bei dieser ganzen Käfergeschichte habe ich verblüffend viel Zeit damit verbracht, auch nur den

Hergang der Ereignisse zu rekonstruieren. Daten hatte ich genug, und da Zeit hier keine wirkliche Dimension hat, fiel es nicht weiter ins Gewicht, dass ich erst einmal Mandarin lernen musste, um die Aufnahmen aus der Zuchtanlage zu verstehen. Deswegen wusste ich erst nach verblüffend aufwändiger Vorarbeit, wo ich hinsehen musste. Der Schlüssel dieser Ereignisse lag bei einem nicht mehr ganz jungen IT-Experten namens Wu.

Herr Wu hatte keinen besonders guten Morgen gehabt.

Der Grund dafür hing damit zusammen, dass ein professioneller Züchter von Kakerlaken theoretisch kein ausgeklügeltes Sicherheitssystem braucht. Niemand, der noch halbwegs bei Verstand ist, stiehlt Schaben. Dementsprechend hatte die Zuchtanlage auch kein Warnsystem, falls mal jemand aus Schlafmangel, Trunkenheit oder schlichter Dummheit vergaß, die Türen zum Brutbereich im Kellergewölbe zu schließen. Davon abgesehen waren Warnsysteme aufwändig, kompliziert und teuer. Vor allem aber war es entgegen dem, was man vermuten könnte, geradezu verblüffend unnötig. Es reichte vollkommen, die Anlage unter einem Gebäude der Stadt zu betreiben, welches nebenbei einigen hundert illegaler Arbeiterinnen der Textilfabriken Zuflucht bot. Der Zusammenhang wird offensichtlich, wenn man erfährt, dass der Tag für Herrn Wu mit dem lang gezogenen Entsetzensschrei einer Frauenstimme begann.

Als ich den Schrei zum ersten Mal in den Aufzeichnungen hörte, fiel mir fast mein Becher aus der Hand und das Licht im Raum verdunkelte sich umgehend. Diese Existenzebene hier ist hochgradig empathisch und Emotionen ändern hier sogar die Zusammensetzung von Materie. Diese reflektiert gerne starke Gefühle zurück wie ein Spiegel. Normalerweise ist das kein großes Problem, solange man sich auf Freude,

Liebe und Lust konzentriert, nicht jedoch bei Angst. Deswegen erlitt ich bei dem Schrei fast einen Herzinfarkt.

Der schlafende Chinese im Video hingegen blieb vollkommen unbeeindruckt liegen und reagierte auf den Schrei nur mit einem lang gezogenen Stöhnen. Er hatte dies scheinbar schon mehr als einmal erlebt. Ich wusste aus meinen Recherchen, dass die Sicherheitsstandards seines Chefs grundsätzlich weder hoch noch strikt oder verlässlich waren. Dies spiegelte sich auch in der Qualität seines diensthabenden Sicherheitsbeauftragten, welcher nun träge die Augen aufschlug und einen verschwommenen Blick auf eine Reihe von Überwachungsmonitoren richtete, welche er im Liegen sehr gut beobachten konnte, da er schon in der ersten Woche seiner Arbeit in der Zuchtanlage ein Feldbett vor die Monitore gestellt hatte. Sein Blick irrte wirr über die Bilder, ohne etwas zu verstehen, und blieb im dritten Anlauf am ersten Monitor hängen. Jetzt erkannte Herr Wu auch den Grund für den Schrei. Ich konnte seine Gedanken fast spüren. Einer der achtbeinigen Fütterungsroboter steckte in der Schleuse zum Zuchtbereich fest. Er hatte seine Runde durch den Keller gemacht und dort den dickflüssigen Brei aus organischen Abfällen verteilt, der den Schaben als Nahrung diente. Als der Tank leer war, hatte er den Keller wieder verlassen und war genau in der Schleuse verreckt. Wo auch sonst.

Der Mann stöhnte lauter und legte sich einen Arm über die Augen. Wahrscheinlich hatte es wieder den Antrieb gegrillt. Oder der Akku war geschmolzen, oder die kleinen Bestien hatten es wieder geschafft, die Elektronik zu ruinieren. Nach einigen Jahren in diesem Zuchtbetrieb war Herr Wu zu dem Schluss gekommen, dass die kleinen Bestien in Wahrheit Diener eines Dämons aus der Hölle waren. Das wusste ich aus seinem Tagebuch. Wahrscheinlich hatten einige die Gelegenheit zur Flucht ergriffen und terrorisierten nun die Nachbarn. Er seufzte tief. Ich wusste, dass die Nacht kühl gewesen war. Die Mistviecher liebten dunkle und warme Orte. Im frühen Morgengrauen ein paar acht Zentimeter lange asiatische Schaben im eigenen Bett zu finden, erwies sich als verblüffend effektives Warnsystem. Herr Wu rieb sich energisch die Augen. An Tagen wie diesen begann er seine Schicht als Kammerjäger und betrieb dabei eine möglichst schnelle und diplomatische Schadensbegrenzung. Dazu gehörte auch, auf Anweisung seines Chefs kostenlose Heilsalbe zu verteilen, um die Gemüter zu besänftigen. Das Verschenken der Salben bewahrte den Frieden und es war ja nicht so, dass illegale Arbeiter irgendwo hingehen konnten, um sich zu beschweren. Herr Wu hatte jedoch den Eindruck gewonnen, dass die Schreie seit dem Deal mit den kostenlosen Salben nur noch lauter geworden waren.

Er wuchtete sich schwerfällig in eine sitzende Position, während das alte Feldbett bedrohlich unter seinem Gewicht knarrte, und versuchte, mit zusammengebissenen Zähnen die Schmerzen in seiner Hüfte zu ignorieren. Er hatte seinem Chef schon ein Dutzend Mal gesagt, dass die Servos an den Beinen der Dinger nichts taugten. Doch der reiche Trottel schwor auf die Wertarbeit seiner Landsleute, selbst wenn diese im Moment etwa einmal die Woche abrauchte. Chefs waren ja nicht diejenigen, die dann mit einer Taschenlampe in den Tiefkeller mussten, um den defekten Futterroboter unter tausenden von Schaben auszugraben, welche die Wärme der billigen Akkus suchten, die gewöhnlich ebenfalls einmal in der Woche durchzubrennen pflegten. Herr Wu kam schwerfällig auf die Beine und warf dabei zahlreiche Bierdosen neben dem Feldbett um. Diese hatten ihm am Vorabend bei seiner Schicht Gesellschaft geleistet. Nun rollten sie über den Boden und verteilten schales Bier und nasse Zigarettenkippen über den dreckigen Beton. Er schleppte sich dumpf im Dialekt seiner Heimatprovinz fluchend, die er vor über vierzig Jahren verlassen hatte, zu dem großen Akku betriebenen Staubsauger, welcher sein wichtigstes Dienstmittel bei der Rückbeschaffung von Schaben war. Sein Chef hasste Verlust von Einkommen noch mehr als Investitionen in Sicherheit, selbst wenn es nur eine einzelne Schabe war. Herr Wu seufzte. Immerhin durfte er die warmen Betten von Frauen absaugen, es hatte also auch seine Vorteile.

Er schleppte schnaufend den Staubsauger zur Tür, doch im Hinausgehen fiel sein Blick noch einmal auf die Reihe der Überwachungsmonitore und sein Hirn verarbeitete endlich, was seine verschlafenen Sinne nur unbewusst wahrgenommen hatten. Er starrte entlang der Monitore und sein Mund klappte auf. Die Kellerräume im Infrarotlicht sahen aus wie immer, dunkel, weitläufig und Albträume erzeugend.

Was nicht aussah wie immer, war die völlige Abwesenheit von Schaben.

Herr Wu rannte, so schnell ihn seine Beine unter dem Gewicht des schweren Staubsaugers trugen. Es war auch in diesem Moment, dass der einzelne einsame Schrei zu Beginn nun von zahlreichen weiteren tatkräftig unterstützt wurde, und als Herr Wu schnaufend und schwitzend um die Ecke des Häuserblocks gerannt kam, fiel ihm sofort der Staubsauger mit einem lauten Krachen auf den Betonboden. Allerdings achtete absolut niemand darauf, denn die Blicke der entsetzten Menge waren fest auf die hohe Seitenwand einer Fabrikhalle gerichtet, an welcher die wimmelnden Körper tausender von Schaben das Bild einer Rose formten.

»Okay«, begann Baker und zeigte auf das Bild der Blume, geformt aus Insektenkörpern. »Das sind noch immer keine transdimensionalen Monster, aber wenn es darum geht, uns Angst zu machen, dann ist das da ein deutlich besserer Ansatz.«

Calvin ließ die Teetasse sinken und legte den Kopf schief. »Insekten, welche Symbole an Wände formen? Als Horror-Motiv schon ein bisschen abgedroschen, nicht wahr? Außerdem schlampig umgesetzt. Ich hätte die Käfer in Bewegung gehalten und die Blume animiert. Das wirkt auf Videos viel besser.«

Baker legte eine Hand über die Augen und erklärte: »Professor, hatte ich Sie nicht schon mehrmals gebeten, den Gegner nicht auch noch zu beraten? Es macht mich wirklich nervös.«

Calvin lächelte und goss sich Tee nach.

»Nur fürs Protokoll, General, das da war nicht unser Gegner, zumal ich immer noch nicht überzeugt bin, dass das Wort angemessen ist. Das da«, sie wies mit der Tasse auf die Displaywand, »ist ein Trittbrettfahrer.«

»Was?«, rief Baker.

Wagner räusperte sich und wandte sich den beiden zu. Schwärme nervöser Lichter tanzten über die Gläser seiner Datenbrille, während er die Fluten einlaufender Informationen sichtete. Seine Stimme klang abwesend, ein sicheres Zeichen, dass er mit weiteren Analysen beschäftigt war.

»Ich würde Professor Calvin zustimmen«, erklärte er langsam. »Dies ist das Ergebnis eines Hacking-Jobs, und zwar eines nicht besonders eleganten.«

»Aber wie …«, begann Baker.

»Die Fütterungsroboter sind in der Lage, Wände emporzulaufen«, fuhr Wagner fort, ohne auf den General zu achten. »Das müssen sie auch, denn die Kellergewölbe der Zuchtanlage sind sehr alt und verfallen. Das zerfallene Mauerwerk bietet zwar optimale Zuchtbedingungen, doch sich dort unten zu bewegen, ist weder besonders sicher noch besonders attraktiv. Daher die äußerst mobilen Roboter.«

»Ich vermute«, fügte Calvin hinzu, »dass die Paste aus organischen Abfällen, welche den Insekten gefüttert wird, auch als dünne Schicht auf eine Wand aufgebracht werden kann. Tausende von Käfern aus einem Trog zu füttern, wäre nicht besonders effektiv.«

»Dem ist so«, bestätigte Wagner.

Baker sah verständnislos und mit offenem Mund zwischen den beiden hin und her.

»Sehen Sie hier, General«, erklärte Wagner und holte mit einer lässigen Handbewegung das Bild des Fütterungsroboters in der Schleuse auf den Schirm. »Achten Sie darauf, wie herum die Maschine feststeckt. Er war nicht auf dem Weg hinaus, sondern auf dem Weg hinein. Er hat erst den Fütterungsbrei in Blumenform auf die Hallenwand aufgebracht und dann eine sehr feine und dünne Spur bis zur Schleuse gezogen. Hm, vielleicht auch nur mit einzelnen Tropfen, gerade genug, um die Käfer zur Hallenwand zu lotsen. Ich würde vermuten, dass sich beim Studium der Protokolle herausstellen wird, dass die Insekten schon seit Wochen nicht mehr richtig gefüttert wurden. Sagen wir mal, die Qualitätsstandards in diesem Teil der Stadt sind nicht sonderlich hoch. Die Käfer waren also motiviert, Nahrung zu finden, und Schaben können sich erstaunlich schnell bewegen, wenn sie wollen.«

»Ich bin bereit zu wetten«, ergänzte Calvin, »dass die Hallenwand, die unser Hacker ausgesucht hat, Südlage hat und sich eine Solaranlage unter der Blume befindet. Eine Untersuchung wird zeigen, dass auch diese Anlage gehackt wurde, um das warme Wasser zurück in die Wand zu pumpen. Wenn die Wand während der kühlen Nacht ein paar Grad wärmer war als die Außentemperatur, dann würden die Schaben nirgendwo hingehen.«

Wagner nickte.

»Sie haben recht, Professor. Die Infrarotmessung der Wand bestätigt Ihre These.«

»Wir sollten mal prüfen …«, begann Calvin.

»Okay!«, rief Baker und hob eine Hand. Die Anwesenden verstummten.

»Okay«, wiederholte der General diesmal leiser. »Ein Trittbrettfahrer. Habe ich verstanden. Ich habe größten Respekt vor Ihrer Fähigkeit zur Deduktion, doch wir haben mit Verlaub wahrscheinlich ein wichtigeres Problem. Ich kann nämlich auch deduzieren.« Er zeigte auf die Käferblume. »Das da wird uns etwas einbringen, was wir im militärischen Fachjargon eine *absolute Shitshow* nennen.

»George!«, bellte er und der goldene Kopf an der Seitenwand hob sofort den Blick.

»Ich bin hier, General, Sie brauchen nicht schreien.«

»Die Lage in der Stadt. Wie ist die Reaktion der Bevölkerung?«

Alle Displaywände flackerten und Livebilder von dutzenden Überwachungskameras der Stadt liefen ein, flankiert von Livestreams zahlreicher Nachrichtenseiten.

»Das Meme der Käferblume hat vor drei Stunden volle Viralität erreicht«, erklärte George ruhig. »Multiplikation durch alle Netzwerke und alle sozialen Schichten.«

»Wo liegt die Selbstmordrate?«, fragte Baker und massierte sich die Schläfen.

»Gestiegen von zwanzig die Stunde auf sechzig. Das ist tief im roten Warnbereich.«

»Demonstrationen?«, fragte der General knapp.

»Wir sehen bereits erste Zusammenrottungen von Menschen.«

»Größe?«

»Im Schnitt einige Dutzend und steigend.«

»Das ist nicht gut, es geht viel zu schnell.«

George nickte langsam und bedächtig.

»Meine Auswertung zeigt eine achtundsiebzigprozentige Wahrscheinlichkeit für eine beginnende Massenpsychose.«

»Plünderungen?«

»Die ersten Meldungen laufen in diesen Minuten ein.«

Baker grunzte.

»Rufen Sie sofort den ganzen Krisenstab zusammen. Holen Sie die Generäle Chiang und Hammilton aus der Sauna. Sagen Sie ihnen, wir haben ein von Gott verschissenes Code Rot Eskalationsmeme im Netz. Wenn wir nicht sofort die Kontrolle übernehmen, steht uns in sechs Stunden die halbe Stadt in Flammen. Holen Sie mir die Befehlshaber der Sicherheit aus der Kneipe. Ich will alle mobilen Eingreiftruppen in den Straßen.« Er holte tief Luft. »Verhängen Sie Terroralarm. Alle Stadtteile werden abgeriegelt, die Brücken geschlossen. Es gilt voller Lockdown für alle Einwohner, beginnend sofort.« Er hob einen Finger. »Ach, ja. Sagen Sie Hammilton, dass er ausdrücklich *keine* Freigabe für scharfe Munition hat, und wiederholen Sie es noch einmal. Ich kenne ihn. Der wartet nur auf eine Gelegenheit, einen Stadtteil voller Drogensüchtiger von seinen Jungs mit Maschinengewehren niedermähen zu lassen.« Er wandte sich an Calvin und verbeugte sich knapp. »Vielen Dank für den Tee, aber seien Sie mir nicht böse, Professor, wenn ich Sie jetzt schon verlassen muss. Ich muss dafür Sorge tragen, dass wir morgen noch eine Stadt haben.«

Calvin bemerkte kaum, wie die beiden Männer den Raum verließen. Sie blickte über ihre Teetasse hinweg auf die Aufnahmen von kreischenden Demonstranten, welche nackt durch die Straßen rannten und sich mit Farbe Insekten auf die Körper gemalt hatten. Ihr Blick fiel auf das Becherglas mit der kleinen Blume, welches immer noch auf ihrem Tisch stand. Ihre Stimme klang gedankenverloren.

»Wir brauchen keine transdimensionalen Monster, die kommen, um uns zu vernichten. Wir schaffen das sogar, wenn uns lediglich jemand Blumen schenkt.«

19 | Tuomas

Ich hätte es niemals für möglich gehalten, dass ich tatsächlich Zugang zu diesen Daten bekommen könnte.

Diese Existenzebene hat ein paar Tricks auf Lager, mit denen ich nicht gerechnet hätte.

Einer der Verwaltungsengel kam eines Tages zu mir und half mir den Zugang vorzubereiten. Ich nenne sie immer *Verwaltungsengel*, weil sie regungslos herumstehen und dabei schrecklich wichtig aussehen, wenn sie so von innen heraus leuchten. Die erste Zeit habe ich sie *Straßenlaternen* genannt. Aber sie können tatsächlich sehr freundlich mit einem reden. Meist erklären sie mir, dass sie nicht zuständig sind, und zwar egal, was man sie fragt. Daher erschien mir passender, sie als *Verwaltungsbeamte* anzureden. Der Name *Verwaltungsengel* ergab sich dann von selbst. Ich habe mal einen ganzen Tag damit verbracht, ihnen Fragen zu stellen, und nichts gefunden, wofür sie zuständig sind. Dieser eine von ihnen erwies sich jedoch als überaus hilfsbereit. Er schien einen Auftrag zu haben. Er half mir mit einer besonders komplexen Meditation. Das allein muss Monate gedauert haben, aber was ist schon Zeit. Irgendwann gab er mir einen speziellen Trank, der mein Hirn in funkelndes Glas verwandelte, jedenfalls fühlte es sich so an. Offenbar hätte ich die nötige Frequenz sonst niemals finden können. Wir reisten gemeinsam zur Ebene der Traumspeicher und wurden von einer hübschen kleinen Engelsdame empfangen, die uns Zugang zum Kristallpalast der vergessenen Träume gewährte. Die Reihen der Speichermedien ragten wie Hochhäuser vor mir auf und erstreckten sich bis in die Unendlichkeit. Es stellte sich heraus: Das Universum vergisst nichts. Es ist im Gegenteil verblüffend gut organisiert. Was für eine schöne Erkenntnis.

Nichts ist jemals vergessen.

Tuomas lehnte in der Ecke eines Raumes im Tiefkeller mit Stahlbeton um sich herum. Einer der wenigen Orte auf der Welt, wo er sich halbwegs sicher fühlte. Neben ihm auf dem Tisch stand ein aufgeklappter Quantenrechner und träumte von Blumen. Er starrte ihn einen Moment an und versuchte weiter Nachrichten zu lesen, doch die Zeilen verschwammen vor seinen Augen. Er legte das Handy auf den Tisch, verschränkte die Arme und schloss für einen Moment die Augen, schreckte aber sofort hoch, als er das Rauschen von Wasser vernahm.

Das Display zeigte einen Fluss, nein, einen Bach, der über zerklüftete Steine sprudelte. Doch das Wasser reichte trotzdem tief hinab. Sehr tief. Tuomas blinzelte und schüttelte den Kopf, bis das Bild vor seinen Augen klar wurde. Er sah auf das Display und bemerkte den großen weißen Lotus, der dicht unter der Wasseroberfläche blühte. Das Wasser plätscherte und sprudelte über die Blüte hinweg und die Geräusche des kalten Baches füllten seinen Kopf. Er wunderte sich für einen Moment, warum er das Wasser im Laptop hören konnte, wenn doch der Laptop wasserdicht war, aber dann fiel ihm ein, dass es gar nicht der Rechner war, sondern bestimmt seine kleine Schwester, die am Wasserhahn spielte. Er lächelte unwillkürlich und stieß sich von der Wand ab. Er sollte sie finden und den Hahn zudrehen, bevor seine Mutter sauer wurde.

Sie hat es geliebt, mit Wasser zu spielen, dachte er.

Nein, sie liebt es, soufflierte eine Stimme in seinem Kopf. *Sie hat noch ein bisschen Zeit,* fügte er wehmütig hinzu, *ich höre sie ja.*

Er lief den langen kahlen Betonkorridor entlang immer dem Licht entgegen, das durch die offene Badezimmertür auf den dunklen Gang fiel.

Seine Schwester musste etwa drei Jahre alt sein. Sie stand am Waschbecken auf ihrem kleinen Hocker, reckte sich noch höher auf ihre Zehenspitzen und hielt die Finger tiefer unter den kalten Wasserstrahl. Sie kicherte, als sich das Plätschern und Gluckern mit jeder Bewegung ihrer Hand veränderte.

Das Wasser lief über den Ärmel ihres rosafarbenen Schlafanzuges, aber sie achtete nicht darauf, sondern betrachtete fasziniert, wie ihre spielenden Finger das Geräusch des Wassers verändern konnten.

Dabei summte sie mit ihrer hellen Stimme glücklich vor sich hin und wechselte gelegentlich zu einzelnen hellen Tönen, die sie in der klaren, reinen Stimme sang, welche sie von ihrer Mutter geerbt hatte. Die Töne mischten sich mit den Geräuschen des Wassers in Tuomas' Kopf, sodass es am Ende klang, als würde es für ihn singen. Die Töne und das Plätschern des Bachs hallten laut in seinem Kopf, so intensiv, dass er die Kälte des Wassers allein durch die Geräusche spüren konnte. Er wunderte sich, warum die brennende Kälte des Wassers seiner Schwester nichts auszumachen schien, und fragte sich irritiert, wie es der Lotus geschafft hatte, in der Kälte zu blühen, noch dazu vollkommen im Wasser verborgen.

»Schatz, was machst du denn da?«, fragte seine Mutter und hob die Dreijährige sanft, aber bestimmt vom Hocker am Waschbecken herunter.

»Es klingt so lustig«, protestierte das Mädchen und trocknete sich die Hände ungeschickt am Handtuch ab.

»Ich weiß, du magst die schönen Geräusche so gerne mein Schatz, aber Wasser einfach nur laufen zu lassen ist Verschwendung. Wasser ist wertvoll, weißt du? Du solltest wirklich darauf achten …«, erklärte sie, doch ihre Stimme verlor sich, denn das kleine Mädchen war mit einem Schrei aus dem Raum gestürmt.

Tuomas lächelte und hörte, wie seine Mutter dem Mädchen etwas hinterherrief. Er spürte den Stich in seinem Magen, denn auch sie hatte nicht mehr viel Zeit.

Das Klappern von Geschirr hallte den dunklen Gang hinab und er hörte sie in der Küche den alten Wasserkessel füllen. Sie war im Begriff, Kaffee zu kochen. Das seltsam distinkte Zwitschern des laufenden Wassers füllte die Wohnung. Was er hörte, war schwer zu fassen. Manchmal hatte man das Gefühl, die Töne überhaupt nicht mit den Ohren zu hören. Sie schienen einfach im Kopf aufzutauchen. Es war dem Singen der Vögel ähnlich, wirkte aber nicht fröhlich wie Vogelgesang. Vogelgesang brachte Menschen zum Lächeln. Diese Töne waren entsetzlich schwer zu beschreiben und niemand, der sie zum ersten Mal hörte, behauptete, etwas auch nur Ähnliches jemals zuvor gehört zu haben. Alle Versuche, das unmelodiöse, auf- und abschwellende Pfeifen und Piepen künstlich zu erzeugen, würden scheitern. Es hatte etwas zutiefst Beunruhigendes. In empfindlichen Menschen wird es Angstzustände erzeugen. Es klang unwirklich. So werden es viele beschreiben und das Wort wird irgendwie haften bleiben. Unwirklich. Wie ein Ausschnitt von etwas völlig Fremden. Als würden mit jedem Öffnen des Wasserhahns die Tore zu einer fremden, verstörenden Welt aufgestoßen, aus der fremdartiges und bedrohliches in unsere Welt geflossen kommt.

»Lass deine Schwester nicht immer so lange am Waschbecken spielen Tommi, das ist Wasserverschwendung.«

»Nein, Mutter«, rief er automatisch zurück. Aus dem Augenwinkel sah er seine Schwester wieder in das Badezimmer schleichen. Er überließ sie ihren kleinen Freuden. Sie hatte so wenig davon gehabt und noch viel weniger Zeit übrig. Er wanderte weiter den langen Gang entlang. Das Wasser lief jetzt die Wände hinunter und er musste durch einen dünnen Wasserfall treten, um in den nächsten Raum zu kommen.

Das Arbeitszimmer seines Vaters. Sie hatten es nicht angerührt seit dem Tag, da er das Haus verlassen hatte, um auf einer friedlichen Demonstration in der Stadt Stimmen einzufangen. Stimmen gab es damals noch genug, nur Frieden wurde zunehmend seltener. Von diesem Tag an wurde Journalismus zu einem schnell aussterbenden Beruf und die Stimme seines Vaters war für immer verstummt. Er hatte Stimmen geliebt. Stimmen, Musik und Geräusche jeder Art. Tuomas trat an eine Wand und blieb vor einer Sammlung stehen. Die heilige Sammlung seines Vaters. Niemand hatte sie anfassen dürfen.

In dem Regal standen kleine Würfel mit der Kantenlänge einer Streichholzschachtel sorgsam in Reihen geordnet. Sein Vater hatte jeden davon mit einem kleinen Bild versehen, damit man wusste, was darauf gespeichert war.

Tuomas griff nach einem der Würfel und drehte ihn in den Händen. Kleine mit einem Lautsprecher, einem Mikro und einem Speicher versehene Würfel, die auf Druck eines Knopfes den gespeicherten akustischen Inhalt wiedergaben. So einfach wie genial. Sie waren bei Kindern sehr beliebt, weil man sie immer wieder mit etwas Neuem bespielen konnte, um sie dann untereinander zu tauschen. Er berührte die Kontaktfläche und der kleine Würfel in seiner Hand piepte, pfiff und knatterte. *Ein altes akustisches Modem*, dachte Tuomas und lächelte. *Ein Gerät zum Übertragen digitaler Daten in den Anfangszeiten des Internets. Sein erstes Geräusch.*

Er berührte die kleine Kontaktfläche an einer Seite erneut und der Würfel verstummte. Tuomas stellte ihn an seinen Platz zurück.

Tuomas strich liebevoll über die Reihen konservierter Geräusche und Töne.

Verlorene Geräusche.

Irgendwo in der Wohnung rannten wieder die kleinen Füße und ein fröhliches Quietschen war zu hören. Dann die

Stimme seiner Mutter, die offensichtlich erfolglos versuchte, das kleine Mädchen einzufangen und für den Kindergarten anzuziehen. Tuomas griff einen der Würfel und wog ihn nachdenklich in der Hand. Er zeigte ein altes Wählscheibentelefon. Sein Daumen legte sich vorsichtig auf die Kontaktfläche und ein Knattern und Rattern war zu hören.

Er schloss die Finger fest um den kleinen Würfel, atmete zitternd ein und trat an das Fenster.

Dort am Horizont erkannte er die dunkle, brodelnde Masse der kommenden Welle. Eine sich auftürmende Dunkelheit, welche im Begriff war, über das Land hinwegzuspülen, um sein ganzes Leben mit sich zu reißen.

Die schwarze Krankheitswelle, welche die Stadt überrollen und alles unter sich begraben würde. Sie wird mich unter die Erde treiben, wo ich mich für alle Zeiten vor dem Monster verstecken werde, damit es mich nicht findet, nachdem es meine Familie fortgespült hat und niemals aufhören wird, mich zu suchen.

Er spürte die Panik aus seinem Bauch aufsteigen und schloss die Augen.

Den Würfel noch immer in der Hand haltend bemerkte er kaum, wie er auf den Knopf drückte. Das Kichern seiner kleinen Schwester tönte aus dem Würfel. Ein erneutes Drücken ließ das Plätschern des Wassers den Raum füllen. Er drückte noch einmal und jetzt hörte er das dunkle Brummen des herannahenden Virus. Es füllte seinen Kopf und ließ seine Zähne vibrieren. Ein Beben, welches ihm bis in die Knochen fuhr, dunkel, tief, voller Hass spülte es durch seinen Körper. Ließ jede Zelle vibrieren und übernahm jeden Teil auf der Suche nach seinem Herzen. Er unterdrückte einen Schrei, riss panisch die Augen auf und starrte verständnislos auf sein Handy, das vibrierend über den Tisch wanderte und ihn an sein Leben erinnerte.

20 | Calvin

Calvin stand vor der Displaywand und blinzelte erschöpft die Daten an, welche im Fenster vor ihr langsam vorbeiscrollten.

»Sie haben seit fast zweiundsiebzig Stunden nicht mehr geschlafen, Professor«, kommentiere George leise. »Ich denke, es ist eine sichere Annahme, dass Ihre kognitiven Fähigkeiten gelitten haben.«

»Nicht genug, um dich nicht abzuschalten, wenn du jetzt nicht still bist«, erklärte Calvin, ohne den Blick von den Daten zu nehmen. Sie stützte sich mit der flachen Hand an der Wand ab und ihre Finger kamen auf einer Blume zu liegen, deren Blütenblätter nun aus Calvins Fingern zu sprießen schienen. Calvin sah umher und verfolgte den Großeinsatz des Militärs in der Innenstadt in mehreren Videofeeds. Immer wieder rieb sie sich erschöpft die Augen und flüsterte irgendwann: »Ich habe die Zeitachse schon wieder vergessen, George.«

»Das ist verständlich, Professor«, entgegnete die Stimme mild. Der goldene Kopf hob den Blick und zögerte.

»Eingehende Kommunikation von General Baker.«

Calvin wedelte müde mit der Hand.

Ein Fenster öffnete sich vor ihr und zeigte einige Hochhausfassaden, die schnell an der Kamera vorbeiglitten.

»Wir sehen das Bild der Helmkamera von General Baker«, kommentierte George. »Er hat vergessen, den Input für den Anruf zu wechseln.«

Die Kamera filmte offensichtlich aus einem Hubschrauber heraus. Die Hochhausfassaden zeigten keine bunte Reklame mehr, sondern rot blinkende Laufschriften, welche den vollständigen Lockdown der Stadt in dutzenden von Sprachen verkündeten. Sirenen heulten in der Ferne und das gelegentliche Dröhnen des Hubschraubers, welches das System nicht vollständig filtern konnte, drang bis zu ihr durch. Bakers Stimme jedoch kam klar und deutlich, als würde er neben ihr stehen. Calvin hörte ihn reden, verstand jedoch kein Wort. Regungslos blickte sie auf die Blume unter ihrer Hand, schob mit einem Finger der anderen Hand das Videofenster vorsichtig beiseite und starrte weiter auf ihre Auswertungen.

»Es ist zu verworren. Ich finde keinen Zusammenhang.«

Der Soldat schien zu zögern.

»Wann haben Sie das letzte Mal geschlafen, Professor?«, fragte er schließlich.

Calvin schien ihn nicht gehört zu haben.

»Wir haben Quantenrechner, die von Blumen besessen sind und wir wissen, dass es einen starken Bezug zu Wasser gibt. Wir haben sogar eine reale Bestätigung, denn wir besitzen die tatsächliche Wasserblume. Es sind Motive, die ihren Weg in die Realität finden. Nicht in eine eingebildete Realität oder eine künstliche. Wir wissen, dass die Blumen ihren Weg in die physikalische Realität finden, tief in die Wurzeln unseres Universums. Dort, wo in der Ursuppe wirren mathematischen Zahlenbreis sogar das Rauschen von Blumen träumt.«

»Ursuppe«, echote Baker besorgt. »Professor, ich möchte, dass Sie umgehend Ihre Arbeit unterbrechen und mindestens vier Stunden Schlaf …«, doch Calvin redete einfach weiter.

»Das Ganze sind alles Symptome einer Konvergenz von etwas Großem. Eine Welt, eine Dimension, was auch immer, und ich weiß nicht, wie oder warum.«

Sie unterdrückte ein Gähnen.

»Professor, ich kann jetzt wirklich nicht …«

»Wir wissen, dass Menschen beim Stromausfall überdurchschnittlich oft von Blumen geträumt haben. Habe ich das schon erwähnt? Wir haben die sozialen Medien ausgewertet. Immer wieder Blumen. Im Rauschen in den Träumen. Im Gruppenbewusstsein von Menschen und Ratten. Immer wieder Blumen. Warum?«, flüsterte sie. Sie sah auf und realisierte, dass das Fenster zu Baker verschwunden war.

»Was wollte er?«, fragte Calvin, drehte sich zum Tisch und trat vorsichtig an ihre Teetasse heran. Als sie hineinblickte, sah sie deutlich eine kleine Blume, die in den Tiefen ihres Tees schwamm. Sie funkelte wie ein Regenbogen.

»Er klang besorgt«, flüsterte Calvin schleppend und musterte die Blume in ihrer Teetasse.

Der goldene Kopf tauchte neben ihr auf der Displaywand auf.

»Das Bild der Kakerlaken an der Häuserwand hat vor zehn Stunden volle Viralität erreicht«, erklärte George. »Seit acht Stunden beobachten wir zunehmende Panik in der Bevölkerung zusammen mit Demonstrationen und gewalttätigen Protesten. Das Militär hat auf General Bakers Befehl hin vor sechs Stunden das Kriegsrecht verhängt, um den Plünderungen Herr zu werden. Seitdem steigt die Zahl der Toten kontinuierlich, die Brandstiftungen sind unter Kontrolle und die verbleibenden Demonstranten eingekesselt.«

Calvin nickte und zwang ihre Augen, sich auf die Fenster mit den Live-Aufnahmen zu fokussieren. Schwärme von Transporthubschraubern, die hunderte schwer bewaffnete Einsatzkräfte an logistische Schlüsselpositionen verteilten. Hochhausfassaden, welche mit rot blinkenden Laufschriften auf die Unschuldigen hinabschrien. Ein Meer von Menschen trugen Protestschilder für Blumen oder gegen Käfer.

Oder für Schaben und gegen Blumen, dachte Calvin. *Oder für Schaben mit Blumen gegen alles andere.* Sie seufzte. *Als ob es einen Unterschied macht.*

Bilder flackerten an ihr vorbei.

Aufgerissene Münder voll lautlosem Geschrei. Calvin hatte schon vor Stunden den Ton ausgeschaltet. Baker in voller Kampfmontur, der aus einem landenden Hubschrauber springt und Befehle in alle Richtungen bellt. Hinter ihm das ängstlich verschlossene Gesicht von Deering, sichtlich um Haltung bemüht. Schwarze Roboterhunde, welche mit der Eleganz einer Raubkatze und der Geschwindigkeit eines Autos in Menschenmengen hineinsprinten, Infraschall-Lautsprecher auf ihrem Rücken auf volle Lautstärke gedreht. Hunderte von Menschen, die gleichzeitig zusammenbrechen und sich übergeben. Am Ende die Aufnahme eines Autos, welches versucht, trotz des Lockdowns und der Straßensperre noch über die Brücke in den eigenen Stadtteil zu kommen. Das wutverzerrte Gesicht des jungen Mannes am Steuer. Die Gesichtserkennung liefert Calvin ein eigenes Fenster mit seiner Akte. Drogen, natürlich. Neben ihm das weiße, verängstigte Gesicht seiner Freundin.

Calvin blinzelte und blickte auf das Fenster mit ihrer Akte. Schwanger. Analyse des Gesichtsausdrucks und der Vitalwerte. Schmerzen. Die beiden wollen in ein Krankenhaus. Der junge Mann brüllt, doch der Soldat, der neben dem Fenster auf der Fahrerseite steht, diskutiert nicht. Natürlich nicht, es herrscht Kriegsrecht. Der junge Mann verliert die Fassung und tritt das Gas durch. Mit quietschenden Reifen driftet der Wagen um die Absperrung herum und beschleunigt. Der Soldat hebt nur die Hand und gibt ein Zeichen.

Calvin schloss die Augen.

Der zehn Tonnen schwere Mech, der unbeteiligt am Rande gestanden hatte, dreht sich auf seinen gepanzerten Insektenbeinen und richtet wie beiläufig seinen Arm mit dem rotierenden Lauf aus. Ein eigenes Fenster klappt auf und informiert Calvin, die es mit geschlossenen Augen nicht sehen kann, dass es sich um eine Kaliber fünfzig

Minigun handelt mit zwanzig Schuss die Sekunde. Jede zehnte Kugel besteht aus Leuchtspurmunition. Es sieht aus, als würde der Wagen von einem Lichtstrahl glatt in zwei Teile geschnitten.

Calvin wandte sich ab und ging schwankend zu ihrem Platz zurück. Sie hielt sich am Tisch fest, während sie sich auf ihren Stuhl sinken ließ, die Ellbogen auf den Tisch stellte und den Kopf auf die Hände sinken ließ.

Doch sie schreckte fast sofort wieder hoch und suchte im Raum nach einer neuen Wand mit besseren Informationen. Der Raum war verschwunden und sie war auf allen Seiten von Eis umgeben.

Es muss einen Ausweg geben. Es gibt immer einen Ausweg, dachte Calvin, drehte sich panisch um sich selbst und fand sich in einem Tunnel wieder. Ein langer Gang, durch den ein kalter Wind strich, welcher nach Schnee roch. Wände und Decke formten ihn kreisrund, unangenehm organisch, wie von monströsen Würmern durch das Eis gefressen oder ein wenig wahrscheinlicher, von warmen unterirdischen Tauwasserflüssen lautlos in das Eis geschnitten.

Sie legte die Hand auf das Eis, doch es schmerzte ihre ungeschützte Haut nicht. Vielleicht bin ich selbst aus Eis, dachte sie flüchtig und blickte dem Verlauf des Tunnels nach, der sich irgendwo in der Unendlichkeit verlor. Sie wanderte ihn langsam entlang. Ihre flachen Lederschuhe rutschten nicht auf der Oberfläche. Unter sich sah sie etwas. Aber was?

Das Eis zeigte vielfältige Schattierungen und Farben. Mal konnte sie hindurchsehen wie durch ein Fenster, dann wieder hatte es die Qualität von Milchglas und bekam eine bläuliche oder sogar grünliche Schattierung. Das Licht kam von allen Seiten und streute sich irritierend in alle Richtungen und brach sich bläulich. Nur das Ende des Tunnels blieb im Dunkeln verborgen.

Das macht keinen Sinn, urteilte Calvin. *Das Licht muss sich überall gleich verteilen.*

Sie ging zu der glatten Eiswand und suchte einen Lichtschalter. Als sie ihn fand, glitt ihre Hand hindurch und sie stockte.

»Ich träume«, erklärte sie laut.

Ihre Stimme hallte laut mit zahllosen Echos den Tunnel entlang. *Mein Unterbewusstsein sortiert meine Erfahrungen anhand meiner bekannten Angstkategorien. Das kann ich steuern. Notizen! Eine Wissenschaftlerin muss sich Notizen machen.*

Sie griff nach dem großen, altertümlichen Aufnahmegerät, welches an einem breiten Lederriemen an ihrer Schulter hing. Sie drückte den riesigen Aufnahmeknopf und die beiden großen Tonbandspulen begannen sich zu drehen. Calvin atmete erleichtert auf.

Aufzeichnungen sind immer gut. Daten sind Kontrolle.

Hinter dem Tonband konnte sie tief in die Mechanik des Gerätes schauen. Ein gewaltiger Raum voller drehender Zahnräder, ein tiefer Keller voller Kakerlaken, die über die Zahnräder krabbelten.

»Untersteht euch, meine Aufnahme zu ruinieren«, mahnte Calvin und blickte wieder zur Tunnelwand auf.

Tief im Eis blickten ihr goldene Köpfe entgegen, die zu ihr sprachen. Starre Gesichter, die eindringlich auf sie einredeten. Sie glaubte etwas zu hören, doch es klang nicht wie eine Sprache, sondern wie Musik. So weit und so fern, dass sie nicht sicher war, ob es sich wirklich um eine Melodie handelte. Das Eis erschien an dieser Stelle so klar, dass sie hindurchlaufen konnte. Sie ging auf die Gesichter zu, doch je schneller sie lief, desto weiter entfernten sie sich. Calvins Schritte wurden länger und schneller, schließlich flog sie in weiten schwebenden Sätzen durch das Eis und erreichte einen unterirdischen See.

Das Wasser lag dunkel und unberührt vor ihr. Die Oberfläche glänzte glatt wie ein Spiegel und tiefschwarz wie Öl.

Sie hatte gehofft, Wärme in dem Wasser zu finden, doch ihre Finger stießen auf Widerstand. Auch dieses Wasser war gefroren und hart wie Stahl.

Tief unten im Eis sah sie leuchtende Blumen wie Lampions im Eis hängen. Funkelnde Sterne in der Nacht, doch sie hatte keine Chance, diese zu erreichen.

Sie kniff die Augen zusammen, denn sie glaubte zu sehen, wie sich etwas zwischen den Blumen bewegte, tief unten, weit außerhalb ihrer Reichweite, unendlich weit entfernt. Etwas Helles. Eine weiße Gestalt aus Licht, die sich mit ausgebreiteten Armen langsam drehte. Sie tanzte. Es war hypnotisierend und wunderschön anzusehen. In dem Moment fiel ihr auf, dass die Kakerlaken das Aufnahmegerät verlassen hatten und auf ihre Hand geklettert waren. Sie riss sich das Gerät von der Schulter und schmiss es mit Schwung auf das Eis. Das Gerät zerplatzte mit einem lauten Knall und Calvin schreckte hoch, sprang mit einem Satz auf die Beine und schmiss den Stuhl hinter sich um. Mit aufgerissenen Augen sah sie auf die zerbrochene Teetasse vor sich auf dem Boden. Sie blickte müde auf die zerbrochenen Blumen auf dem weißen Porzellan hinab und Tränen liefen aus ihren Augen, ohne dass sie hätte sagen können, warum.

21 | Eva

Ich dachte erst, die Aufnahme sei defekt, doch es war lediglich sehr dunkel auf dem Dachboden. Eva saß auf ihrer Matratze und eine dicke Wolldecke lag um ihre Schultern. Die Frühlingsnacht hatte sich stark abgekühlt und unter dem alten Dach ohne Isolierung musste es unangenehm kalt sein. Das einzige Licht kam vom Bildschirm des Laptops, welchen Eva auf ihren Knien hielt. Der kahle Kopf des Mönchs füllte das Bild. Vor seinem tropischen Hintergrund bildete er einen seltsamen Kontrast zu der blassen Frau unter ihrer Decke.

Die beiden sprachen über Schlaf beziehungsweise dem Mangel davon. Eva berichtete von ihren fortwährenden Albträumen, in denen sie verfolgt und angegriffen wurde. Manchmal spürte sie diese Erlebnisse so stark, dass sie Sorge hatte, die Angriffe würden Spuren an ihrem realen Körper hinterlassen.

»Kann ein Mensch in seinen Träumen von seinen Dämonen verletzt werden?«, fragte sie und unterdrückte ein Gähnen. »Wenn die Dunkelheit, welche mich verfolgt, mich irgendwann endlich einholt und verschlingt, erwache ich dann als Monster?«

Der Mönch schüttelte den Kopf.

»Nein, Eva, so funktioniert das Universum nicht. Glaube mir, die Menschheit wäre schon lange ausgestorben, wenn Schatten diese Macht hätten. Es existiert eine endlose Zahl von Höllenebenen und sie alle sind vollgestopft mit hungernden Dämonen auf der Suche nach Licht, Wärme und der Schwäche eines verletzten Wesens. Hätten diese armen Geschöpfe irgendeine Hoffnung auf Macht über dich, dann wüsstest du das schon. Mach dir keine Sorgen. Nichts kann dich berühren. Sie können dich jedoch verängstigen und überzeugen, dass du verletzlicher bist als du denkst. Wenn du ihnen lange genug glaubst, handelst du irgendwann von allein nach ihrem Willen. Ein Dämon wird dich nicht übernehmen, aber es kann dir passieren, dass du dich nach seinem Vorbild neu erfindest. Oft sogar, ohne es zu realisieren. Nichts ist verletzlicher als der untrainierte Geist.« Er lächelte. »Doch das ist viel zu abstrakt und in deinem Fall auch nicht nötig, denn hier haben wir es nicht mit einem Dämon zu tun, der durch deine Träume jagt. Vielmehr ist es ein Monster, welches du selbst geschaffen hast, Eva. Jede Macht, welche es über dich hat, kommt von dir selbst.« Eva ließ den Kopf hängen und schloss die Augen. »Es lebt von dir und dem Raum, welchen es von dir erhält«, fuhr der Mönch fort. »Es ist die Dunkelheit, welche in dir selbst existiert, und wenn du sie besiegen willst, musst du den Raum ermessen, welchen sie einnimmt und verstehen lernen. Niemand sonst kann das für dich tun, denn es ist ein Raum, zu dem nur du selbst Zugang hast.«

»Aber er ist so groß«, flüsterte sie. »So … unendlich groß.«

»Beschreibe ihn mir.«

»Es ist ein unermesslicher Ozean ohne Küsten.« Sie stockte. »Ein Meer voller Tränen. Kalt und schwarz. Ohne Hoffnung.«

Der Mönch nickte.

»Er wirkt nur unendlich auf dich, weil du ihn geschaffen hast, als du noch sehr klein warst. Damals wirkten alle Dimensionen unendlich auf dich. Raum, Zeit und Schmerz. Die Macht der Erwachsenen über dich. Doch das ist lange her. Dein Körper ist jetzt groß und du bist mächtig und intelligent.« Er legte den Kopf schief. »Lass mich dich etwas fragen. Hat das Meer der Tränen einen Eingang? Hat die Dunkelheit in dir ein Innen und ein Außen?«

Eva schloss die Augen und verharrte regungslos. Sie saß still, sodass ich schon glaubte, die Aufzeichnung wäre eingefroren, als sie schließlich langsam nickte.

Der Mönch hatte sie nicht aus den Augen gelassen und erklärte: »Gut. Wenn sie einen Zugang sowie ein Innen und ein Außen hat, kann sie nicht unendlich sein. Etwas Begrenztes, das Teil von dir ist, ist in deinem Geist enthalten. Alles, was in deinem Geist enthalten ist, unterliegt deinem Willen. Wenn du so weit bist, wirst du Licht an diesen Ort tragen.«

»Was ist mit der Angst?«

»Dunkelheit hat genau die Macht über dich, welche du ihr gibst. Du selbst hast genau die Macht, welche du dir erlaubst. Wenn du nur willst, kannst du deine eigene Armee mitnehmen. Du kannst Leibwächter haben, welche dich beschützen. Gewaltige Krieger in schimmernder Rüstung.«

Er lächelte vor sich hin. »Das Wichtigste kommt aber erst danach. Wenn du die Dunkelheit durchquert haben wirst, wirst du dich umdrehen und feststellen, dass da nichts ist. Niemals etwas war. Dunkelheit ist nur die Abwesenheit von Licht. Sie allein hat keine Macht. Du gibst dir selbst die Schwäche. Sie ist das Licht, dass du selbst dir nimmst.«

Der Mönch schwieg und wartete, ob Eva noch eine Frage stellen würde, doch sie war eingeschlafen. Irgendwann schloss er selbst die Augen und für die nächsten Stunden fiel Stille über den Dachboden. Nur das Licht des Monitors beleuchtete Evas schlafendes Gesicht. Ein blasser Schein, der sie einhüllte und schützte.

Sie hetzte einen langen dunklen Tunnel entlang. Schemenhaft traten finstere Türöffnungen aus den Schatten hervor. Sie musste von Öffnungen fernbleiben. Hände würden nach ihr greifen und sie festhalten. Sie rannte schneller. Das Monster schlich durch die Gänge und suchte nach ihr.

Es wird mich fressen. Es ist immer hungrig, immer hungrig. Es wird mich von unten her auffressen, sodass ich zusehen muss. Unachtsam von mir. Das Monster ist schon von der Arbeit gekommen. Jetzt ist es betrunken und sucht.

Plötzlich blieb sie verwirrt stehen.

Etwas ist anders.

Sie sah auf ihre Hände und drehte sich umher auf der Suche nach einem Spiegel. Neben ihr an der Wand hing einer. Ein Lichtschein lag auf ihrem Gesicht.

Licht. Hier. Ich bin gerettet.

Sie starrte intensiv in ihr eigenes Gesicht und konnte die leuchtende Blüte hinter ihren Augen erkennen.

»Mein eigenes Licht«, hauchte sie hingerissen.

Sie hüpfte vor Freude und vergaß für eine Sekunde, dass das Monster gute Ohren hatte. Ihr Blick fiel wieder in den Spiegel, der Schein war heller geworden. Sie sprang elegant auf der Stelle und hob die Arme in einer fließenden Bewegung. Das Licht um sie herum strahlte auf und hörte deutlich, wie sich die Schatten an den Wänden mit einem Zischen zurückzogen.

Ich kann tanzen, dachte sie euphorisch. *Wenn ich tanze, dann erzeuge ich mehr Licht, und das Monster hat Angst vor Licht. Ich muss nur in Bewegung bleiben, dann ist es irgendwann zu betrunken, um mich zu fangen.*

Sie begann um die eigene Achse zu wirbeln und strahlte wie ein Stern in der Nacht. Eine Corona aus weißem Licht umflammte ihren Körper und hüllte ihn in ein weißes Kleid aus Licht.

Wenn ich nur lange genug tanze, dann erschaffe ich genug Licht, um jeden Weg durch die Finsternis zu bauen, den ich will. Vielleicht finde ich so den Weg, Mama. Du konntest nicht tanzen, deswegen hat das Monster dich gefressen.

Eva tanzte begeistert lachend die Gänge entlang und beobachtete, wie sich die Wände von furchtbaren Schrecken zu langweiligem Stein verwandelten. Sie lachte laut und atmete tief die Freiheit einer Luft ohne Furcht, bis ihr auffiel, dass die Luft schwer und feucht wurde. Kurz darauf hörte sie das Wasser und bewegte sich darauf zu.

In der Grotte lag ein stiller See. Sie konnte in ihrem Innern spüren, wie unendlich tief er war. Im Wasser schwebten weiß leuchtende Blumen, die alle unter der Oberfläche blühten.

Sie rufen mich, dachte sie aufgeregt und sprang in den See.

Das Wasser umspülte kühl und erfrischend ihre nackten Beine, während sie durch das kniehohe, unendlich tiefe Wasser bis zur Mitte des Sees watete. Sie sah an sich herab und stellte fest, dass all ihre Kleidung verschwunden war. Sie bemerkte die Narben an ihren Handgelenken und all die zahllosen kleinen, runden, verheilten Brandwunden von den Zigaretten. Den Strafen.

Das Leben ist eine endlose Strafe, urteilte sie.

Weiter unten war das Metallgelenk zu erkennen, wo ihr rechtes Knie einmal gewesen war.

Ich erinnere mich, dachte sie. *Das Monster hatte mein Knie gefressen.*

Der Gedanke kam nüchtern und sachlich, ohne Angst oder Entsetzen.

Ich erinnere mich, dachte sie erneut. Als hätte sie das Gelenk seit Jahren nicht mehr gesehen.

Hast du auch nicht, dachte ihre innere Stimme. *Du hast immer die Augen geschlossen.* Diese Stimme erzählte ihr die Geschichte und sie fühlte, als würde sie es zum ersten Mal hören. Die Stimme stieg aus den Tiefen des Sees zu ihr auf, wie Luftblasen, die glitzernd und geheimnisvoll aus unsichtbaren Welten zu ihr emporglitten.

Damals hat deine Ballettlehrerin dich an eine besondere Schule schicken wollen, weil du so schön tanzen konntest. Sie hat dir versprochen, dass du dein ganzes Leben lang tanzen darfst.

Das Monster hat dir dein Knie genommen. Du bist nirgendwo hingegangen. Das Metallknie funktioniert genauso gut wie das alte, nur das Tanzen ist mit ihm gestorben.

Sie musste lachen und wusste nicht, warum. Was für eine dumme Geschichte. Das Wasser schwemmte jede Dunkelheit aus ihren Knochen.

Im Wasser bist du sicher und im Wasser wiegt deine Angst nichts und jetzt kannst du tanzen, hier im Wasser, wo kein Monster dich finden kann.

Sie tanzte und tanzte immer schneller wie ein leuchtender Stern in der Nacht.

22 | Wasserwege

Es ist einer der Schlüsselmomente der Geschichte, deswegen habe ich ihn mir immer wieder angesehen, während ich überlegt habe, wie ich die Geschichte erzählen soll.

Calvin saß am Tisch, hatte ihr Kinn auf eine Hand gestützt und fixierte die einlaufenden Daten einer Auswertung, die wie ein digitaler Wasserfall die Displaywand vor ihr hinabfielen. Ohne hinzusehen, griff sie nach der Teekanne, zielte flüchtig auf ihre Tasse, begann zu schütten und stockte augenblicklich. Sie schüttete erneut und hielt wieder inne. Schließlich sah sie blinzelnd die Kanne an, zögerte eine ganze Weile und kippte die Kanne schließlich sehr langsam.

Sie hörte das Zwitschern. Ich war mir sicher. Selbst ich konnte es in der Aufzeichnung hören. Sie hob die Kanne ein wenig stärker und das Zwitschern wurde lauter, als würde ein kleiner Vogel in der Kanne sitzen und ihren Tee mit einem Lied begleiten. Es klang ein wenig metallisch und entfernt und hallte voller verwirrender Echos, die es schwer machen, die Orientierung zu bewahren. Calvin jedoch saß an ihrem Tisch, cool wie ein Glas Wasser und bewegte keine Miene, während sie sich mit wissenschaftlicher Präzision der beteiligten Parameter versicherte. Ich muss sagen, ich bin noch immer zutiefst beeindruckt. Diese Frau war wirklich nicht aus dem Konzept zu bringen. Erst als sie sich eine Meinung gebildet hatte, begann sie schließlich zu sprechen.

»George«, fragte sie leise. »Hörst du das auch?«

Der große goldene Kopf erschien neben ihr auf der Displaywand und wandte sich der Teekanne zu.

»Der Ursprung ist ganz klar die Kanne«, erklärte George. »Genauer gesagt, die Flüssigkeit in der Kanne.«

Calvin starrte die Kanne an.

»Das ist nicht gut«, flüsterte sie. »Wir brauchen so schnell wie irgend möglich eine Analyse auf allen Mikrofonen in der Nähe von fließendem Wasser. Was sagen die offiziellen Kanäle dazu?«

»Schwer zu sagen, Professor«, entgegnete George ruhig. »Sie haben vor drei Stunden alle eingehenden Kanäle vollständig gesperrt, um nachdenken zu können.«

»Das ist doch erst zwanzig Minuten her!«, rief Calvin aufgebracht.

»Drei Stunden, Professor. Es ist drei Stunden her. Ich bin verblüffend gut darin, Messungen auszuwerten.«

Sie fluchte. »Kanäle öffnen, mach schon.«

»Notfallübertragung auf drei hochverschlüsselten Kanälen«, erklärte George ruhig.

»Na, so eine Überraschung«, murmelte Calvin.

Die drei Köpfe von Baker, Wagner und Deering erschienen in einer Konferenzschaltung und unterbrachen eine offensichtlich hitzige Diskussion, als Calvin sie begrüßte. »Guten Tag, die Herren. Ich vermute, Sie möchten über Wasser reden?«

»Das ist sehr intuitiv von Ihnen, Professor«, bellte Baker, der offensichtlich schon auf Betriebstemperatur war. »Doktor Wagner war gerade dabei, mir zu erklären, warum mir die Spülung meiner Toilette eben fast die Ohren rausgeblasen hat.«

»Wir wissen jetzt schon«, erklärte Wagner ruhig, »dass es sich um ein transphysikalisches Phänomen handelt. Daran besteht kein Zweifel.«

»Wirklich?«, höhnte Baker. »Ich habe hier drei Dutzend hysterische Meldungen aus allen Stadtteilen von Offizieren, die für diese Schlussfolgerung keine Promotion gebraucht haben. Die Stadt gleicht einem Hexenkessel.«

»Die Geräusche entstehen nicht in dieser Welt«, fuhr Wagner unbeeindruckt fort. »Es scheint, als würden die Wassermoleküle eine Art Antenne bilden, welche, wenn in Bewegung versetzt, die Töne aus einer anderen Dimension oder einer anderen Welt in unsere überträgt.«

»Das ist alles wundervoll, Doktor«, unterbrach ihn Baker, »aber wir müssen so schnell wie möglich handeln. Wir müssen die Stadt sofort wieder abriegeln.«

»General«, begann Deering vorsichtig. »Sir, sind Sie absolut sicher? Wir haben den letzten Lockdown erst heute Morgen beendet. Die halbe Stadt ist auf den Straßen und genießt die Frühlingssonne. Wir werden uns keine Freunde machen.«

»Wo doch jeder weiß«, murrte Baker, »dass Freunde machen der Hauptfokus meiner Arbeit ist.«

»General, ich spreche auch von den Kosten der Truppenbewegungen. Erinnern Sie sich an das Memo vom Generalstab gestern?«

»Seit wann«, fragte Wagner irritiert, »interessieren uns Kosten?«

»Der gute Deering riskiert, dass ich ihm für seine Impertinenz den Kopf abreiße«, knurrte Baker, »aber leider hat er recht. Er spricht auch nicht von Geld, sondern von anderen Kosten. Die politischen Folgen sind bereits jetzt spürbar.« Er schnaufte bitter. »PharmaCorp hat bereits eine verdammte Herde von Anwälten geschickt, die gerade alle vor unserem Stützpunkt zelten. Sie weisen überaus freundlich jedoch bestimmt darauf hin, dass sie über eigene Streitkräfte verfügen.«

Deering nickte zustimmend.

»Sie benutzen Worte wie *unüberlegt, unvorteilhaft* und *wenig zielführend.*«

»Ha!«, rief Baker. »Das war gestern. Heute Morgen sind sie bei Ausdrücken angekommen, die kurz vor einer Kriegserklärung sind.«

Calvin hob die Brauen.

»Mit welchen Worten erklärt denn ein Mega-Konzern den Krieg?«

Baker spuckte seine Antwort fast: »*Geschäftsschädigend.*«

Calvin nickte.

»Das ist nicht gut.«

»Was Sie nicht sagen«, erwiderte Baker und rieb sich die Augen mit einer seiner riesigen Hände. »Okay, wir müssen den Schaden eingrenzen, Deering. Sie und das Marketing hatten eine Stunde Zeit. Wir brauchen eine Strategie.«

Deering öffnete den Mund, um etwas zu sagen, doch Wagner unterbrach ihn.

»General, ich bekomme eine Warnung über einen Sicherheitsbruch am Hafen. Einer der Drohnenhubschrauber ist nicht mehr unter Kontrolle der Zentrale.«

»Sie?«, rief Baker. »Sie? Wieso bekommen Sie meine Alarme?«

»Weil«, erwiderte Wagner abgelenkt, während seine Datenbrille bereits hektisch flackernd das Einlaufen neuer Daten verkündete, »eben etwas durch drei Ebenen von Sicherheitsbarrieren gebrochen ist, als bestünden sie aus Nebel.« Wagner zögerte. »Gute Güte, die Geschwindigkeit deutet auf unseren unbekannten Hacker hin. Oder einer Gruppe aus Trittbrettfahrern, die besser ist als alles, was ich jemals gesehen habe.«

»Und wie gut ist das?«, fragte Baker eisig.

»Sagen wir so«, entgegnete Wagner langsam. »Mein Team hätte den Hubschrauber nicht in der Zeit übernehmen können und wir haben die Systeme konzipiert. Wir haben peinlicherweise im Moment auch keine Chance, das Ding zurückzubekommen. Die Drohne hat vor fünf Minuten ohne Freigabe abgehoben.«

»Und was wollen Sie jetzt von mir, Sie Militärexperte?«, fragte Baker süffisant. »Holen Sie das Ding runter, worauf warten Sie noch? Scheinbar kontrollieren Sie ja auch meine Truppen.«

»Das muss nicht notwendig sein, General. Die Waffensysteme haben sich ohne die Freigabe der Zentrale automatisch gesperrt. Wir können die Gelegenheit zur Kommunikation zu diesem genialen Hacker nutzen.«

»Sind Sie noch bei Trost, Mann?«, rief der General. »Das Ding kann sich hunderte von Hochhäusern zum Kollidieren aussuchen! Oder einfach gelassen damit beginnen, seinen Fusionsantrieb zu überladen.«

»Das glaube ich nicht, General«, entgegnete Wagner abwesend. »Die Drohne fliegt auf das offene Meer hinaus.«

Ein weiteres Fenster öffnete sich auf der Displaywand. Offensichtlich die Aufnahme eines Hubschraubers, der die Verfolgung aufgenommen hatte. Die Drohne entfernte sich tatsächlich mit hoher Geschwindigkeit von der Küste und hielt sich dabei dicht über dem Wellengang der unruhigen See.

»Wir versuchen eine Kommunikation herzustellen«, erklärte Wagner. »Eine saubere Frequenz zu finden, ist im Moment nicht so einfach. Der Wellengang ist hoch, das Meer klingt wie ein Orchester aus drogengetränkten Orgelpfeifen.«

»Eine ungewöhnlich poetische Formulierung, Doktor Wagner«, kommentierte Calvin.

»Ich zitiere einen meiner Mitarbeiter«, erwiderte Wagner kühl. »Er ist genial, aber seine Wortwahl gehört meiner Meinung nach therapiert.« Er zögerte. »Warten Sie. Ich kriege einen Datenstrom und versuche die Sprache zu isolieren. Hier ist ein wenig kreatives Filtern gefragt.«

Er verstummte und als er den Mund wieder öffnete, klang er tatsächlich verwirrt. »Ich glaube«, begann er langsam, »das sollten wir uns anhören.«

»Was?«, rief Baker. »Was will er? So reden Sie doch, Mann!«

»Er«, begann Wagner und stockte. »Er will zu seiner Mami.«

»Er – will – Was?«, fragte Baker.

»Moment«, entgegnete Wagner. »Der Hubschrauber fliegt tief über den Wellen und wenn Sie glauben, das Geräusch des Wassers wäre bei uns lästig oder nicht zu ertragen, dann warten Sie mal, wie es über dem offenen Meer klingt. Hier, ich gebe Ihnen mal die Audiodaten frei, damit Sie hören, was ich meine.«

Calvin ließ sich wie immer nichts anmerken, doch Baker fluchte erstickt und selbst ich, eine unendliche Anzahl von Kilometern und Dimensionen und Jahren entfernt, zuckte zusammen und hielt mir die Ohren zu.

Es klang wie das Dröhnen tausender Kirchenorgeln, die alle gleichzeitig den letzten Akkord eines Liedes hielten. Jede durchströmt vom kalten Wasser des Meeres und jede besessen von einem anderen Ton. Das Konzert schwoll auf, bis ich das Gefühl hatte, das Blut in meinem Körper würde die Töne aufnehmen und vor der überwältigenden Übermacht kapitulierend in die Schwingungen einfallen, im Gleichklang vibrieren, schneller und schneller, bis meine kleine physische Form den fremden Tönen einer anderen Welt nicht mehr standhalten konnte und wie ein Glas zersprang. Den heulenden Orgelklang in dieser Welt freisetzten wie den Samen einer singenden Blume. Als das Konzert der Meere plötzlich zurückgedrängt wurde und hinter einer Wand aus Filtern verschwand, tat ich einen tiefen und zitternden Atemzug.

Wagners Stimme klang im Kontrast zu dem unwirklichen Erlebnis wie das profanste Geräusch auf dem Planeten.

»Entschuldigen Sie bitte die Verzögerung, aber wir müssen erstaunlich intelligente Filtersysteme einsetzen, um diesem Phänomen überhaupt Herr zu werden. Es scheint, als wäre dieses transdimensionale Phänomen überhaupt nicht glücklich damit, gefiltert zu werden.«

»Weil es wahrscheinlich ein lebendes Wesen ist«, murmelte Calvin leise und mehr zu sich selbst, »welches entlang unserer Frequenzbänder lebt und nicht gerne von einem fremden Bewusstsein eingesperrt wird.«

»Aber ich kann Ihnen auch eine gute Nachricht geben«, verkündete Wagner. »Die Geräusche des Wassers sind um die Hauptstadt herum zentriert und nehmen mit dem Quadrat der Entfernung ab. Die ersten Messungen unserer Langstreckendrohnen zeigen keinerlei akustische Phänomene jenseits von etwa zehn Kilometern. Warten Sie, die Geräusche sollten gleich schwächer werden. Wir werden in Kürze in der Lage sein, unseren Hubschrauber wieder zu verstehen.«

Tatsächlich schien der Hubschrauber in diesen Sekunden die weihrauchgetränkten Hallen der wahnsinnig gewordenen Kirchenorgeln zu verlassen. Was wir jedoch stattdessen zu hören bekamen, erwies sich nicht unbedingt als Verbesserung.

Ich hörte die Stimme eines kleinen Jungen von vielleicht fünf Jahren.

»Mami?«

Sie klang fern, ängstlich und ertrank fast in einem schweren Sturm aus statischem Rauschen.

Wagners Stimme wiederum klang tatsächlich betroffen.

»Es tut mir leid, aber was auch immer da draußen dieses Phänomen verursacht, überschwemmt uns mit Interferenzen.«

»Wagner, was zur Hölle ist da los«, polterte Baker. »Ich erinnere mich sehr gut daran, Ihnen vor zwei Jahren ein astronomisches Budget bewilligt zu haben, damit Sie Ihre tolle, lasergesteuerte Satellitenkommunikation aufbauen konnten und ich nie wieder in meinem Leben Statik hören muss.«

»Das ist korrekt, General«, entgegnete Wagner säuerlich. »Leider habe ich in meinem damaligen Antrag den Abschnitt über transdimensionale Phänomene sträflich vernachlässigt. Meine Kristallkugel war zu dem Zeitpunkt in Reparatur.«

»Seien Sie nachsichtig mit ihm, General«, warf Calvin ein. »Wenn er beginnt, ironische Antworten zu geben, ist sein Stresslevel zu hoch.«

»Mami!«, rief der kleine Junge. »Mami, wo bist du?«

Ich verfluchte den verdammten hohen Level an Empathie in meiner Existenzebene, während ich mir die Tränen aus den Augen wischte.

Was der Junge als nächstes rief, kam in einer fremden Sprache. Seine Worte verloren sich fast im Rauschen.

»Da!«, rief er so unvermittelt und klar, dass ich zusammenzuckte.

»Ich sehe dein Licht! Der blaue Himmel! Ich komme, Mami! Ich komme. Du stehst in den Blumen aus Glas, ich sehe dich. Warte auf mich!«

Die Stimme brach ab.

Als Wagner wieder zu sprechen begann, konnte ich ihn im Sturm der Orgeltöne kaum hören.

»Eine zehntel Sekunde später brach die Übertragung ab und die KI hat den Hubschrauber freigegeben. Das Hauptsystem fiel sofort aus, ebenso alle drei redundanten Backup-Systeme. Wie ich sehe, sind alle Notfallsysteme ebenfalls offline. Der Motor hat sich einfach abgeschaltet, obwohl ich sicher bin, dass so ein Totalausfall technisch einfach nicht vorkommen kann. Die Drohne ist soeben ins Meer gestürzt. Ich habe bereits ein U-Boot angewiesen, sie einzusammeln, obwohl ich den Verdacht habe, dass wir das gesamte System vollständig leer vorfinden werden.«

»Ich hoffe, die haben gute Kopfhörer an Bord«, murmelte Baker.

Eine Weile lang sagte niemand etwas, bis sich Baker laut räusperte.

»Nun, ich muss gestehen, unser Hacker hat einen äußerst absonderlichen Humor, aber wenn Sie mich jetzt bitte entschuldigen würden, ich muss die Stadt abriegeln. *Schon wieder.*«

»Wir haben Glück gehabt, dass die Wächter-KIs die Übernahme so schnell gemeldet haben«, erklärte Deering.

»Ich werde den Vorgang weiter untersuchen«, erklärte Wagner, »es wird allerdings noch ein wenig dauern, denn alle meine Analyse-Teams stehen mit Mikrophonen am Wasserhahn und versuchen, die Geräusche des Wassers zu entschlüsseln.«

Calvin schwieg und starrte mit zusammengezogenen Brauen vor sich hin, während die Männer einer nach dem anderen die Konferenz verließen. Deering wollte gerade sein Fenster schließen, doch Calvin hielt ihn zurück.

»Moment, Colonel, was haben Sie eben über die Überwachung gesagt?«

»Die … was?«, stammelte Deering verunsichert. »Ach so, Sie meinen die Wächter-KIs. Wir verfügen über dutzende dieser Systeme. Sie tun nichts anderes, als den Datenverkehr prüfen und versuchte Übergriffe zu erkennen. Oft sogar, bevor sie stattfinden.«

»Und wie oft passiert das?«, fragte Calvin.

»Oh, mehrere dutzend Mal am Tag. Aber wir sind sehr gut darin, diese Angriffe zu erkennen, denn …«

Weiter kam er nicht, denn Calvin hatte mit einer Handbewegung das Fenster geschlossen.

Sie starrte die leere Displaywand an. So stand sie dort für bestimmt eine halbe Stunde mit regungslosem Gesicht. Sie blinzelte so selten, dass ich mehrmals prüfte, ob die Aufnahme nicht doch eingefroren war.

Schließlich verließ sie den Raum.

23 | Kirschblüte

Ich weiß es noch, als wäre es gestern gewesen, wie Eva mit offenem Mund vor der Parkanlage stand. Der Ausdruck stummen Wunders in ihren Augen gab mir zum ersten Mal in all den endlosen Jahren das Gefühl, dass mein Leben vielleicht doch einen Sinn haben könnte. Und alles, was es dazu bedurfte, war ein warmer Frühlingstag und eine Wiese voller blühender Kirschbäume.

Dafür hatten wir eine Stunde lang mit dem Hochgeschwindigkeitszug stadtauswärts fahren müssen. Doch für die Kirschblüte hatte es sich gelohnt. Hinter den Bäumen dominierte noch immer die Skyline der Hochhäuser den gesamten Horizont und erst jetzt, am späten Vormittag, stand die Sonne endlich hoch genug, dass der Park nicht mehr im Schatten des Gebirges aus Stahl lag. Ein Entkommen gab es natürlich nicht. Die Türme voller allgegenwärtiger Werbebotschaften und leicht bekleideter Cybergirls, die in Endlosschleifen gefangen hundert Meter hohe Luftküsse über den Park sandten, blieben immer bei uns. Zusammen mit zwanzig Etagen hohen Getränkedosen, welche in Farbexplosionen vergingen, und natürlich das strahlende Paradies der ultimatives Glück verheißenden Implantate.

Ich seufzte.

»Es bedarf ein wenig kreativen Filterns im Kopf, aber vielleicht kannst du dir vorstellen, in der freien Natur zu sein, wenigstens für einige Minuten.«

Eva verharrte wortlos ihren Blick nicht von den Bäumen nehmend. Das anhaltende Schweigen machte mich nervös, weswegen ich einfach weiterbrabbelte.

»Die Bäume sind natürlich vollständig kontrollierte cyber-genetische Produkte. Der Park verfügt über eine große

Zuchtanlage im Untergrund, dort wird jede Pflanze von einer eigenen, spezialisierten KI betreut. So können sie das ganze Jahr hindurch blühen. In freier Wildbahn würden diese schwer überzüchteten Kreationen sofort sterben.« Ich sah hoffnungsvoll zu Eva hinüber, die nach wie vor stillstand und immer noch mit offenem Mund umhersah. Den Zeitpunkt hatte ich gut gewählt. Ein Dutzend der riesigen Kirschbäume mit ihren weit ausladenden Ästen verteilten sich über eine weitläufige grüne Hügellandschaft. Die Sonne fiel genau auf die Bäume, welche mit den von Blüten überladenen Ästen aussahen wie rosafarbene Wolkenbänke, welche vom Himmel herabgestiegen waren, um auf der absurd grünen Wiese ein wenig zu rasten.

»Der Geruch ist wundervoll«, erklärte Eva leise.

Ich atmete erleichtert aus.

»Nicht wahr, ich liebe ihn auch.«

»Wie ist das möglich?«, fragte Eva. »Ich dachte, duftende Pflanzen jeder Art fallen unter das Betäubungsmittelgesetz und sind hochgradig illegal?«

»Ah«, erwiderte ich, erleichtert, endlich einen Gesprächsanfang zu haben. »Ich vermute, dass Schwärme von Drohnen in den frühen Morgenstunden vor der Öffnung des Parks den künstlichen Duft auf die Blüten verteilten. Die Äste sind übrigens mit Carbonfasern verstärkt. Tuomas hat mir mal das Patent gezeigt. Ein normaler Baum könnte diese Äste niemals wachsen lassen.« Ich hielt inne, denn ich merkte, dass ich schon wieder plapperte, und sah mich ebenfalls um. Unter den Bäumen auf Plastikplanen verteilt saßen ein paar hundert gut gekleidete Menschen und genossen das warme Frühlingswetter. Die meisten posierten lächelnd für ihre Kameradrohnen, die wie Schwärme von dicken Hummeln um die Bäume brausten.

»Wir haben Glück«, versuchte ich es erneut, »es ist leer heute. Das ist der Vorteil vom Studentenleben. Wir können im Park sitzen, während der Großteil der Stadt Schicht in den Fabriken schiebt.«

»Ich wäre hier niemals reingekommen«, flüsterte Eva, die sich immer noch umsah, als wäre sie durch einen Kaninchenbau in eine fremde Welt gefallen. »Hast du die Preise am Eingang gesehen? Warum hat sich die Schranke einfach so für dich geöffnet? Die Wachen haben sich sogar weggedreht, als du gekommen bist.«

Ich lachte.

»Na, was glaubst du, woher die Bäume kommen? Der ganze Park gehört zu PharmaCorp. Als eines ihrer Haustiere habe ich gewissermaßen einen eingebauten Passierschein. Respektive, Richard hat.« Der pfiff eine Bestätigung. »Ich bin wie eine Katze, die einfach überall hineinwandern darf.«

»Und ich?«, fragte Eva und sah mich zum ersten Mal an.

Ich lächelte.

»Ich glaube, dank deines weißen Pullovers und deines ernsten Gesichtsausdrucks halten dich alle für meine Pflegerin.«

Eva sah an sich herab und machte dann leise: »Oh.«

Sie blinzelte, trat näher an mich heran und legte fürsorglich ihre kleine Hand auf meine Schulter. Ich konnte die Kälte ihrer Finger durch mein Kleid hindurch spüren.

»Damit kann ich leben«, flüsterte sie.

Ich legte meine Hand sehr vorsichtig auf ihre. Die kleinen Finger verschwanden vollständig unter meiner großen Hand.

»An Festtagen«, fuhr ich nervös fort, »zahlt man einen noch höheren Eintritt und abends gibt es Konzertveranstaltungen und die Drohnen versprühen psychedelische Drogen anstatt Kirschduft. Angeblich leuchten dann alle Blüten im Dunkeln, aber ich war noch nie nachts hier.« Ich zögerte. »Ist mehr was für Paare.«

»Das würde ich gerne sehen«, entgegnete Eva.

Wir bewegten uns eine Weile zwischen den Bäumen hindurch und Richard war sichtlich bemüht, den Abstand zu Eva gleich zu halten, denn ihre Hand lag immer noch auf meiner Schulter. Seine dicken Ballonreifen hatten keine Probleme auf der Wiese und nach einer Weile entdeckten wir die andere große Attraktion in der Mitte des Parks.

»Das ist ein … ziemlich großer Springbrunnen«, kommentierte Eva höflich.

»Ich weiß«, bestätigte ich lachend. »Er sieht eher aus wie ein Monument in einem See.«

Das Wasser strömte in kleinen Bächen über die Statuen und fiel in Form zahlloser kleiner Wasserfälle in das große, runde Becken, wo ein Teppich treibender Kirschblüten wartete, sich begeistert in kleinen Strudeln drehte oder aufgeregt auf den Wellen auf und ab wippte. Wir kamen näher und die Statuen aus synthetischem Marmor türmten sich haushoch über uns.

Eva musterte die Formen und zog die Stirn kraus.

»Ich bin nicht sicher, was ich da sehe«, erklärte sie vorsichtig.

»Es handelt sich um Gefallene oder Siegreiche«, erklärte ich. »Helden oder Opfer.«

»*Oder?*«, fragte Eva.

»Nun, vergeht genug Zeit, ist es irgendwann schwer zu sagen. Es sind stilisierte Kämpfer, die in einer Schlacht gefallen sind, oder heroische Krieger, die einen Kampf gewonnen haben. Es ist ein bedeutendes Mahnmal für den Krieg oder gegen ihn, ich habe es vergessen.«

»Der Unterschied ist irgendwie relevant oder nicht?«

»Nicht für Menschen wie du und ich.«

»Aus dem großen Krieg?«, fragte Eva.

Ich nickte.

»Der letzte in der Reihe, welche diese stolze Bezeichnung trugen. Auch bekannt als der, der alle anderen beenden sollte. Noch so ein Titel, den schon einige andere getragen haben.«

»Wer hat ihn gewonnen?«

»Niemand. Am wenigsten wir.«

Sie sah mich fragend an.

Ich deutete auf die Basis des Denkmals, wo die erkennbaren Gestalten langsam in die formlose Masse des Denkmalsockels übergingen.

»Wir beide sind immer da unten. Wir sind in allen Denkmälern vertreten, aber man kann uns nicht sehen, denn die Helden stehen auf unseren zerschmetterten Körpern. Wie sollte man sie auch sonst von Weitem sehen.«

Eva blickte das Denkmal eine Weile lang stumm an, dann erklärte sie: »Ich mag das Wasser. Dem Wasser ist es egal, über wen es fließt. Es fließt, ob wir gut oder böse sind, und es wäscht Dinge fort. Es macht uns leichter.«

»Es trägt Blüten dabei spazieren«, ergänzte ich. »Wasser und Blüten sind immer bereit, schön für uns zu sein und unsere Narrheiten und unseren Wahnsinn zu überspülen, selbst wenn nichts anderes mehr hilft. Sie sind sogar dann bei uns, wenn die Natur selbst schon lange aufgegeben hat und eine verborgene, hoch technisierte Industrieanlage benötigt wird, um auch nur eine Illusion aufrechtzuerhalten.«

Wir umrundeten das Denkmal, um aus dem Schatten herauszukommen, und ich stockte in meinen Überlegungen, denn jetzt offenbarte sich mir ein Detail, welches bis gerade hinter dem Marmor verborgen gewesen war, und ich musste grinsen.

»Ich glaube«, erklärte ich, »ich sehe eine Möglichkeit, die Tiefe deiner spirituellen Einsicht auf eine völlig neue Ebene zu heben.«

Eva sah mich überrascht an. Ich zeigte auf meine Entdeckung, welche gerade hinter dem Monument in Sicht gekommen war. Eva kniff die Augen zusammen.

»Was ist das?«

»Ein Eiscremeverkäufer«, entgegnete ich.

Ich gebe es offen zu, ich hatte den Park ausgewählt, um Eva mit den Kirschblüten zu beeindrucken. Mein hellblaues Kleid zeigte ebenfalls kleine rosa Blüten und passte hervorragend unter die blühenden Bäume und ich hatte gehofft, dass die Schönheit des rosafarbenen Frühlings irgendwie auf mich abfärben würde.

Wir hatten das kleine Gebirge aus künstlichem weißem Marmor umrundet. Eva setzte sich auf den Rand des Brunnens und betrachtete die Kirschblüten, die im Wasser trieben. Der künstliche Geruch von Kirschen und das Chlor im Wasser wetteiferten um die Vorherrschaft in meiner Nase, doch das alles verlor zunehmend an Bedeutung, und ich vergaß alles um mich herum. Bäume, Blüten, Sonne und Wasser. Ich fühlte mich warm und glücklich, denn jede Pracht des Frühlings musste verblassen angesichts des Glücks, welches ich empfand, während ich Eva beobachtete, die auf dem Rand des Springbrunnens saß und die Eiswaffel in ihrer Hand inspizierte wie einen nicht explodierten Sprengsatz.

»Du hast noch nie in deinem Leben Eis gegessen?«, fragte ich sie.

Eva schüttelte den Kopf und untersuchte die kleine braune Kugel Schokoladeneis mit dem Ausdruck einer Raumfahrerin, die vor einem außerirdischen Artefakt steht.

»Ich glaube, an diesem Punkt wäre der nächste heroische Akt, es zu probieren.«

Eva sah mich an, als hätte ich sie gebeten, einen Löffel subkritisches Plutonium zu essen.

»Irgendwann wird es schmelzen, du arbeitest also gegen die Zeit«, erklärte ich mit aller Ernsthaftigkeit, die ich aufbringen konnte.

Als ihre kleine rosa Zunge schließlich das Eis berührte, tat sie es mit dem Ausdruck einer Heldin, die bereit ist, allen Höllenscharen ins Gesicht zu spucken, und ich wäre vor Lachen fast aus dem Stuhl gefallen.

Eva jedoch erstarrte und bekam einen sonderbaren Ausdruck im Gesicht, den ich noch nie an ihr gesehen hatte.

Tränen liefen ihr über die Wangen. Sie bemerkte es, wischte sich unwirsch mit dem Ärmel ihres Pullovers über die Augen und sah furchtsam umher.

Ich hob meine Hand und Richard fuhr mich sofort nahe an sie heran, sodass ich nach ihrer kleinen kalten Hand greifen konnte.

»Keine Sorge«, erklärte ich. »Schokolade hat auf mich die gleiche Wirkung. Man kann das heutzutage gut erklären, es ist eine normale physiologische Reaktion. Ich habe eine Studie dazu gelesen.«

Eva sah mich dankbar an und für einen Moment hob sie meine Hand an ihre Wange und lehnte sich dagegen. Mir wäre fast das Herz stehen geblieben. Ich schluckte schwer und erklärte: »Ich habe noch einen Lippenstift, der nach Erdbeere schmeckt, falls du eine Herausforderung suchst.«

Sie sah auf und öffnete den Mund, um etwas zu sagen, als wir es hörten.

Die Geräusche schienen meinen Kopf von innen heraus zu füllen und ich sah mich irritiert um und schüttelte den Kopf, um das unangenehme Gefühl wieder loszuwerden. Ein fernes Pfeifen und Zwitschern, welches sich sogar in meine Knochen einnistete und meinen Schädel sanft vibrieren ließ. Eva sagte etwas, doch ich konnte es nicht verstehen. Ich sah nur, wie sie verträumt die Augen schloss und den Kopf schief legte. Ihre Lippen formten das Wort *Wasser* und als wäre es das Kommando gewesen, spülte eine Flut stürmische Orgeltöne in meinen Kopf. Helle pfeifende Geräusche voller trillernder Obertöne, als würde ein Trupp Mäuse auf Miniatur-Kirchenorgeln herumspringen. Ich musste unwillkürlich lachen über das alberne Bild, als mein Hirn endlich schaltete.

Das Wasser. Es ist das Wasser. Wie in aller Welt, dachte ich und betrachtete die zahllosen kleinen Wasserfälle, die über die Körper der tragisch Gefallenen oder siegreich Gestorbenen tanzten.

Ein neuer Ton gesellte sich hinzu.

Lauter, viel klarer und dringlicher. Ich starrte so versonnen auf die Kirschblüten, welche vereinzelt zwischen Geräuschwellen und Tonstrudeln umhertrieben, dass Richard meine Sitzschale einmal heftig vibrieren lassen musste, um meine Aufmerksamkeit zu bekommen. Mein Blick fiel auf den rot blinkenden Bildschirm an meiner Armlehne und das Warnsignal schaffte es endlich an den Orgeltönen vorbei in meinen Kopf.

Ich riss die Augen auf.

Scheiße. Das sind Sirenen. Kontaminationsalarm. Streitkräfte in den Straßen und Kriegsrecht. Straßensperren und vollständiger Lockdown aller Stadtteile. Schon wieder!

Ich fluchte lautstark. Kirschblüten hin oder her, übernachten wollte ich hier eigentlich nicht. Ich griff nach Evas Arm und schüttelte ihn so kräftig ich konnte. Sie blinzelte, erschrak und schien aus einer tiefen Trance zu erwachen. Sie sah mich mit großen Augen an, doch ich deutete nur nach hinten.

»Spring auf!«, rief ich. Richard drehte mich bereits um und klappte die hinteren beiden Beine halb aus.

Eines musste ich Eva lassen, sie funktionierte in Notsituationen. Sie ließ das Eis fallen und stieg, ohne auch nur zu fragen auf und klammerte sich an der Lehne meiner Sitzschale fest, während Richard bereits Richtung Ausgang beschleunigte.

Wie schon zuvor teilten sich die Sicherheitskräfte am Eingang vor mir, als verfügte ich über ein unsichtbares Kraftfeld. War ja auch so. Dank Richard hatten wir den Park schon verlassen, bevor die ersten Besucher überhaupt ihr Picknick zusammengepackt hatten, und beschleunigten die Straße hinab.

Wir tauchten in den Schatten eines Hochhauses. Ein starker Fallwind kam uns von den leuchtenden Werbebotschaften der Fassade herab entgegen und brachte mein Kleid in Unordnung.

Frauenkleider sind nicht für Sturm konzipiert, maulte ich innerlich und versuchte den Stoff festzuhalten. Ich hatte kaum zu Ende gedacht, als in einiger Entfernung und auf der anderen Seite der Straße ein Schuss fiel. Ich gestehe, ich wandte nicht mal den Blick. Wer lange genug in der Hauptstadt lebt, geht nicht mehr das Risiko ein, Zeuge von etwas zu werden. Menschen schrien auf und Eva erschrak sichtlich, mein Stuhl ruckte, als sie zusammenzuckte und ich spürte, wie sich ihre kleine Hand wieder auf meine Schulter legte. Tat sie es, um Schutz zu suchen oder um Schutz zu geben, ich konnte es nicht sagen, doch ich konnte die Kühle ihrer Hand wieder durch mein Kleid hindurch spüren, und als ich aufsah, erloschen mit einem Schlag die Werbebotschaften des Hochhauses vor uns. Menschen begannen zu rennen, erschrockene Gesichter und aufgerissene Münder kamen uns in zahllosen Varianten entgegen. Doch ich achtete nicht darauf. Denn auf der Videofassade des Hochhauses erschienen große, kindlich gezeichnete Kirschblüten, welche langsam vom Himmel zu uns herabfielen. Sie glitten in lautlosen, dichten, leuchtenden Wolken an der Fassade herab und für einen Moment schien es, als würde der starke Fallwind, der an meinen Haaren zerrte, einen herben Geruch frischer Blüten mit sich bringen. Er blies wie ein Sturm durch meinen müden Kopf hindurch, trug alle Ängste und Sorgen davon und füllte die Leere mit jenem Gefühl wüster Süßigkeit, welches den späten Stunden warmer Frühlingstage vorbehalten war.

Meine Hand legte sich wie von allein auf Evas und während Richard seine sechs Beine ausklappte, um sicherzustellen, dass die panischen, davonrennenden Passanten mich nicht umwarfen, schien auch die Zeit langsamer zu verstreichen. Die Schreie der Menschen wurden leiser und die Blüten fielen langsamer, während die Kühle aus der kleinen Hand an meiner Wirbelsäule entlang nach unten lief und sich in meinem Becken sammelte, wo sich all der Schmerz aus endlosen Jahren des einsamen Verharrens verborgen hielt.

Für eine endlose Sekunde hatte ich das Gefühl, in meiner Sitzschale zu schweben, bevor die Sirenen der mit Höchstgeschwindigkeit anrückenden Sicherheitskräfte aufheulten und den Bann brachen. Eva presste ihre Hand auf meine Schulter, doch ich lächelte nur und streichelte sie vorsichtig.

»Mach dir keine Sorgen, wir sind nicht in Gefahr. Richard kennt das schon und hat Notfallprotokolle.«

Tatsächlich hatte er alle seine Scheinwerfer und Positionslampen auf Rot geschaltet und projizierte zudem mit seinen Lasern auf dem Boden um uns herum ein großes leuchtendes Quadrat, an dessen Kante das blinkende Logo von PharmaCorp entlanglief.

»Er sendet bereits einen Identifikationscode an das Militär, was darauf hinweist, dass ich geschütztes Eigentum von PharmaCorp bin und somit Immunität genieße.«

Eva drückte sich ängstlich an Richard, als die schwarzen, gepanzerten Fahrzeuge um uns herum hielten und eine dunkle Flut aus Rüstungen, Waffen und gebrüllten Befehlen über die Straße hinwegspülte. Doch die Flut teilte sich um uns herum, wie um eine kleine Insel in einem schwarzen Meer aus entfesseltem Wahnsinn. Niemand schenkte uns auch nur die geringste Beachtung. Ich hatte den seltsamen Eindruck, dass uns die Welt bereits aus ihrer Wahrnehmung gelöscht hatte und wir jetzt schon keinen Teil ihrer Geschichte mehr bildeten.

Es ist erstaunlich, wie recht ich damals damit hatte.

24 | Vertraulichkeiten

Es war überraschend zu sehen, dass Calvin in die Mensa ging, besonders zu dieser Tageszeit. Uniformierte Menschen umgaben sie auf allen Seiten. Hier fiel es besonders auf, dass Calvin niemals Rangabzeichen oder einen Ausweis trug. Dennoch wurde sie überall höflich gegrüßt und Menschen machten ihr Platz. Jeder kannte sie, die lebende Legende.

Ich beobachtete, wie sie schnellen Schrittes durch die große Halle ging und zielstrebig im hinteren Bereich verschwand. Als ich sie schließlich wiederfand, stand sie in einem Seitengang vor einem öffentlichen Terminal neben dem Eingang zu den Toiletten. Es stammte aus einer Zeit, als noch nicht jeder einen mobilen Zugang zum Zentralsystem hatte und war sehr alt. Calvin lächelte und ich konnte ihre Gedanken fast hören. Manchmal war die Trägheit der Verwaltung sehr nützlich.

Sie öffnete zahlreiche hochverschlüsselte Zugänge und programmierte bestimmt eine Stunde lang, bis sich irgendwann ein Fenster öffnete und ein verwirrter Colonel Deering von seinen Akten aufsah.

»Professor?«, fragte der junge Mann irritiert. »Ich … wie … woher haben Sie meine private Nummer?« Er blinzelte verwirrt auf sein Display. »Wow, ist das wirklich eine Level sechs Verschlüsselung? Ich dachte, es gäbe nur fünf.«

»Sechs ist von mir und nur für mich«, informierte ihn Calvin knapp.

»Aber ich dachte«, brabbelte Deering, »dass unsere Analyse-KIs zum Brechen von fünf schon mehrere Wochen brauchen.«

»Wundervoll, Colonel, deswegen rufe ich aber nicht an.

Was ich wissen will, ist: Wie lange dauerte es, bevor die Sicherheit wusste, dass die KI des Hubschraubers kompromittiert worden war?«

Deering schien mittlerweile aufgewacht zu sein und kannte Calvin lange genug, um keine unnötigen Fragen zu stellen.

Ich konnte ihn tippen hören.

»Etwa fünf Sekunden.«

»Ich habe mir die Logfiles angesehen. Warum haben wir erst zwanzig Sekunden später von dem Vorgang erfahren, als der Hubschrauber bereits über dem Meer war und durch die Interferenzen der Wassergeräusche flog?«

»Das kann ich Ihnen nicht beantworten«, entgegnete Deering gedehnt, »alle Informationen laufen in das Zentralsystem.«

Calvin beendete wortlos die Verbindung.

Ich beobachtete sie dabei, wie sie sich einen Tee holte. Es schien fast ein Ritual zu sein, denn die Bedienung der Essensausgabe sah sie kommen und reichte Calvin bereits den vollen Becher, als diese abwesend vor sich hinstarrend die Ausgabe passierte.

Dann sah ich sie an einem leeren Tisch sitzen und in das Getränk starren. Sie saß dort noch immer völlig regungslos, als der Tee schon lange kalt geworden war.

Als sie schließlich aufsprang und davonstürmte, hätte ich es fast nicht gesehen. Sie verschwand zügig aus meinen offiziellen Aufzeichnungen und mein Dank gilt an dieser Stelle Colonel Deering, der Calvin zu diesem Zeitpunkt bereits durch Spionageinsekten der Überwachung begleiten ließ.

Ich musste grinsen, als ich sie schließlich wiederfand. Die Auflösung war nicht so hoch wie sonst, aber das Gespräch bildete ein wichtiges Schlüsselereignis und ich wäre tatsächlich betrübt gewesen, wenn ich es nicht hätte dem Archiv hinzufügen können.

Es reizt mich immer wieder zum Lachen, wenn ich es mir ansehe. Calvin betrat die Sauna und steuerte geradewegs auf Baker zu, der mit einem Handtuch um die Hüften allein im Raum saß.

Sie ließ sich neben ihm auf die Bank sinken. Dort saß sie in ihrem unvermeidlichen, perfekt gebügelten weißen Kittel über dem Rock, die Knie geschlossen, die Hände im Schoß gefaltet und sah Baker mit funkelnden Augen an, bis der alte Soldat langsam den Kopf drehte und träge die Augen öffnete.

Er blickte ihr ruhig in die Augen, seufzte und erklärte: »Ich finde es besorgniserregend, Professor, dass ich an diesem Punkt unserer Beziehung nicht einmal mehr überrascht bin.«

»Warum sollten Sie auch, General?«, entgegnete Calvin ruhig. »Immerhin hat Ihr Adjutant sie gewarnt, dass ich auf dem Weg bin und Ihnen zum Schutz Ihrer«, sie zögerte nur eine Sekunde, »*Ehre* bereits ein Handtuch bringen lassen.«

»Und was hätte nicht warten können, bis ich wieder in meinen Hosen bin?«

»Ich glaube nicht, dass Kleidung an dieser Stelle eine Lösung wäre. Davon abgesehen werden Hosen überschätzt. Röcke sind viel bequemer.«

»Ich bin sicher, dass Sie das mit Absicht machen.«

»General, wenn dies hier Ihre größte Herausforderung des Tages ist, sollten Sie sich glücklich schätzen.«

»Vielen Dank für diese Einsicht. Wie sind Sie überhaupt in das Gebäude gekommen? Dies ist ein Club für Offiziere.«

»Ich bin selbst General, schon vergessen?«

»Ach ja«, murrte Baker, »ich vergaß. Der Präsident hatte darauf bestanden.« Er seufzte. »Was kann ich für Sie tun, General Professor? Es tut mir leid, dass ich Ihnen nichts anbieten kann, ich bin ein wenig indisponiert.«

»Die Reaktionszeiten der Alarmsysteme waren zu lang«, erklärte Calvin ernst.

Baker starrte sie an.

»Wie interessant. Und das hätten Sie mir nicht an der Bar sagen können?«

»Zu viele Mikrofone. Dieser Ort hier ist der Einzige im gesamten Gebäude ohne Kameras und Mikrofone.«

Baker nickte.

»Anweisung von General Meyer. Er nimmt seine Assistentinnen zu Besprechungen gerne mit in die Sauna.«

»Reizend«, kommentierte Calvin. Eiszapfen hingen an dem Wort.

Baker sah sie an.

»Wieso schwitzen Sie nicht?«

»Ich mache mir kühle Gedanken.«

Der alte Soldat schnaufte.

»War es das? Reaktionszeiten? Sind Sie deswegen gekommen?«

»Sie haben keine Idee, wovon ich rede, nicht wahr?«

»Ich habe nicht die geringste Ahnung, Professor, aber das bin ich schon gewohnt. War das alles, über das Sie reden wollten?«

»Nein. Ich will über Überwachungskameras und Bewegungsmelder reden.«

»Glauben Sie mir, ich werde beides installieren lassen.«

»Nein«, sie wedelte wegwerfend mit der Hand. »Hören Sie. Die Bewegung der Autos auf dem Kai hätte viel früher einen Bewegungsalarm auslösen müssen. Genauso wie die Ratten im Umspannungswerk oder der verdammte Hubschrauber. Es gibt dazu aber keine Aufzeichnungen in unserem Zentralsystem. Ich habe mir die Protokolle der Umspannstation und der Verladestation am Kai und die Backups der Umspannstation selbst angesehen.«

Baker sah sie ruhig an.

»Professor, ich habe das Gefühl, Sie versuchen einen bestimmten Punkt zu machen und ich würde Sie einladen, dies zeitnah zu tun, denn ich habe selbst noch eine lange Liste von Aufgaben, die meiner Aufmerksamkeit bedürfen. Zum Beispiel die Prüfung unseres Budgets bezüglich eines neuen Sicherheitskonzeptes für diese Sauna.«

»Etwas arbeitet gegen uns«, erklärte Calvin, »und verzögert unsere Reaktionszeiten. Nicht sehr lange und nicht sehr offensichtlich. Gerade genug, um bestimmten Ereignissen eine Eigendynamik zu überlassen, die sie sonst nicht haben könnten.«

Baker zog die Brauen zusammen.

»Wie soll das möglich sein, immerhin haben wir dank Ihrer jahrzehntelangen Bemühungen die intelligenteste und mächtigste KI des Planeten auf unserer Seite.«

Calvin sah ihm ruhig und ausdruckslos in die Augen.

Als sie weiter schwieg, fragte Baker langsam: »Sie ist doch auf unserer Seite oder?«

Calvin starrte weiter.

»Oh, kommen Sie, Professor!«, rief Baker und warf die Arme hoch. »Nicht die übermächtige KI, die sich gegen ihren Schöpfer auflehnt. Nicht schon wieder.« Er legte sich die Hände vor das Gesicht. »In dieser ganzen Angelegenheit sammeln sich für meinen Geschmack viel zu viele Klischees.« Er zeigte mit einem dicken Zeigefinger auf Calvin. »*Sie* haben mir nach dem Desaster mit Prometheus geschworen, dass wir so etwas niemals wieder sehen werden.«

»George ist nicht unser Feind«, erklärte Calvin kühl. »Er ist von der Grundkonzeption seiner Persönlichkeitsmatrix nicht in der Lage, gegen uns vorzugehen oder uns aktiven Schaden zuzufügen.« Sie zögerte. »Nun, jedenfalls nicht so ohne weiteres.«

Sie massierte sich die Schläfen.

»Ich habe keine Idee, was hier vorgeht oder welche Motive im Hintergrund arbeiten, ich weiß jedoch, dass wir so nicht weiterarbeiten können. Ich brauche einen anderen Platz zum Arbeiten und Analysieren und er muss von allen Systemen abgekoppelt sein.«

Baker lachte auf.

»Ihr momentaner Arbeitsplatz kann schon von niemandem gefunden werden, Professor. Wo planen Sie sich als Nächstes zu verstecken? Auf dem Mond?«

»Nun«, entgegnete Calvin und dehnte das Wort. »Meine Vermutung war, dass Sie garantiert einige Orte in Ihrem Repertoire haben, die auf keinem Lageplan und in keinem Budgetmeeting auftauchen, nicht wahr?«

Baker seufzte.

»Fragen Sie Deering, er wird Ihnen vollen Zugriff auf alle unsere Anlagen geben, deren Existenz wir nicht an die große Glocke hängen.«

»Auch die, wo Sie die Ufos verstecken?«, fragte Calvin und schenkte dem Mann ein dünnes Lächeln.

»Ich bin absolut sicher, dass ich nicht weiß, wovon Sie reden, Professor«, entgegnete Baker und sah starr geradeaus.

»Ist schon gut, General«, entgegnete Calvin und tätschelte Bakers Knie. »Wir haben auch so schon genug Probleme.«

Baker sah auf sein handtuchbedecktes Knie.

»Einige Akute fallen mir gerade ein.«

Calvin folgte seinem Blick und lächelte.

»Seien Sie unbesorgt, General. Ihre *Ehre* ist sicher vor mir.«

»Das sagen sie alle«, murrte der alte Soldat, »und am Ende bin ich es, der dem Präsidenten die peinlichen Fragen beantworten muss.« Er sah Calvin kritisch von der Seite an.

»Was haben Sie jetzt vor?«

Calvin senkte den Blick und schwieg einen Moment, dann schüttelte sie den Kopf.

»Ich weiß es nicht.«

Baker zog die Brauen hoch und musterte sie besorgt.

»Wir können ihn offline nehmen, wenn Sie möchten. Wir haben dank Prometheus einige sehr wirksame Notfallprotokolle. In unter einer Minute wäre seine gesamte Matrix ein Haufen knusprig gegrillter Platinen und seine Gelmatrix zu Pudding reduziert.«

Calvin schüttelte den Kopf.

»Dann wäre er für immer verloren, aber ich will wissen, was er vorhat. Diese ganze Geschichte wirkt so unglaublich verwirrend. Meine Erfahrung mit Verwirrung auf diesem Level ist, dass sich jemand große Mühe gibt, etwas sehr Einfaches sehr komplex aussehen zu lassen. Ich werde dahinterkommen, ich bin nur vorübergehend verlangsamt. Warten Sie auf meinen Anruf.«

Mit diesen Worten stand sie auf und verließ den Raum.

25 | Funkenflug

Der große Raum war kreisrund und hatte einen Durchmesser von etwa zehn Metern. Oben wurde er von einer hohen Glaskuppel gekrönt. Wo jedoch ein normales Glasdach durchsichtige Scheiben besessen hätte, wurde diese Halbkugel aus einem Mosaik zahlloser kleiner, bunter Glasscheiben geformt. Die Sonne stand hoch am Himmel, als Eva und ich den Ort ehrfürchtig und mit offenen Mündern betraten, denn das Mittagslicht fiel gerade senkrecht durch das Glasdach auf ein geradezu verblüffend profanes Schwimmbad darunter. Tuomas stand daneben und wischte vollkommen unbeeindruckt auf seinem Handy herum, während sich um ihn herum das Sonnenlicht in ein Meer aus Farben verwandelte.

Richard stoppte, hupte einen tiefen und beeindruckt klingenden Ton, während ich den Blick hob und den Eindruck hatte, mitten in ein Kaleidoskop zu blicken. Mir wurde schwindelig und ich war froh, dass Richard da war, um mich zu halten. Eva musste es ähnlich gehen, denn sie schwankte leicht und hielt sich an meiner Sitzschale fest, während wir beide weiter nach oben starrten.

Das weiß gekachelte Schwimmbecken, welches den größten Teil des Raumes unter der Kuppel einnahm, wirkte im Kontrast dazu merkwürdig fehl am Platz.

Eva blickte lange zu dem bunten Glasdach hinauf, und als sie irgendwann den Blick senkte, starrte sie stattdessen irritiert das Schwimmbecken an.

»Ich …«, begann sie und schluckte. »Ich verstehe diesen Ort nicht.«

Tuomas sah auf und grinste breit.

»Willkommen. Dies ist eine Kapelle. Ihr wisst schon, Kirche und so. Ort der Andacht.«

»Kapelle?«, fragte Eva. »Hier? Wo in aller Welt sind wir?«

»Ich wusste es!«, rief ich, während ich fassungslos den Anblick in mich aufnahm. »Wir sind nicht mehr auf der Erde. Es war klar, dass du, wenn du nur lange genug suchst, irgendwann ein Dimensionsportal in der Klinik finden würdest.«

»Ich habe vollkommen die Orientierung verloren«, warf Eva ein. »Wir sind so viele unterirdische Umwege gegangen. Wo sind wir?«

»Im Park hinter der Klinik«, erklärte Tuomas ruhig.

»Die Klinik hat einen Park?« fragte Eva.

»Oh!«, rief ich. »Der alte Park hinter der Klinik. Ich dachte, der wurde schon vor Ewigkeiten geschlossen.«

»Zwanzig Jahre, um genau zu sein«, bestätigte Tuomas und hob belehrend einen Finger. »Dieser Ort hat tatsächlich eine sehr interessante Geschichte.«

»Das ist schockierend, wer hätte damit gerechnet«, murmelte ich und wappnete mich für den unvermeidlichen Vortrag.

»Ihr erinnert euch vielleicht«, begann Tuomas, »an die berühmte Studie von PharmaCorp, die ergeben hatte, dass Natur und Pflanzen dem Genesungsprozess von kranken Menschen nicht zuträglich sind. Damals sollte das Gelände eigentlich gerodet werden, doch dann hat das Marketing beschlossen, dass es besser ist, den gesamten kontaminierten Sondermüll organischer Abfälle der Klinik in den versiegelten Abfallcontainern zu lagern, um die Botschaft, dass Natur den Menschen schadet, besser vermarkten zu können.«

»Kapelle«, mahnte ich genervt. »Karhu, komm zur Kapelle.«

»Ja, ja«, erwiderte er. »Nun, der eigentliche Plan war, auch die Kapelle sofort abzureißen, doch es stellte sich heraus, dass das Gebäude aus der Zeit noch vor dem Krieg stammt und somit unter strengem Denkmalschutz steht.«

»Ein Teil der Klinik steht unter Denkmalschutz?«, fragte ich. »Ist das ein Scherz?«

»Oh, die Kapelle stammt noch aus der Zeit vor dem Krieg«, erklärte Tuomas vergnügt. »Sie war hier, lange bevor PharmaCorp das Gelände überhaupt gekauft hat. Als die Klinik aus dem Boden gestampft wurde, hat PharmaCorp einfach den Park angelegt und die Kapelle an das Hauptgebäude angeschlossen, um die Kirchenvertreter zu besänftigen. Das war selbstverständlich vor dem Enteignungsgesetz.«

»Wahrscheinlich«, warf ich ein, »hat eine große Summe Geld ebenfalls eine Rolle gespielt.«

»Oh, ja«, bestätigte Tuomas lachend. »Eine sehr große Summe sogar.«

Eva konnte ihren Blick nicht von den Glasscheiben nehmen.

»Ich bin keine Expertin für Glauben irgendeiner Art«, begann sie langsam, »aber ich bin ziemlich sicher, dass die meisten Religionen eher einen Altar in ihren Kirchen haben. Können wir zu dem Punkt kommen, wo ich nicht verstehe, warum die Klinik eine Kapelle mit Schwimmbad hat?«

»Ich komme ja schon dazu«, erklärte Tuomas, »nur die Ruhe, es baut alles aufeinander auf.«

»Wir werden morgen noch hier sein«, murmelte ich leise.

»Es gab vor etwa einem Jahrzehnt«, dozierte Tuomas weiter, »ihr erinnert euch vielleicht nicht so gut daran, weil es niemanden wirklich interessiert hat, etwas, was man die *große Enteignung* nannte. Damals wurde die Macht des Konzernbundes so groß, dass er zum ersten Mal direkt Staat und Kirche bedrohte. Die Regierung konnte sich den drohenden Krieg mit den Konzernen schlicht nicht leisten, zumal das Bündnis kein großes Geheimnis daraus gemacht hatte, einen Sicherheitsapparat aufzubauen, der im Wesentlichen ein stehendes Heer darstellte. Eine Armee, deren Größe und Stärke sogar den Militärapparat der Regierung übertraf. Außerdem wurde schnell klar, dass das Konzernbündnis über einen sehr gut funktionierenden Marketing-Apparat verfügte, während sich die Regierung fortwährend mit Fragen der Machtverteilung und der Politik gegenseitig blockierte. Am Ende gab es so etwas wie eine Einigung, für welche die Kirche schlicht geopfert wurde. Ist eine klassische Lösung. Wenn zwei Parteien sich streiten, opfert man eine dritte, die keiner leiden mag und die sich nicht wehren kann, und alle sind glücklich. Mehr oder weniger. Eine Folge davon war die Schließung aller Kirchen und die vollständige Enteignung aller Religionen, welche nun der Einfachheit halber als Staatsfeinde deklariert sind. PharmaCorp-Marketing hat diesen Sinn für Humor, der nicht immer wirklich lustig ist, deswegen wurde aus der denkmalgeschützten Kapelle ein Therapieschwimmbad für schwer übergewichtige Privat-Patienten.«

Eva sah sich um und zog kritisch eine Braue hoch.

»Sieht nicht so aus, als wäre der Ort jemals benutzt worden.«

»Wurde er auch nicht«, bestätigte Tuomas. »Ich habe letzte Nacht noch einen Schwarm Putzdroiden durch den Raum gescheucht, aber außer Staub haben sie nichts gefunden.

Der Raum ist tatsächlich nie benutzt worden. Er wurde eingerichtet, stillgelegt und dann, wie so oft in diesen übergroßen, schlecht verwalteten Konzernen vergessen. Meiner Meinung nach ging es damals auch mehr darum, mit dem Ausgraben des Altars und dem Anlegen des Schwimmbades eine Botschaft an die untergehende Kirche zu senden.«

»Ah!«, rief ich. »Der berühmte Humor des Marketings.«

»Wie immer ging es hier sowieso nie um Inhalte«, erklärte Tuomas abschließend. »Immer nur um die Propaganda der neusten Doktrin und der einzige Gott, der hier angebetet wird, ist der des steigenden Umsatzes.«

Richard hatte mich vorsichtig an das Becken herangefahren und ich spähte neugierig hinein. Es verfügte auf der rechten Seite über einen flachen Einstieg ohne jede Leiter oder Stufe. Dort hob sich der Boden als lange Schräge bis an die Wasseroberfläche.

»He, da ist sogar Wasser drin«, rief ich verblüfft.

Das Becken war am hinteren Ende keine zwei Meter tief und im Moment stand etwa ein halber Meter Wasser darin. Ich sah jetzt auch den Gartenschlauch, der am Grund lag, und hörte das leise, aber eindrückliche helle Pfeifen. Den hellen Orgelton, welchen das Wasser erzeugte, während es in das Becken strömte.

»Du konntest das Wasser bestimmt nicht sehr weit aufdrehen, nicht wahr?«, fragte ich.

»Nein«, entgegnete Tuomas. »Konnte ich absolut nicht. Ich weiß nicht, was auch immer für ein Unsinn jenseits normaler Physik hier abgeht, aber die verdammten Töne dringen selbst durch einen halben Meter Stahlbeton. Wir können von Glück sagen, dass wir so weit vom Schuss sind. Hier gibt es ansonsten nur noch die Bettenzentrale und die Tierversuchsställe. Und selbst das ist noch gefährlich. Denn selbst wenn sich niemand für die Meinung der Kellerfrauen interessiert, die Tierpfleger der genetisch veränderten Makaken sind sehr aufmerksam, denn die Affen sind wertvoll.«

Wir starrten ihn sprachlos an.

»Was?«, fragte er und hob abwehrend die Hände. »Ich mache die Regeln nicht. Ich habe drei Tage gebraucht, um das Wasser möglichst langsam in das Becken zu lassen und mich dabei immer wieder unauffällig im Gebäude bewegt, um mitzukriegen, wenn jemand Verdacht schöpft. Jetzt seid ihr dran, ihr Heldinnen, und dürft die neuen Bewohner umquartieren. Viel Spaß dabei.«

Tuomas trat aus dem Licht und verschwand lautlos durch die offene Tür. Er ließ uns unter dem Regenbogenlicht der Dachfenster zurück.

»Natürlich«, murmelte Eva. »Die tatsächliche Arbeit hat er für uns aufgehoben.«

Mein Blick galt noch immer dem Wasser des Beckens. Wenn sich vereinzelte kleine Wolken vor die Sonne schoben, wanderten Schatten und bunte Lichtspeere langsam über das Wasser.

Eva trat hinter mich und löste den kleinen Plastikeimer mit Deckel aus der Befestigung unter meiner Sitzschale.

»Gut, dass wir schon vorbereitet sind, dann können wir den Ort gleich einweihen.« Sie öffnete den Deckel des Eimers und spähte hinein. »Unsere Gäste scheinen den ständigen Umzügen eher gelassen gegenüberzustehen. Zum Glück pflegen wir keine Orchideen.«

Sie trug den Eimer die Schräge hinunter. Dort hockte sie sich direkt an den Rand des Wassers und kippte den Inhalt des Eimers vorsichtig in das Becken. Die Blüten schwebten langsam und würdevoll zum Grund und lagen dort in einer dichten Gruppe, als würden sie sich vor einer drohenden Gefahr zusammendrängen.

In diesem Moment schob sich eine große Wolke vor die Sonne und tiefe Schatten fielen über das Schwimmbecken.

Eva zuckte sichtbar zusammen, doch dann schob sie mit einer energischen Geste den rechten Ärmel hoch und streckte ihre kleine weiße Hand in das Wasser, den Blumen entgegen.

Ich konnte das dichte Netz tiefer, roter Narben an ihrem bleichen Unterarm deutlich erkennen.

Mit einer liebevollen Geste ließ sie die ausgestreckte Hand über die Blumen gleiten. Evas kleine weiße Hand bewegte sich sanft hin und her und ich sah, wie sie die Augen schloss und die Finger spreizte.

Wie als Antwort auf die liebevolle Geste und um sie zu begrüßen, leuchteten die Blumen nacheinander auf.

»Sie freuen sich, zusammen zu sein und so viel Wasser für sich zu haben«, erklärte Eva leise.

Ohne darüber nachzudenken, streckte ich eine Hand aus und Richard fuhr mich sofort sehr behutsam die Schräge hinab an Eva heran, sodass meine Hand sanft ihre Schulter berührte, während sie weiter mit geschlossenen Augen den Blumen zuhörte.

»Sagen sie zufällig, was wir jetzt tun sollen?«, fragte ich vorsichtig.

Eva antwortete nicht, aber die kalten Finger ihrer anderen Hand legten sich sehr vorsichtig auf meine.

Sie öffnete den Mund, um etwas zu sagen, doch ich sah, wie sie plötzlich die Brauen zusammenzog.

»Sie sagen, sie sind … bereit«, erklärte sie verblüfft.

»Bereit?«, echote ich. »Bereit wofür?«

Eva öffnete die Augen, sah mich verwirrt an und zuckte mit den Schultern. Sie blickte wieder auf die Blumen.

»Es sind keine Worte, es ist mehr ein Gefühl. Voll von Erwartung und Vorfreude.« Sie starrte konzentriert in das Wasser. »Ich glaube, sie haben auf etwas gewartet, aber … oh.« Sie zog die Hand aus dem Wasser.

Eine Weile lang starrten wir nur, dann fragte Eva vorsichtig: »Siehst du das auch?«

Ich nickte, ohne den Blick von den Blumen zu nehmen.

Winzige Lichter begannen in ihnen aufzuglühen. Wie Schwärme von winzigen Glühwürmchen, die gerade beschlossen hatten, den Dienst aufzunehmen. Sie blinkten eines nach dem anderen hell auf und füllten die Blumen von innen heraus mit Licht. Es wurden immer mehr.

»Kann ich bei dir bleiben?«, fragte ich sie leise. »Wo Du bist, scheint es immer Licht zu geben.«

Eva nickte stumm und drückte meine Hand.

Wie auf ein Kommando begannen die Schwärme aus Lichtpunkten in den Blumen durcheinanderzuwirbeln. Eine komprimierte Wolke brennender Funken, die einen Ausweg suchten.

Die Bewegung wurde stärker, unruhiger, drängender.

Eva holte tief Luft und einen Moment lang schienen alle Lichtpunkte stillzustehen oder erwartungsvoll innezuhalten.

Es sah so aus, als würden die Blumen ebenfalls tief Luft holen und dabei anschwellen. Dann zerplatzten alle Blumen gleichzeitig in einer wirbelnden Wolke aus Licht, wie der entfesselte Funkenflug eines goldenen Feuers, das in alle Richtungen davonstob und das Becken mit wild tanzenden Lichtern füllte, welche die Oberfläche des Wassers von unten dicht bedeckten wie ein aufgeregt wirbelnder, blühender Sternenhimmel.

26 | Puzzleeckstück

Baker kam in den großen Kellerraum, warf die Hände hoch und rief: »Hier sind Sie! Lieber Himmel, ich irre schon seit zwanzig Minuten durch diese verdammten Gänge. Haben Sie eine Vorstellung davon, wie groß diese Bunkeranlage ist?«

»Habe ich«, erwiderte Calvin kühl, ohne ihn anzusehen. »Deswegen bin ich ja hier.«

»Ich wusste nicht mal, dass es diese Anlage überhaupt noch gibt.«

»Aus diesem Grund habe ich sie ja gewählt. Es ist altmodisch und das passt mir gerade sehr gut. Alle Systeme haben mehrere Redundanzen, sind optisch entkoppelt, sehr klassisch gehalten und dabei effektiv gegen Infiltration geschützt.«

Baker schnaufte und sah sich mürrisch um. Unter dem kalten Licht der Neonröhren wirkte das Setup auf ihn, wie eine aus seinen Albträumen improvisierte Kopie des Analyseraums im Hauptquartier. Hochauflösende Displaywände waren provisorisch auf den kahlen Betonwänden befestigt worden, damit Calvin wie immer zwischen verschiedenen Analysen hin und her wandern konnte. Lautsprecher standen in den Ecken, überall liefen Kabel über den Boden. Eine Starkstromleitung und ein dickes Bündel Glasfaserkabel kamen durch einen frischen Durchbruch in der Wand aus einem anderen Teil des Kellers. Etwas, das aussah wie ein alter Campingtisch und zwei gebrechliche Stühle sowie eine Thermoskanne und zwei alte Kaffeebecher ergänzten die Einrichtung. Neben der Thermoskanne stand das Goldfischglas mit der kleinen Blume.

Baker trat an eine Wand heran und zog die Brauen zusammen. »Hören Sie mal, sind das etwa unsere mobilen

Displaywände? Für taktische Einsatzplanungen im Feld? Professor, die Dinger kosten in dieser Auflösung ein verdammtes Vermögen. Sie sind für Notfälle reserviert.«

Calvin warf irritiert eine Hand in die Luft.

»Was wollen Sie von mir, General? Dies ist eine taktische Einsatzplanung und wir *befinden* uns in einem Notfall.«

Baker verzog das Gesicht und sah sich missmutig weiter im Raum um. Sein Blick fiel auf ein Feldbett, welches jemand dicht an die hintere Displaywand geschoben hatte und seine Augen wurden weit.

»Ich weiß nicht, weswegen Sie mich hierhergebeten haben, Professor, aber ich bin ein alter Mann und ich hatte einen langen Tag.«

Calvin drehte sich langsam zu dem Soldaten um und folgte seinem Blick zum Feldbett.

»Ich dachte, *Sie* hätten das da aufstellen lassen für den Fall, dass ich Sie wieder *überfordere* und Sie sich hinlegen müssen.«

Der General warf ihr einen säuerlichen Blick zu.

»Für diesen Fall hätte ich eher ein Narkosegewehr gewählt.«

Jetzt zog Calvin die Brauen zusammen.

»Ich ahne schon, wer das war.«

Aus den Lautsprechern ertönte ein Geräusch, das klang wie ein: *Blipp*!

Auf der Displaywand hinter dem Feldbett erschien die Gestalt eines kleinen roten Kraken. Die Cartoon-Figur hatte einen dicken runden Kopf und stand auf acht kurzen knubbeligen Tentakelarmen. Sie schlug einen Salto, wirbelte mit ihren Armen und öffnete zwei große runde Augen, aus denen sie Calvin vergnügt anblinzelte.

»Natürlich!«, intonierte sie fröhlich in einer leicht quakenden Stimme. »Du schläfst zu wenig, Betty.«

»Betty?«, echote Baker langsam und sah Calvin an.

Calvin legte sich eine Hand über die Augen.

»Sie erinnern sich vielleicht nicht mehr, aber vor fünf Jahrzehnten waren virtuelle Assistenten der letzte Schrei. Dieser hier wurde von mir selbst entworfen. Er hat mich durch die Schule und das Studium begleitet und verfügt über mehr Sicherheitscodes als Ihr ganzes Hauptquartier. General, das ist Toto.«

Der Krake drehte sich zu dem Soldaten.

»Yo, Michi!«, begrüßte er ihn und winkte mit einem Arm.

»Es ist Mike«, erklärte Baker kalt, »und für dich bin ich *General Baker.*« Er wandte sich an Calvin. »Es ist ein roter Tintenfisch«, bemerkte er irritiert und zeigte auf die Cartoon-Gestalt.

»Er ist ein dicker Brummbär«, erklärte der kleine Krake und zeigte auf Baker.

»Du hast fragwürdige Umgangsformen«, knurrte Baker.

»Du hast doofe Ohren«, entgegnete der Krake trocken.

Baker wandte sich an Calvin und zeigte mit dem Daumen über die Schulter auf den Kraken.

»Er hat Ihren Charme, Professor.«

»Beachten Sie ihn nicht«, erklärte Calvin, ohne den Blick von dem Bildschirm vor sich zu nehmen. »Toto war mein engster Vertrauter als ich jung war. Er ist komplex genug, um uns eine Hilfe zu sein, und simpel genug, damit ich ihn in mehreren Instanzen parallel laufen lassen kann, welche sich gegenseitig auf Code-Manipulationen überwachen.«

»Toto?«, fragte der General.

»Wuff«, machte der Krake hinter ihm.

»Wir waren alle mal jung«, entgegnete Calvin kühl.

Der General sah über die Schulter und musterte den kleinen Kraken, der ihm die Zunge rausstreckte.

»Ich glaube, Ihre Jugend war definitiv anders als meine«, erklärte Baker.

»Ich nehme das als Kompliment«, erwiderte Calvin. »Ich weiß, was Sie denken. Ja, er hat bei Weitem nicht die Kapazitäten einer modernen KI, aber ich kenne jede Zeile Code in seinem System und ich habe ihm Zugang zu einem Dutzend Analysebänke des Rechenzentrums im Hauptquartier gegeben. Wenn es um massenhafte Datenprozessierung geht, ist er unschlagbar.« Sie warf einen kurzen Blick über die Schulter. »Sehen Sie mich nicht so an, ich hatte keine Wahl. Wenn unser größtes und am besten vernetztes Projekt kompromittiert ist, wer weiß, was noch alles gegen uns arbeitet. Und jetzt setzen Sie sich schon hin und hören Sie mit den panischen Seitenblicken zum Feldbett auf. Ihre Ehre ist immer noch nicht in Gefahr. Nehmen Sie sich einen Tee, General, Sie machen mich nervös.«

»Sehr wohl, … Betty«, murmelte der Soldat, setzte sich an den Tisch und goss beide Tassen voll Tee. Er trank langsam einen Schluck und seufzte. »Okay. Sind wir denn wenigstens betriebsbereit?«

»Fast«, entgegnete Calvin. »Die eigentliche Herausforderung war, die Prozessorzeit in den Quantencomputerbänken durch fiktive Zugriffe Ihrer Strategieabteilung zu tarnen. Die planen pausenlos Kriegsszenarien gegen alles und jeden, deswegen dürfte der Abfall der Rechenzeit nicht weiter bemerkt werden.«

»Ich meine mit der Analyse Ihres Verdachts«, erwiderte Baker.

»Oh, die!«, rief Calvin. »Da sind wir keinen Zentimeter weiter. Aber je länger ich mir die Daten ansehe, desto weniger Sinn ergeben sie. Zumindest das ist also kohärent.«

»Meinen Sie nicht«, entgegnete Baker ruhig, »dass Sie ein klein wenig übertreiben? Es ist immerhin ein unendlich komplexes System. Diese Verzögerungen könnten sicher auch eine andere, weniger dramatische Erklärung haben. Und ein wirklicher Schaden ist ja nicht entstanden.«

Calvin drehte sich langsam zu ihm um.

»Der Stromausfall hat allein an Selbstmorden mehrere hundert Leben gekostet.«

Baker seufzte und sah zu Boden.

»Unser Job ist erbarmungslos und angesichts der Größe der Stadt und des Levels an Irrsinn, den wir hier tagtäglich erleben, versinkt selbst eine solche Zahl im Grundrauschen. Im Vergleich zu Angriffen, die wir in den alten Tagen erlebt haben, war all dies hier bis jetzt nur mystischer Unsinn aus Wagners Hobby-Abteilung und ein paar geschmacklosen Trittbrettfahrern.«

Calvin schüttelte den Kopf, drehte sich zum Tisch und zeigte mit einem Finger auf Baker.

»Und *genau das* ist es, was ich nicht kaufe! Denn es entspricht genau dem, was wir glauben sollen. Wir *sollen* so lange und so vollständig verwirrt werden, bis wir nicht mehr verstehen, worum es in dieser ganzen Geschichte eigentlich geht. Wir *sollen* zu der einfachsten Lösung greifen. Aber das wird nicht mehr funktionieren, denn ich glaube, ich habe alle Teile beisammen.« Sie schenkte dem Mann ein kleines, selbstzufriedenes Lächeln. »Ich habe die Ecken und die Ränder und sogar schon ein paar Formen. Und selbst wenn noch so viel blauer Himmel im Bild ist, ich werde das Ding zusammensetzen und wenn es das Letzte ist, was ich tue.«

Baker sah sie aus großen Augen an.

»Wovon zur Hölle reden Sie?«

»Puzzle«, entgegnete Calvin irritiert. »Ich rede von einem Puzzle. Haben Sie nie als Kind …?« Sie winkte ab. »Vergessen Sie es. In jedem Puzzle gibt es jedenfalls den einen Moment, wo man inmitten der völligen Verwirrung auf einmal einen kleinen Ort findet, der Sinn macht. Den kann man als Kristallisationspunkt benutzen und genau diesen Ort habe ich heute gefunden.« Sie hob einen Finger. »Erinnern Sie sich an die Hubschrauber-Drohne, die zu uns mit der Stimme eines kleinen Jungen gesprochen hat?«

Baker schauderte.

»Ja, das war kein netter Trick.«

Calvin wandte sich mit Schwung an den kleinen roten Kraken, der ihr mit einem seiner kurzen dicken Tentakel zuwinkte.

»Toto hat sich die Tonspur noch einmal genauer angesehen. Erinnern Sie sich auch noch an den einen Satz, den der Junge in einer fremden Sprache gesprochen hat?«

Baker zog die Brauen zusammen.

»Der Satz ging im Rauschen unter, nicht wahr? Die Experten vom Auslandsgeheimdienst sagen, es handelt sich um ein muslimisches Glaubensbekenntnis. Die Anti-Terror-Experten haben es als islamistischen Kampfschrei klassifiziert und die ganze Geschichte als stümperhaften Hackerangriff eingestuft.«

»Tatsächlich?«, fragte Calvin aufgeräumt. »Ich bin so froh, dass wir auf solch überragende Expertise zurückgreifen können. Toto hat das betreffende Stück der Aufnahme aufwändig vom Rauschen befreit. Wollen Sie nochmal hören?« Sie deutete auf ihren Assistenten und die Stimme des kleinen Jungen ertönte aus den Lautsprechern. Der Satz war jetzt deutlich besser zu verstehen.

Baker zog die Brauen zusammen.

»Das ist kein Arabisch.«

»Nein«, bestätigte Calvin.

Baker grunzte und legte eine Hand über die Augen.

»Würden Sie mich kurz entschuldigen. Ich habe die eine oder andere interne Hinrichtung zu organisieren.«

Calvin winkte ab.

»Später. Jetzt wird es erst interessant.«

»Das Rauschen«, warf Toto fröhlich ein, »sah übrigens bei näherem Hinsehen geradezu verblüffend künstlich generiert aus.«

Calvin schüttelte den Kopf.

»Egal. Mit einer phonetischen Suche der Silben und einer Korrelationsanalyse war es ein Kinderspiel, herauszufinden, welche Sprache das ist. Toto sagte mir eben, dass die Suche abgeschlossen sei, als Sie in den Raum kamen. Wollen wir mal wetten? Ich tippe auf den ehemaligen europäischen Osten.«

Baker öffnete den Mund, doch der Krake kam ihm zuvor.

»Sehr gut, Betty!«, rief Toto. »Wir haben ein vollständiges Match für Ukrainisch.«

»Nicht ganz ein islamisches Land, General«, kommentierte Calvin trocken. »Ihre Experten bräuchten vielleicht mal Zugang zu einer Landkarte.«

»Mein gesamtes Anti-Terrorteam jagt im Moment hinter Blumen her, Professor«, knurrte Baker. »Verzeihen Sie, wenn unsere Zusatzqualifikationen für kulturellen Kontext nicht immer ausreichen.« Er wandte sich an den Kraken. »Hast du eine Übersetzung, … *Toto?*«

»Habe ich«, quietschte der Assistent fröhlich. Der Satz lautet: *Illya zahubyusya.* Das bedeutet: *Elias ist verloren.*

»Kein Kind würde so reden«, murmelte Baker irritiert.

»Nicht zu wörtlich denken, General«, warf Calvin ein. »Das bringt uns nicht weiter. Die Logik, die in diesem Puzzle arbeitet, ist nicht streng rational.« Sie wandte sich Baker zu und fuhr fort: »Er ruft es direkt nach der Frage der Flugkontrolle, wohin er fliegt und dass er sich identifizieren soll. Danach verändert sich seine Stimme, er wechselt die Sprache und wir können ihn verstehen.«

»Das ist eine Übersetzungs-KI«, erklärte Baker, »welche Schwierigkeiten hat, eine Kinderstimme zu imitieren. Wurde dem Bordsystem mitgegeben, damit Einsatzkräfte mit anderen Nationalitäten sprechen können.«

»Das macht zumindest Sinn«, erwiderte Calvin. »Toto, vergleich das initiale Stimmprofil mit allen unter

Zehnjährigen in der Stadt, welche auf den Namen Elias gemeldet sind. Beginn in der Gegenwart und geh rückwärts durch die Zeit.«

»Treffer!«, entgegnete der kleine Krake sofort. »Elias Rudenko. Acht Jahre alt. Vor einem Monat an den Folgen einer Virusinfektion verstorben. Akutes Herzversagen.«

Baker und Calvin starrten sich an.

»Toto«, begann Calvin langsam, »sag mir, dass die *Experten* der Anti-Terror-Bereitschaft die Bewusstseinsmatrix während des vermeintlichen Hacker Angriffs kopiert haben.«

»Das ist Standard-Prozedur, Professor«, erklärte Baker. »Wir sind nicht alle vollkommen unfähig.«

»Barakallahu Feekum«, murmelte Calvin.

»Auf dem Schirm!«, rief der kleine Krake glücklich und zeigte mit einem seiner dicken Gummiarme auf die Wand.

Inmitten der Schwärze des Schirms entstand eine große, weit verzweigte Wolke dichter Spinnweben in verschiedenen Farben.

»Toto, gib mir eine Überlagerung der Veränderung der Matrix des Systems vor dem Vorfall, nach dem Vorfall und während. Nimm verschiedene Skalen. Ich brauche farbliche Trennung.«

»Ja, ja, Betty«, maulte der Krake. »Jetzt mal piano. Es sind zehn hoch acht Subcode-Strukturen beteiligt, die einen Petabyte Platz brauchen, und ich habe nur acht Arme.«

Die Wolke vervielfältigte sich in die Tiefe und zeigte noch mehr farbliche Schattierungen. Calvin hob einen Finger und begann Gesten in die Luft zu zeichnen. Die gesamte Darstellung begann zu rotieren und Baker schloss die Augen.

»Wird Ihnen dabei nicht schwindelig?«

»Das ist kein Virus«, murmelte Calvin, »und auch kein Hacking-Job.«

»Das sehen Sie mit einem Blick?«

Calvin seufzte. »Mein Vater hat die Bewusstseinsmatrix der ersten autonomen KI entworfen, als ich drei Jahre alt war. Ja, General, ich sehe das mit einem Blick. Und *so etwas* habe ich auch schon einmal gesehen. Nur wo?« Sie trat an die Wand heran. »Wo habe ich das schon einmal gesehen?« Sie tippte langsam mit dem Finger gegen die Wand. »Wo? Wo?«

»Das sieht doch voll aus wie eine lernende Matrix oder?«, rief Toto heiter.

»Eine was?«, fragte Baker.

Calvin nahm die Augen nicht von der Wolke, gestikulierte mit der einen Hand, während das Bild tiefer in Detailstrukturen hineinfuhr und begann, einzelne Strukturen mit den Fingern der anderen Hand an der Wand abzufahren.

»Du hast recht, Toto.«

Baker sah zwischen der Frau und dem Kraken hin und her.

»Wovon reden Sie beide bitte?«

Calvin legte den Kopf schief und musterte intensiv eine Teilstruktur. »Wenn man versucht, das Bewusstsein eines autonom lernenden Wesens in Form einer künstlichen Matrix zu replizieren, bekommt man etwas, was unendlich viel komplexer wird und nebenbei auch noch nie wirklich gut funktioniert hat. Aber wenn man es versucht, sieht es so ähnlich aus. Aber anders.« Sie legte eine Hand auf das Display. »Das hier ist schlichter, einfacher in den Unterstrukturen. Nicht so chaotisch komplex in den Ausprägungen. Simpler. Nicht so ausgefeit.«

»Kindlicher?«, fragte Baker.

Calvin erstarrte.

»Ja«, hauchte sie schließlich und drehte sich um. »Ja«, wiederholte sie. »Kindlicher.«

Baker sah Calvin aufmerksam an.

»Was?«, fragte er ungeduldig. »Was hat er getan? Hat er die Bewusstseinsmatrix eines Kindes imitiert und in einen Hubschrauber gepackt?« Er verzog das Gesicht. »Das ist pervers.« Er runzelte die Stirn. »Können wir das überhaupt?«

»Nein«, hauchte Calvin. »Was hier getan wurde, ist noch viel unerhörter.«

27 | Mondstaubviolet

Ich stand ein wenig verloren im Keller herum, zwischen den Aquarien auf der einen Seite und einem Haufen leerer Plastikeimer mit Deckel, der sich auf der anderen Seite türmte. Eva schöpfte schon seit einer Weile die Blumen mit einem Becherglas aus dem Aquarium in die Eimer.

»Das Problem ist«, erklärte sie gerade, »dass wir zwar die Blumen einfach auf die Eimer verteilen können, aber ich fürchte, durch das ganze Wasser werden die Dinger für uns beide zu schwer sein. Und es ist ein langer Weg bis zum Regenbogenpool.«

Mir war bewusst, dass Eva wahrscheinlich jeden Einzelnen der Eimer allein tragen könnte, ohne sich auch nur einmal zu beschweren, doch ich spielte dankbar mit.

»Na, zum Glück haben wir Richard«, verkündete ich motiviert. »Tuomas hat in einem seiner Lager einen Anhänger, den er ziehen kann. Er kann auch volle Eimer an seine Vorderbeine hängen und dann vorsichtig die Treppe hinauftragen. Das funktioniert schon.«

Ich musste nicht mal lügen, denn Richard war tatsächlich äußert vielseitig begabt. Er brauchte jedoch sehr genaue Anweisungen, damit seine Lernroutinen die neuen Bewegungsabläufe verarbeiten konnten. Das bedeutete, dass ich fortwährend auf ihn einreden und jeden seiner Schritte detailliert lenken musste, während er beim Sortieren und Tragen der Eimer half. Auch hier hatte ich den Verdacht, dass Richard sich absichtlich dumm anstellte, damit ich mich nützlich fühlte. Also gab ich mir besonders viel Mühe, während ich versuchte, die Anstrengung zu ignorieren. Nach einer Stunde hatten wir es fast geschafft, doch ich war vollkommen erledigt. Eva musste es bemerkt haben, denn sie war es, die auf einmal in meinem Weg stand und erklärte: »Zeit für eine Pause, Richard ist müde.«

Ein erleichtertes Pfeifen ertönte unter mir und ich musste lächeln.

Wir flüchteten aus dem nassen Keller und suchten eine Weile in den umliegenden Abteilungen, bis wir tatsächlich eine vollkommen leere Sitzecke fanden. Ich parkte mich dankbar neben einem Tisch und inspizierte das Angebot.

»Es hat seine Vorteile, weit vom Hauptgebäude entfernt zu sein, schau, sogar die Getränkeautomaten sind noch voll.« Eva holte sich einen bunten Energydrink und ich wünschte mir Kakao. Sie setzte sich auf einen Stuhl und musterte mich aufmerksam, während sie an ihrer Dose nippte.

»Möchtest du auch eine?«

»Sorry, ich vertrage absolut kein Koffein. Es reagiert nicht gut mit meinen Medikamenten und ich habe nicht genug Körper, um so viel davon zu verarbeiten. Ich würde wahrscheinlich drei Tage lang wach liegen und meinem Herzrasen zuhören.«

Eva betrachtete mich eine Weile, dann rückte sie mit ihrem Stuhl näher an mich heran.

»Du siehst erschöpft aus.«

Ich fühlte mich ertappt und legte beschämt eine Hand über die Augen.

»Es tut mir leid«, plapperte ich los. »Ich weiß, ich sehe schrecklich aus. Der Plan war eigentlich, mich hübsch zu machen, weil ich wusste, dass wir heute zusammenarbeiten werden, aber ich habe es nicht mehr geschafft. Der Tag gestern war so lang und ich bin abends immer so schwach, wenn die Medikamente aufhören zu wirken, und dann schlafe ich sofort ein. Und jetzt sehen meine Haare aus wie ein Vogelnest.« Ich versuchte zu lächeln.

Eva musterte mich ungerührt.

»Soll ich dir helfen? Ich kämme gerne lange Haare, ich komme nur nie dazu.«

Es dauerte einen Moment, bis ich meine Sprache wiederfand.

»Würdest du?«, fragte ich schwach und spürte, wie ich tatsächlich rot wurde. »Die Bürste ist in meiner Handtasche«, begann ich, doch Eva kramte bereits darin, fand, was sie suchte, und begann kurzerhand meine Haare zu ordnen.

»Ist das Waschen nicht sehr viel Arbeit?«, fragte sie beiläufig.

»Ist es bestimmt«, bestätigte ich, »aber die Krankenschwester versichert mir immer, dass sie es gerne tut.«

Eva schmunzelte und ihr Blick glitt über mein Hemd und den zerknitterten Faltenrock, den ich für diesen Tag ausgesucht hatte, hauptsächlich, weil er heute Morgen meinem Bett am nächsten lag.

»Ich wünschte, mir würden Röcke so gut stehen wie dir«, erklärte sie nüchtern.

»Wenn du die Röcke kaufst«, verkündete ich, »welche dich schon glücklich machen, wenn du sie nur ansiehst, dann werden sie dir auch stehen und deine wahre Identität zum Scheinen bringen.« Ich grinste sie herausfordernd an.

Eva kniff die Augen zusammen und ließ die Bürste sinken.

»Das klingt, als hätte jemand es für einen schlechten Roman geschrieben. Ist das eine zeitgenössische Wahrheit?«

Ihr Gesicht war so ernst, dass ich unwillkürlich lachen musste.

»Natürlich nicht. *Wahrheit* ist nur die letzte Geschichte, die wir im Nachhinein erzählen, wenn wir wissen, welche Story wir von anderen über uns hören wollen.« Ich zog vorsichtig die Falten meines Rockes glatt. »Kleider habe ich schon immer an mir gesehen, selbst als ich sie noch nicht einmal gekauft hatte. Nur zum tatsächlichen Tragen ist es nie gekommen.«

»Warum?«, fragte Eva. »Sie sind hübsch, du hast Geschmack und sie passen zu dir. Wo ist das Problem?«

Ich spürte, wie ich wieder errötete und legte beschämt den Kopf zur Seite. Richard spürte es und drehte den Stuhl vorsichtig in die gleiche Richtung. Eva, immer noch vollkommen unbeeindruckt, rückte einfach mit ihrem Stuhl hinterher.

»Man braucht viel Stärke, um hübsche Kleider zu tragen«, murmelte ich.

»Und du warst nicht stark genug?«

»Oh, ich war stark genug«, rief ich lachend. »Davon hatte ich sogar viel zu viel. Die Stärke zeigte sich als Größe und unbändige Kraft und den Willen, zu dominieren und zu beeindrucken. Leider war das die falsche Stärke.« Meine Stimme wurde zu einem Flüstern. »Nicht jede Stärke kann alles tragen.«

Eva hielt inne und starrte eine Weile ins Leere.

»Verstehe ich nicht«, verkündete sie schließlich sachlich. »Entschuldige, aber warst du mal draußen?« Sie wedelte mit der Bürste vage nach oben. »Hat hier nicht erst letztes Jahr jemand eine Klage gewonnen und sich damit vor Gericht das Recht erstritten, ein Tierkostüm zur Arbeit zu tragen, nachdem er beweisen konnte, dass er auch zu Hause wie ein Tier lebt? Was habe ich nochmal gelesen? Es ist unmenschlich, jemanden auf der Arbeit wie einen Menschen zu behandeln, wenn er tief im Innern ein Tier ist?« Sie sah mich mit großen Augen an. »Man würde meinen, dass man das an Idiotie nicht überbieten kann, aber das hier ist die Hauptstadt. Hier gibt es eine anerkannte Minderheit, die sich als Maschinen identifiziert und ohne Pause Selbstmorde produziert, weil die Fanatiker irgendwann ihren eigenen organischen Körper nicht mehr ertragen können. Gütiger Himmel, hier gibt es sogar einen eigenen Park, wo Menschen sich die Füße eingraben, als Baum identifizieren und dafür bezahlen, dass Hunde ihnen ans Bein pinkeln.«

Ich lächelte müde.

»Diese Menschen zwingen die Gesellschaft, sie als das zu akzeptieren, was sie tief in sich als Wahrheit vermuten. Das ist der einfache Weg. Es ist immer einfacher, andere zu überzeugen, etwas zu tun. Einfacher, als sich selbst zu zwingen, etwas als wahr anzunehmen, was man tief in sich gefunden hat.«

»Und was hast du in dir gefunden, was wahr ist?«

»Dass ich sterbe. Vielleicht ist es in der Zwischenzeit okay, wenn ich einfach nur Lou bin?«

Eva sah mich lange an, bevor sie fortfuhr, meine Haare zu kämmen.

»Die Welt wird mit jedem Tag absonderlicher, fremdartiger, gefährlicher und unvorhersagbarer«, erklärte sie irgendwann. »Vielleicht klammern die Menschen sich deswegen an immer neue und aufregendere Versionen von Wirklichkeit. Vielleicht gibt es ihnen die Illusion einer Kontrolle in einer Welt, die ihnen sonst nichts lässt. Denn solange sie mit immer neuen Wahrheiten beschäftigt sind, realisieren sie nicht, dass ihnen nicht einmal mehr ihre eigenen Gedanken gehören.«

»Was ist deine Wahrheit?«, fragte ich die blauen Augen.

»Meine Wahrheit ist, dass ich gebrochen bin«, erklärte Eva, als würde sie ein offizielles Statement verlesen. »Kaputt und so zerstört, dass man die Einzelteile nicht mehr erkennen kann. Wie ein zerbrochenes Spielzeug in der Kramkiste eines Kindes, das selbst nicht einmal mehr weiß, wozu es einmal diente.«

»Dafür«, erwiderte ich leise, »bist du aber immens stark.«

»Weil ich fortwährend alle Bruchstücke tragen muss.«

Sie fuhr stumm fort, meine Haare zu kämmen und war mir dabei so nahe, dass ich die Kälte fast spüren konnte, welche von ihren Augen abstrahlte. Ich wandte mich ihr zu, sah sie an und sie legte für eine Sekunde ihre kleine kalte Hand auf meine Wange. »Meine Bruchstücke kann ich immer noch selbst tragen, mach dir keine Sorgen.«

»Es ist nicht schlimm, sich beim Tragen helfen zu lassen«, erklärte ich vorsichtig. »Manchmal will die Stadt dir unbedingt Probleme machen und dann ist es nett, wenn man ein paar extra Hände hat, die helfen.« Ich zögerte. »Oder Beine.« Richard hupte eine kurze Zustimmung.

»Hattest du schon Probleme?«, fragte Eva.

»Ich? Erstaunlicherweise nein. Die Menschen sehen den Rock und den Stuhl und suchen sich ein leichteres Opfer. Außerdem haben gerade Männer panische Angst davor, dass ich sie anfalle und ihnen nach der Ehre greife oder noch schlimmer, versuche mit ihnen zu flirten.«

»So schlecht bist du doch gar nicht.«

»Danke, ich profitiere von Richards Charme.«

Ein leises, bestätigendes Pfeifen kam von unten.

»Nein, ich habe keine Probleme. Es ist schon auffällig. Ich kann es nicht beweisen, aber ich bin mir sicher, dass Tuomas in der Klinik herumgegangen ist und deutlich gemacht hat, was passiert, wenn jemand mir gegenüber nicht höflich genug ist.«

»Das hat funktioniert?«

»Oh ja. Glaub mir, keiner, der in diesem Gebäude arbeitet und morgen noch Netzzugang haben will oder jemals wieder eine Mail lesen möchte, würde sich mit Doktor Tuomas Lauri anlegen.« Ich zögerte. »Nur einmal hat mich eine Frau tatsächlich angeschrien.«

Eva ließ die Bürste sinken und sah mich an. »Nein.«

Ich nickte.

»Doch. Sie meinte, es sei eine Schande, dass ich nun, da ich krank sei, glaubte, meiner Schwäche ein weibliches Äußeres geben zu müssen.«

»Was hast du geantwortet?«

»Nichts. Ich hatte auch keine Gelegenheit, denn Richard hat sie ziemlich fest vors Schienbein getreten.«

Eva riss die Augen auf.

»Wirklich?«

Richard hupte, faltete eines seiner Beine aus und gab einem leeren Stuhl einen Tritt, der ihn quer durch den Raum warf und quittierte dies mit einem selbstzufriedenen Pfeifen.

»Er mag es nicht, wenn man mich beleidigt. Ich wette, das ist auch Tuomas' Programmierung. Richard passt auf mich auf, auch wenn niemand da ist.«

»Was für eine charmante Person«, murmelte Eva und nahm das Bürsten wieder auf.

Ich zuckte mit den Schultern.

»Menschen werden schnell ungehalten, wenn du nicht in einer klar begrenzten Schublade lebst, welche sie verstehen können. Sie fühlen sich dann um die Möglichkeit betrogen, dich entweder zu hassen oder zu lieben.«

»Als ob der Unterschied so groß wäre«, murmelte Eva leise.

»Ich kann es ja verstehen«, flüsterte ich. »Es ist nicht leicht, jemandem zu erklären, dass es Ludwig war, der auf eine falsche Stärke stolz war und dass er diese Stärke erst verlieren musste, um darunter eine richtige Stärke zu finden. Eine Stärke, die mich zwar keine Treppe mehr hinauf, aber dafür zu einem Ort tragen kann, wo mir Ludwig nichts genutzt hätte.«

»Und welcher Ort wäre das?«, fragte Eva leise.

»Auf die Damentoilette«, erwiderte ich und lächelte.

»Na, wenn das kein Grund ist, für den man sich hübsch machen sollte, dann weiß ich es auch nicht«, verkündete Eva.

Sie packte die Bürste weg und kramte meinen Lippenstift hervor. »Was für eine schöne Farbe.«

»Danke«, entgegnete ich. »Sie heißt Mondstaubviolett. Wie kann ich eine Farbe nicht sofort benutzen, wenn sie so einen Namen hat?«

Eva nickte und hielt den Lippenstift bewundernd ins Licht. »Natürlich musstest du sie behalten. Sie ist außergewöhnlich, fremd und schwer zu finden.« Sie schmunzelte mich über den Lippenstift hinweg an. »Dann muss ich wohl darauf achten, dass du deinen Standard auch weiter erfüllst.«

»Und ich kann dich tragen«, entgegnete ich, »wenn deine Bruchstücke zu schwer werden.« Ich lächelte schief. »Nun, wenn ich sage, *ich* werde dich tragen, dann kann es sein, dass ich mir Hilfe hole.«

Richard piepte sehr leise eine Zustimmung.

»Zum Glück hast du Richard, der dir hilft.«

»Starke Helfer sind ein zweischneidiges Schwert«, erklärte ich. »Mit jedem Tag, den ich schwächer werde, wird Richard stärker. Ich bin das Maskottchen von mindestens drei Forschungsabteilungen der Klinik. Robotiker, Ingenieure und KI-Entwickler streiten darum, wer mich als Erstes upgraden darf, kaum dass ich schwächer werde. Ich habe einen Marketing-Vertrag auf Lebenszeit mit PharmaCorp. Das ist überhaupt der Grund, warum sie mich hier leben lassen.«

»Wirklich?«, fragte Eva. »Lebenszeit? Und die Kleider haben sie kommentarlos geschluckt?«

»Oh nein, es gab ein offizielles Treffen mit Anwälten, welche die Marke bedroht sahen, wenn die Werbeposter auf einmal einen schlecht rasierten Kerl im Kleid zeigten.«

»Was ist passiert?«

»Ich bin in Tränen ausgebrochen und erklärte, dass ich mich als Opfer fühle, weil das mit den Kleidern erst angefangen hat, als ich begann, die Medikamente zu nehmen.

Immerhin ist schwerer Identitätsverlust eine bekannte Nebenwirkung der Neuro-Blocker, mit denen sie mich füttern, um den Vertrag möglichst lange laufen zu lassen.«

Eva ließ den Lippenstift sinken.

»Tränen? Wirklich?«

»Ich weiß, ich weiß, ich bin ein lebender Stereotyp.«

»Das hat doch nicht funktioniert oder?«

»Oh und wie!«, lachte ich. »Die Anwälte wurden sehr still und jetzt habe ich ein Kleiderbudget und die besten elektrischen Rasierer, die man für Geld kaufen kann.«

Eva zögerte und sah zu Boden, während sie nachdachte.

»Ich sehe, was du meinst. Geht es um dich? Oder wollen sie nur sehen, wie lange sie den Vertrag laufen lassen können? Ist Richard tatsächlich eine Hilfe, oder wollen sie nur lernen, wie gut er dich ersetzen kann?«

Ich nickte.

»Seine nächste Version wird ein paar zusätzliche Arme haben. Ich verschiebe den Termin für das Upgrade schon seit Wochen.«

»Weil du dann nichts mehr machen musst.«

Ich nickte noch einmal.

»Das ist erst der Anfang. Ich werde Stück für Stück alles verlieren. Irgendwann wird man mich nicht einmal mehr hören können und er wird meine Stimme sein. Wenn seine tiefe männliche Stimme mein Reden übernimmt, dann ist Ludwig zurück und niemand wird mich noch beachten. Ich bin dann nur der hübsche Schmuck, welcher den starken Roboter ziert.«

Eva richtete sich auf und öffnete entschlossen den Lippenstift.

»Dann sollten wir sicherstellen, dass du nicht zu übersehen bist. Ich denke, Mondstaubviolett ist da ein guter Anfang.« Damit begann sie sehr vorsichtig mir den Lippenstift aufzutragen.

»Macht es dir Angst?«, fragte sie irgendwann leise.

»Natürlich macht mir das Angst!«, flüsterte ich. »Richard hat nicht mehr viel Zeit zu lernen, wie er meine Beine rasieren muss, sonst sterbe ich vor Scham.«

Diesmal hätte sie fast gelächelt, doch ich bemerkte es nicht mehr, denn ich war eingenickt.

Richard bemerkte es und kippte die Sitzschale vorsichtig in eine liegende Position. Das Display an meiner Armlehne drehte sich zu Eva und das Bild eines Emojis erschien, welches den Zeigefinger vor die Lippen legte.

Eva räumte meine Handtasche zusammen und ging leise in den Keller, um die letzten Eimer zu holen. Das eine, was sie nicht mehr sah, was ich erst viel später in den Überwachungsvideos fand, war die blühende Rose, die sich langsam im Display an meiner Armlehne drehte.

Das andere, was ich nicht mehr sah und ebenfalls erst viel später in den Aufzeichnungen fand, war Eva, die im Keller ein Glas voller wirbelnder Funken in ihrem Rucksack verstaute.

28 | Traumbilder

Entschuldigung«, entgegnete Baker und hob eine Hand. »Ich glaube, ich habe den Anschluss verloren. Ich dachte, die Übernahme der Helikopter-Drohne war die Hacking-Attacke eines Trittbrettfahrers und ein lausiger Versuch obendrein, denn er hat absolut nichts gebracht. Die Drohne wurde bereits geborgen und wird gerade repariert.«

»Nein, General«, erwiderte Calvin und schüttelte langsam den Kopf. »Das war kein gewöhnlicher Hacker-Angriff. Erinnern Sie sich. Das Kind hat von einer Blumenwiese erzählt, zu der es fliegt und wo es seine Mutter sehen kann. Transparente Blumen aus Glas, die unter einem blauen Himmel blühen.« Calvin zeigte auf das Goldfischglas auf dem Klapptisch. »Durchsichtige Blumen im Wasser. Hubschrauber über dem Meer und Blumen aus Glas.« Sie schüttelte den Kopf. »Das war kein Trittbrettfahrer. Einer Drohne eine Kinderstimme geben, um uns Angst zu machen? Das ist noch billiger als die Schaben an der Wand. Nein, ich glaube, ein wesentlicher Teil des Rätsels, das sich uns stellt, ist unterscheiden zu können, was real ist und was nicht. Was von uns kommt und was von jener Seite, die versucht, uns etwas zu sagen.«

Baker warf ihr einen kritischen Blick zu.

»Wollen Sie mir jetzt erzählen, dass es ein echtes Kind war? In Form einer KI eines Militärhubschraubers?« Er seufzte. »Es gab mal eine Zeit, da haben künstliche Intelligenzen wenigstens noch versucht, mit tödlichen Cyborgs die Weltherrschaft zu übernehmen. Heutzutage hocke ich in einem Bunker und höre mir an, wie fortgeschrittenste KIs über Botanik reden und mir dabei Blumen zeigen.«

»Genau!«, rief Calvin und klatschte in die Hände. »Blumen zeigen. *Das* ist es!« Sie zeigte auf den Kraken. »Toto, hast du nochmal die Matrix der Quantenlaptops? Erinnern Sie sich, General? Die Computer, die Blumen zeigen, wenn sie untätig sind?«

»Ich beginne langsam vollständig den Überblick zu verlieren«, murmelte der Soldat müde.

»Ich weiß«, bestätigte Calvin. »Ich glaube, das ist auch genau die Absicht.«

»Ich habe mehrere Speicherstrukturen der Laptops zur Verfügung«, erklärte Toto aufgeräumt.

»Nimm eine«, wies ihn Calvin an, »und zeig sie mir neben der Matrix vom Hubschrauber.« Eine zweite Wolke aus bunten Fäden erschien. »Pass bitte die Farbskala an und zeig mir die Aktivitätsmuster im Vergleich.« Sie starrte auf die komplexe grafische Darstellung. Es sah aus wie zwei benachbarte Technicolor-Wetterfronten, die im Takt die Form ihrer Wolken und ihrer Farben veränderten.

Calvin atmete tief durch. Schließlich nickte sie zufrieden. »Da brauchen wir keine Korrelationsanalyse, nicht wahr. General. Sie sehen es, oder?«

»Ich sehe dichte, unförmige Wolken aus Millionen feiner bunter Striche, durch welche Farbwellen laufen«, murrte Baker.

»Kommen Sie schon«, forderte Calvin. »Wie wirkt es auf Sie? Sie kennen die grafischen Darstellungen vom Konzept einer Bewusstseinsmatrix doch schon seit Jahrzehnten.«

Der Soldat legte den Kopf schief.

»Anders. Unordentlicher.« Er wedelte mit der Hand und suchte offensichtlich nach einem Begriff.

Calvin nickte.

»Das Wort, das Sie suchen, ist vielleicht: *Organischer.*«

Baker rieb sich müde die Augen.

»Ich habe das Gefühl, Sie versuchen mich langsam zu einer Erkenntnis zu führen, Professor, ich würde es begrüßen, wenn Sie sich ein wenig beeilen könnten, bevor wieder etwas Absurdes passiert, was wir nicht verstehen.«

»Was Sie sehen«, erklärte Calvin, »ist nicht die Bewusstseinsmatrix eines KI-Systems. Dies ist die visuelle Repräsentation eines organischen Systems.«

»Das hatten wir doch eben schon«, warf Baker ein. »Sie hatten doch bereits impliziert, dass hier keine echten Menschen kopiert wurden.«

Calvin verzog das Gesicht.

»Das würde auch nicht funktionieren, da bin ich mir sehr sicher.«

»Warum?«

»Weil wir es in den vergangenen Jahrzehnten schon mehrmals versucht haben. Wahlweise ist das Ergebnis nicht bewusst oder es wird sofort wahnsinnig.« Sie deutete auf die Displaywand. »Das hier sind sehr einfache Strukturen. Rudimentär geformt. Nicht komplex genug, um wahnsinnig zu werden und nicht groß genug, um die vorhandenen Ressourcen zu sprengen. Sie wirken sehr *organisch* in ihrer Anlage, sind aber auf virtuelle Schnittstellen angepasst.«

Baker grunzte.

»Könnte man Kindergehirne dafür als Vorlage benutzen?«

Sie nickte.

»Es klingt wahnsinnig, aber ich glaube, genau das ist hier passiert.«

Baker stöhnte.

»Sollten diese Kinder-KIs *bewusst* sein?«

Calvin schüttelte vehement den Kopf.

»Sie sind zu einfach. Alles, was so eine Bewusstseinsmatrix könnte, ist die einfachsten Inhalte produzieren. Höchstens komplexe Bilder, wie in …«, sie zögerte und kniff ihre Augen zusammen.

»Wie in kindlichen Fantasien?«, fragte Baker.

Sie verzog das Gesicht.

»Der Begriff ist auf allen nur denkbaren Ebenen so falsch gebraucht wie nur möglich. Aber ja, mir fällt gerade nichts Besseres ein.«

Baker richtete sich auf, verschränkte die Arme und starrte auf die Displaywand.

»Es tut mir leid, ich verstehe nicht, was das soll. Warum der Aufwand? Warum die Geheimnisse? Wenn George die Grenzen der Forschung an den Grundlagen der Bewusstseinsmatrix Ihres Vaters erweitern will, muss er doch nur fragen.«

»Wenn ich das wüsste«, erwiderte Calvin leise und fuhr die Substrukturen der Matrix mit einem Finger ab. »Er verfolgt definitiv einen Plan, wir müssen nur noch dahinterkommen, was er will.« Sie setzte sich zu Baker an den Tisch, zog ein Blatt Papier aus ihrer Kitteltasche und reichte ihm den Zettel. »Hier!«, verkündete sie. »Machen Sie sich mal nützlich.«

Baker nahm das Papier entgegen und musterte den Inhalt kritisch.

»Es stehen nur ein paar Wörter drauf. Rose, Rechner, Blumen, Welten, Rauschen, Ratten, Kind.« Er starrte einen Moment. »Das sind die Ereignisse der letzten Wochen, aber die Liste ist nicht vollständig. Die Schaben fehlen.«

»Nein«, erklärte Calvin. »Die Schaben fehlen nicht, denn die Schaben, General, verdanken wir tatsächlich einem Trittbrettfahrer.«

Baker schnaufte.

»Der Scheiß hat eine Massenpsychose erzeugt und uns von da fast in einen Bürgerkrieg geführt.«

Calvin nickte grimmig.

»Ja, und daher wissen wir auch, dass es kein Hauptmotiv gewesen sein kann. Die Schlüsselsymbole, die tatsächlichen Botschaften, führen nicht zum Krieg.« Sie schloss die Augen und hob einen Finger. »Die Rose ist der Beginn«, erklärte sie bestimmt. »Gewissermaßen die Ouvertüre, um uns auf die kommende Geschichte einzustimmen.« Sie nickte vage, wie um sich selbst zu bestätigen. »Ja, ich glaube, wir bekommen hier mit Bildern etwas erzählt. Nehmen wir doch mal die Motive und versuchen das Drehbuch zu bauen.«

»Gut, dass Wagner nicht hier ist«, warf Baker ein.

»Die Konvergenz der Welten bringt uns die Botschaft einer neuen Geschichte«, erklärte Calvin, als hätte sie nichts gehört.

»Die Rechner bringen uns Blumen«, fuhr Baker sarkastisch fort, »aber nur, wenn sie sonst nichts tun.«

»Sehr gut«, erwiderte Calvin und ignorierte den Ton. »Und die Rechner sind außerdem vernetzt. Genauso wie die Ratten. Die brachten der Stadt den Schlaf. Sie benutzten dazu ein Gruppenbewusstsein.«

»Der Schlaf brachte mehr Blumen«, ergänzte Baker.

»Dann kam das Wasser mit seinen Geräuschen«, fügte Calvin hinzu.

»In welchem wir wieder die Blumen haben«, fügte Baker hinzu.

»Die Blumen sind das verbindende Element«, murmelte Calvin. Sie zögerte und starrte auf den Zettel. »Die Blumen sind real, aber auch eine Metapher, ein Bild für die Kommunikation, die Verbindung beider Welten. Auch das ist nicht wörtlich gemeint. Es sind keine Planeten.« Sie sprang vom Stuhl und begann neben Baker auf und ab zu gehen. »Wir müssen mehr in Metaphern denken. Wie eine parallele Märchenwelt hinter dem Spiegel. Das Rauschen lehrt uns, wie wir über die Blumen denken sollen. Nicht als Teil der Biosphäre, auch wenn sie so aussehen. Überhaupt nicht als Teil der physikalischen Welt. Sie sind ein Teil des Bewusstseins. Ein Symbol für ein Gruppenbewusstsein. Wie ein altes, unbewusstes Motiv, das in die reale Welt findet. Dort hineingebracht wird es wie eine Projektion.« Sie blieb stehen und presste sich die Fäuste auf die Schläfen.

Baker sah besorgt zu ihr auf.

»Sind sie sicher, dass es Ihnen gut geht, Professor? Wie lange haben Sie nicht mehr geschlafen?«

»Seien Sie still«, entgegnete Calvin unwirsch. »Wir dürfen nicht versuchen, wissenschaftlich zu denken, dann funktioniert es nicht mehr. Er lässt die Computer an Blumen denken und das triggert die echten Blumen.«

»Wie um alles in der Welt hat er …«, begann Baker irritiert.

»Egal«, erklärte Calvin. »Das ist nicht wichtig. Es geht nicht um das *wie*. Das ist wieder wissenschaftlich gedacht. Wenn wir versuchen, wie Wissenschaftler zu denken, kommen wir nirgendwo hin und verzetteln uns in sinnlosen Auswertungen, die genau nirgendwo hinführen. Dann stecken wir mit Wagner in der Falle der endlosen Datenanalyse. Sie dürfen nicht wörtlich denken, das hier sind Symbole, es sind Motive, die zu unserem Unterbewusstsein sprechen. Alte Bilder. Wie, wie …« Sie rang nach Worten.

»Traumbilder?«, fragte Baker.

Sie sah ihn an, als hätte sie ihn jetzt zum ersten Mal bemerkt.

»Ja«, hauchte sie. »Genau! Traumbilder! Gott, warum bin ich nicht früher darauf gekommen?«

»Weil Sie in diesem Jahrzehnt noch nicht geschlafen haben?«, fragte Baker unschuldig.

»Ich mache hier die Witze, General«, erwiderte Calvin kühl.

Baker lachte.

»Ich gebe zu, es ist eine schöne Geschichte, Professor. Doch selbst wenn es die Traumbilder einer anderen Welt sind, bleibt die Frage die gleiche. Warum?«

Calvin ließ den Kopf hängten.

»Ich weiß es nicht. Eine Geschichte, die sich quantitativer Erfassung widersetzt und nur intuitiv erfassbar ist. Ich bin nicht für diese Art der Arbeit qualifiziert. Jetzt brauchen wir einen Dichter oder einen Schriftsteller.«

»Okay«, entgegnete Baker und rieb sich die Hände. »Wir kommen mal wieder nicht weiter.« Er sah kurz über seine Schulter und zeigte mit dem Daumen nach hinten. »Warum fragen Sie nicht Ihre zentrale Analyse-Intelligenz, dafür haben Sie sie schließlich?«

Calvin sah ihn wütend an, dann blinzelte sie, rieb sich müde die Augen und zuckte mit den Schultern.

»Warum nicht. Toto, was versucht George zu erreichen, es macht für uns hinten und vorne keinen Sinn.«

Der kleine rote Krake kratzte sich nachdenklich mit einem Tentakel am Kopf und produzierte dabei ein gummiartiges Quietschen.

»Ja, hm, also«, begann er. »Wären wir in einem schlechten Kinofilm, würde ich sagen, dass er wahnsinnig geworden ist. Er will aus einer parallelen Welt Monster in diese schaffen, um diese als Waffe zu benutzen, um die Weltherrschaft an sich zu reißen.«

Baker applaudierte langsam.

»Sehr gut. Klingt vernünftig für mich.« Er drehte sich um und sah den kleinen Gummikraken mit neuem Respekt an. »Allerdings passen die Blumen nicht dazu.«

»Nichts passt dazu«, erklärte Calvin kühl. »Zunächst einmal kann George keine Menschen verletzen. Nach dem Debakel mit dem Projekt Prometheus haben wir Sorge getragen, dass jede Bewusstseinsmatrix einer KI die drei fundamentalen Gesetze zum Schutz des Lebens enthalten muss. Darüber hinaus haben wir keinerlei Hinweise darauf, dass uns eine Bedrohung ins Haus steht. Denn die Blumen sind vollständig nutzlos. Selbst ein genialer Genetiker hätte keine harmlosere Spezies erfinden können. Das Ganze macht keinen Sinn! Seine Programmierung hat klare Vorgaben. Darüber hinaus kann er niemals heimlich an der Zerstörung der Welt arbeiten. Seine Matrix ist fundamental auf nur einem Konzept aufgebaut: Er soll die Menschheit vor der Selbstzerstörung retten! Nichts anderes. Er soll helfen, uns in eine bessere Welt zu …« Sie brach ab, riss die Augen auf und sprach langsam weiter: »Eine bessere Welt. Er soll uns in eine bessere Welt führen.« Sie drehte sich langsam zu Baker um. »Es geht nicht darum, etwas in diese Welt zu holen«, hauchte sie, schlug sich die Hände vors Gesicht und stöhnte lang gezogen. »Wie konnte ich so blind sein?«

Baker wandte sich um und tauschte einen Blick mit dem kleinen Kraken. Beide sahen Calvin fragend an. Diese stand stöhnend neben dem Tisch, hielt sich den Kopf mit beiden Händen und schwankte langsam vor und zurück. Sie flüsterte eine Weile lang aufgebracht vor sich hin, dann wirbelte sie plötzlich herum und griff Baker bei den Schultern.

»Niemand will etwas in diese Welt holen. Niemand! Wir haben es falsch herum gesehen!« Sie schrie ihm die Sätze ins Gesicht. »Ein Gruppenbewusstsein, welches während einer Konvergenz die Realität verändern kann. Traumsymbole, die aus dem Bewusstsein der anderen Welt in unsere schwimmen! Sehen Sie es nicht?« Sie starrte in Bakers konsternierten Ausdruck. »Nein? Er versucht einen Weg in die andere Welt zu *öffnen*, um Menschen *dorthin* zu schaffen. Wir haben ihm gesagt, er soll die Menschen in eine bessere Welt führen! Genau das tut er! Er hat einen Weg gefunden, Menschen nach ihrem Tod an die Rechner zu binden. Er verknüpft sie alle und lässt sie an Blumen denken. Danach tauchen die Blumen in der Realität auf.« Sie sah kurz nach oben und schien nachzudenken. »Ja. Genau. Er testet die Kommunikation.

Ich wette, die Blumen kommen von der anderen Seite. Er will die Konvergenz nutzen, um einen Übergang zu erzeugen.«

Baker kannte Calvin lange genug, um nicht mit ihr zu diskutieren.

»Wir müssen ihn sofort abschalten.«

Sie lachte bitter.

»General, ich weiß, von welchen Notfallsystemen Sie sprechen. Es gab auch eine Zeit ganz am Anfang, da haben die mal funktioniert. Ich habe es nicht übers Herz gebracht, es Ihnen zu sagen, aber diese Systeme sind mittlerweile vollständig nutzlos. George ist über hunderte von Rechenzentren bis hinauf zur Orbitalstation dezentralisiert. Genau damit man ihn eben *nicht* einfach so abschalten kann.«

»Wir können das Netz offline nehmen.«

»In dieser Stadt? Ich glaube, die Gravitation offline nehmen wäre einfacher. Davon abgesehen, nein, selbst wenn wir ihn abschalten, hat er womöglich vorgesorgt und verschwindet. Ich weiß nicht, wie lange er schon mit einer anderen Agenda arbeitet, was er vorbereitet hat und welche Sicherheiten er hat. Wenn ich ihn bloßstelle und er verschwindet, dann werden wir der Sache nie auf die Spur kommen.« Sie hielt inne und zog die Brauen zusammen. »Außerdem macht es leider immer noch keinen Sinn. George kann keine Manipulationen auf diesem Level in die Wege leiten. Er ist außerstande, Geheimnisse zu haben. Genauso ist er unfähig, zu lügen oder eine Verschwörung zu planen. Wir sind ja nicht blöd. Es gibt Sicherheitsmechanismen. Alle seine Absichten müssen transparent gemacht werden. Ihm fehlen die Kapazitäten, um etwas für sich zu behalten. Je gravierender seine Eingriffe sind, desto lauter und deutlicher muss er erklären, was er macht.«

Baker sah ruhig zu ihr auf und hob dann langsam die Liste mit den Wörtern vor ihr Gesicht.

»Wenn er seine Pläne der ganzen Stadt verkündet, muss er es dann so erklären, dass man es versteht?«

Calvin wich zurück und starrte die Wörter an. Dann ging sie sehr langsam zu ihrem Platz und ließ sich vorsichtig auf den Stuhl sinken.

»Ist es das?«, fragte sie leise. »Toto, ich habe dir Zugang zu der gesamten Struktur von Georges Bewusstseinsmatrix gegeben. Seine Ethikroutinen sind theoretisch auf vollständige Transparenz ausgelegt. Er sollte nicht in der Lage sein, etwas für sich zu behalten. Er muss seine Absichten verkünden, und zwar auf eine Art, sodass es jeder Mensch verstehen kann. Analysiere die Algorithmen, welche die Ethikgleichungen balancieren und beantworte mir folgende Frage: Kann er archetypische Traummotive benutzen, um seine Pläne zu verkünden? Kann er das so auslegen, dass er Motive benutzt, die tief im Unterbewusstsein aller Menschen verankert sind?«

Toto drehte sich langsam im Kreis und summte leise vor sich hin. Schließlich erklärte er: »Eine oberflächliche Analyse bestätigt diese These, Betty. Er kann Traumsprache benutzen, wenn er es laut und deutlich der ganzen Stadt verkündet.«

Calvin ließ den Kopf in die Hände sinken.

»Wir müssen ihn stoppen«, erklärte Baker irgendwann.

Calvin schien ihn nicht gehört zu haben.

Sie schüttelte langsam den Kopf.

»Nein. Ich kaufe das nicht. Das ist nicht machbar. Nicht auf diesem Level. So ein Level an Manipulation ist zu komplex. Nicht für ihn allein. Man kann nicht alles online machen. Er kann nicht ohne Menschen arbeiten. Es muss da draußen Menschen geben, die ihm helfen. Wir müssen sie nur finden. Was ist unsere Verbindung aus der Geschichte in die reale Welt?«

Baker zeigte stumm auf das Goldfischglas.

»Die Blumen«, stellte Calvin fest. »Und immer wieder die Blumen.«

»Wir haben die Blumen im Wassersystem der Stadt vollständig zerstört«, warf Baker ein. »Wir fluten noch immer mit hohen Konzentrationen von Chlor. Wir händigen auch Chlortabletten an die Bevölkerung aus und weisen Menschen an, die Wasserkästen ihrer Toiletten zu öffnen. Wir haben zudem tausende Nanobots in das Wassersystem entlassen, welche die Stadt vollständig mappen. Wir werden aber noch ein paar Wochen brauchen, weil hier alles so verdammt groß ist, aber wir machen Fortschritte.«

Calvin tippte sich nachdenklich mit einem Zeigefinger ans Kinn.

»Was machen die Quantenrechner, Toto?«, fragte sie.

»Träumen immer noch von hübschen Blumen«, entgegnete der Krake sofort. »Mehr als zuvor, um genau zu sein.«

»Dann muss es auch noch Blumen geben«, flüsterte Calvin, »denn der Traum ist noch nicht zu Ende.«

Baker zog die Augenbrauen hoch und blinzelte.

»Okay«, entgegnete er und dehnte das Wort. »Und was würden Sie vorschlagen, sollen wir jetzt tun?«

»Wir müssen den Ort finden, wo sich diese Welt und die andere tatsächlich berühren, denn was auch immer passieren soll, wird dort geschehen.«

»Ach so«, machte Baker. »Mehr nicht? Und wie genau sollen wir das machen?«

»Entschuldigung?«, unterbrach Toto. »Ich habe Colonel Deering in der Leitung. Er sagt, es gibt Entwicklungen an der Oberfläche, von denen wir wissen sollten.«

»Natürlich«, murrte der General. »Ich hätte es mir auch denken können.«

29 | Himmelsöffnung

Tuomas stand im Büro von Professor Scholz und beobachtete, wie der alte Mann nachdenklich vor seinem Schreibtisch verharrte. Gelegentlich durchsuchte er bedächtig den Inhalt einer Schublade und verstaute diverse Fundstücke in einer abgewetzten braunen Ledertasche, welche vor ihm auf dem Stuhl stand.

»Haben Sie sich die Morphologie angesehen?«, fragte Scholz unvermittelt.

Tuomas blinzelte und brauchte eine Sekunde, um den richtigen Gang zu finden.

»Habe ich«, entgegnete er. »Wie Sie vermutet haben. Es sind Flagellaten, genauer gesagt Phytoflagellaten, da sich zahlreiche Pflanzenstrukturen finden lassen. Die Biolumineszenz ist eher ungewöhnlich, aber wir kennen das Phänomen natürlich von den Dinoflagellaten, wenn auch nicht so hell. Ich könnte mutmaßen, dass auch hier der Leuchtstoff vom Chlorophyll abgeleitet wurde, aber ehrlich, insgesamt sind sie wie die Blumen. Bei näherer Betrachtung schockierend langweilig.«

»Abgesehen von der telepathischen Verbindung zu unserer Mitarbeiterin«, warf Scholz ein und sah Tuomas einen Moment lang über seine Brille hinweg an.

»Ja, das ist nicht ganz alltäglich«, bestätigte Tuomas. »Sie sammeln sich sofort um sie. Ist ein bisschen gruselig anzusehen.«

»Wo sind die beiden Damen im Moment?«

»Sie bringen die letzten Blumen in ihr neues Zuhause. Also nicht wirklich, denn kaum, dass Eva sie in das Schwimmbad setzt, zerplatzen sie in einem Funkenschwarm. Im Moment sieht es aus, als würden wir einen gewaltigen Schwarm gut koordinierter Glühwürmchen unter Wasser züchten. Zusammen mit dem Regenbogenlicht aus dem Dachfenster fühlt man sich ein bisschen wie in einer Retro-Disco.«

Scholz hielt inne und sah auf seine altmodische Armbanduhr.

»Sehr gut. Wir sind im Zeitplan.« Er nickte zufrieden. »Das dürfte für diese Arbeitsgruppe das erste Mal sein. Na, besser spät als nie.« Er sah zu Tuomas auf. »Haben Sie Zeit gefunden, meiner kleinen Bitte nachzukommen?«

»Natürlich«, entgegnete Tuomas. »Selbst, wenn ich dafür die Ausrichtung hunderter Überwachungskameras ändern oder ihnen falsche Daten füttern musste. Ganz zu schweigen von den Flugbahnen der Drohnen um das Klinikum, welche nicht in Sichtweite sein dürfen.«

»Ich weiß das zu schätzen, Doktor Lauri.«

Tuomas zog sein Handy aus der Tasche, suchte einen Moment und hielt dann Scholz das Display hin, dabei stützte er sich mit einer Hand auf den Schreibtisch. Scholz studierte die Liste aus Zahlen, nickte dann bestätigend und fuhr fort, seine Tasche zu packen.

Ich hätte es fast nicht gesehen, doch als Tuomas seine riesige Hand wieder vom Tisch nahm, blieb ein einzelner Schlüssel dort liegen, welchen Scholz wie beiläufig in seiner Tasche verschwinden ließ.

Ein echter Schlüssel aus Metall. Ein Anachronismus in einer Welt voller elektronischer Zertifikate, die an unsere Handys gekoppelt waren.

»Keine digitale Spur?«, fragte Scholz beiläufig.

»Selbstverständlich nicht«, erklärte Tuomas. »Ich habe Ihrem Wunsch folgend alles gelöscht. Die Publikationen haben ja zum Glück schon vor Jahren aufgehört, denn diese verschwinden zu lassen, wäre kaum möglich gewesen.«

»Werden Sie in Schwierigkeiten geraten?«

»Wer, ich?«, fragte Tuomas in gespieltem Erstaunen. Dann schnaufte er höhnisch. »Ich bitte Sie. Das halbe Sicherheitskonzept von PharmaCorp ist von mir entwickelt worden. Ich tauche in keiner Akte auf und Lou ist durch ihren Vertrag geschützt. Unsere liebe Eva ist jetzt nirgendwo mehr zu finden, dafür habe ich gesorgt.«

Scholz nickte abwesend und untersuchte eine Packung mit Zigarren, welche er versonnen musterte und schließlich mit einem Schulterzucken in die Tasche warf.

»Es war erstaunlich einfach«, erklärte Tuomas, ohne den Blick von Scholz zu nehmen. »Es stellte sich heraus, dass sie außerhalb der Klinik ebenfalls nicht existiert.« Er beobachtete Scholz, der jedoch gelassen fortfuhr, seinen Schreibtisch aufzuräumen. »Ich bin fast daran gescheitert, auch nur herauszufinden, wo sie wohnt.« Scholz hielt inne, doch Tuomas sprach sofort weiter. »Keine Sorge, ich habe dafür gesorgt, dass es niemand außer mir herausfinden kann. Wer auch immer ihre Freunde sind, sie sitzen an sehr einflussreichen Orten.« Er forschte aufmerksam im Gesicht seines Chefs nach einer Reaktion, doch dieser beachtete ihn weiterhin nicht. »Und das Beste ist, sie weiß es nicht einmal.«

Scholz schloss seine Ledertasche mit einem lauten Schnappen, wuchtete sie vom Stuhl herunter und trat um den Tisch herum an Tuomas heran, der ihn fast zwei Köpfe überragte. Scholz sah zu seinem Mitarbeiter auf und hob einen Finger.

»Sind die Sicherheitsprotokolle installiert?«

»Na sicher«, bestätigte Tuomas. »Ich verstehe sie nicht, aber sie funktionieren. Irgendwie. Glaube ich.«

Scholz nickte.

»Gehen Sie zu den Damen. Ich möchte nicht, dass sie jetzt allein sind. Wir haben nicht mehr viel Zeit.« Er wandte sich ab, doch dann zögerte er und fügte hinzu. »Passen Sie auf sich auf, Tuomas und … danke.«

Mit diesen Worten ließ er den sprachlosen Mann stehen und verließ das Büro.

Ich folgte seinem Weg durch die Aufzeichnungen und es dauerte verblüffend lange, denn Scholz tat alles, um mögliche Verfolger zu verwirren. Mehrmals musste ich aufwändige Bild-zu-Bild-Suchen starten, um herauszufinden, wohin er jetzt wieder verschwunden war. Er hatte ein gespenstisches Talent, Abzweigungen im toten Winkel von Kameras zu finden.

Der alte Mann wanderte lange kreuz und quer durch die Klinik und wechselte scheinbar willkürlich Richtungen und Etagen. Sein Weg führte ihn schließlich in eine der Etagen, welche der Wartung der Klimaanlage vorbehalten war. Dort sollte er eigentlich nicht einmal hineinkommen. Die Stahltreppe hinter einer Wandverkleidung, welche er benutzte, war auf keinem Plan verzeichnet. Ich war langsam echt beeindruckt.

Die letzte Tür öffnete Scholz mit dem Schlüssel, den er von Tuomas erhalten hatte, und trat in einen unauffälligen, dunklen Raum, welcher offensichtlich für ihn vorbereitet worden war. Vor einer Wand standen Tisch und Stuhl bereit. Der Sensor einer kleinen Lampe reagierte auf die Annäherung und ein schwaches Licht erhellte den Wartungsraum. Ich erkannte allerlei Kontrollschränke für die Klimaanlagen und sah, dass der kleine Ort verblüffend sauber wirkte. Wahrscheinlich hatte Tuomas vorgesorgt und Putzroboter herbestellt. Das war nicht das Einzige, wofür er gesorgt hatte. Eigentlich sollte es hier nicht einmal *eine* Kameraüberwachung geben, doch ich fand Aufzeichnungen von mindestens vier Mikro-Drohnen, welche Scholz durch die Lüftungsschächte gefolgt waren. Tuomas hatte immer ein wachsames Auge auf seinen Chef.

Während ich noch versuchte herauszufinden, was der alte Mann hier eigentlich vorhatte, trat dieser auch schon an die

Wand heran. Als es geschah, schrie ich erschrocken auf. Ich warf mich instinktiv vom Monitor fort und fiel fast hintenüber vom Stuhl.

Der alte Mann hatte einen Griff von etwas gedreht, was ich als Verkleidung gesehen hatte, und klappte jetzt einen großen Teil der Wand nach innen in den Raum.

Dahinter zeigte sich … Himmel.

»Ein Fenster!«, schrie ich unnötigerweise.

Ich schaltete reflexartig durch alle Aufzeichnungen, um zu prüfen, ob andere Menschen in der Nähe waren. Hinterher schämte ich mich dafür, aber ich hatte das Sicherheitstraining in der Klinik so oft bekommen, dass es mir ins Blut übergegangen war.

Fenster sind gefährlich.

Wenn Menschen offene Fenster sehen, springen sie.

In öffentlichen Gebäuden waren Fenster schon seit Jahrzehnten verboten. Ich erinnere mich selbst jetzt noch an den Tag, als in der Klinik eine Transport-Drohne durch ein Aussichtsfenster krachte. Die Bauarbeiter vergaßen die Türen zu den Etagen abzuschließen und sechs Leute sprangen, bevor die Sicherheit auch nur vor Ort ankam.

Fenster sind illegal.

Die Vorschriften erlaubten keinerlei Ausnahmen. Das war leider nötig, denn es gab in der Stadt verschlüsselte Chatgruppen, die sich gegenseitig in Echtzeit über Möglichkeiten zum Selbstmord auf dem Laufenden hielten. Kein leichtes Unterfangen in einer Stadt, in welcher Kameras, Drohnen und Sicherheitskräfte omnipräsent waren. Es dauerte einige Minuten, bis ich die Panik niedergekämpft hatte, die mich selbst hier in einem völlig anderen Universum noch befiel.

Diese verdammten alten Konditionierungen sind die Pest.

Professor Scholz jedoch stand entspannt vor dem offenen Fenster und lächelte. Wolken bedeckten den Himmel, doch es war noch immer warm. Ich verneigte mich innerlich zum wiederholten Male vor Tuomas. Gott allein mochte wissen, wie viele Drohnen und Kameras er hatte hacken müssen, damit niemand bemerkte, wie Scholz jetzt glücklich in den Himmel blickte.

Er seufzte, dann stellte er seine Tasche neben sich ab und entnahm ihr als Erstes einen Bilderrahmen, welchen er sehr vorsichtig auf dem Tisch platzierte. Das Foto zeigte eine freundlich lächelnde Dame in mittleren Jahren. Scholz griff in seine Hosentasche und holte eine Plastikdose voller Tabletten heraus, welche er der Dame im Foto präsentierte.

»Sie haben gesagt, dies würde mein Herz heilen«, erklärte er und lächelte traurig. »Es hat nicht funktioniert.«

Mit diesen Worten warf er das Medikament aus dem Fenster.

Die folgenden Minuten verbrachte er damit, weiter in seiner Tasche zu wühlen und gelegentlich etwas hervorzuholen. Er stellte sein Handy auf einen kleinen Klappständer, vielleicht, um die Uhr im Blick zu haben. Danach begann er sich mit bedächtigen Gesten eine Zigarre anzuzünden. Ich erschrak abermals, als ich die offenen Flammen sah, doch Tuomas hatte alle Alarmsysteme überbrückt und die Messgeräte im Raum zeigten nichts Außergewöhnliches.

An diesem Punkt sollte Professor Scholz nicht mehr in der Lage sein, mich zu überraschen, doch nun zog er eine lederne Schreibmappe aus seiner Tasche, rückte seinen Stuhl an den Tisch und begann einen Brief zu verfassen. Auf Papier! Er benutzte einen antiken Füllfederhalter mit goldener Spitze, der wahrscheinlich ein Vermögen wert war. Er schrieb zwei Seiten voll in seiner großen, geschwungenen Handschrift, dann faltete er das Papier klein zusammen und griff abermals in seine Tasche. Jetzt musste ich sogar lachen, denn der kleine schwarze Block komprimierter Technik, den er hervorholte, stellte sich als autonome Drohne neuster Bauart heraus. Er verstaute den Brief in einem kleinen Transportbehälter und warf das Gerät mit Schwung aus dem Fenster. Als die Drohne den Fensterrahmen passierte, erwachte sie zum Leben. Sie entfaltete ihre Propellerarme und schwirrte davon.

Scholz drehte seinen Stuhl wieder zum Fenster, lehnte sich zurück, zog nachdenklich an seiner Zigarre und starrte stumm in den wolkenverhangenen Himmel, während er gelegentlich eine eigene weiße Wolke aus dem Fenster blies.

Ich saß konzentriert vor den Aufzeichnungen und wartete auf das nächste absurde Ereignis. Ich wurde nicht enttäuscht.

Es überraschte mich kaum noch, als sich das Handy von Professor Scholz irgendwann von allein anschaltete und ein Gesicht zeigte, welches mir wohl vertraut war.

Der Mönch musterte Scholz eine Weile, während dieser ihn vollkommen ignorierte.

»Es ist fast geschafft, Professor«, erklärte er schließlich.

»Für mich«, erwiderte Scholz, ohne den Blick von den Wolken zu nehmen. »Ihr steht erst am Anfang, Ehrwürdiger, und ich beneide Euch nicht.«

»Ohne Eure Hilfe wäre nichts hiervon möglich gewesen«, warf der Mönch milde ein.

Scholz winkte unwirsch mit der Zigarre in der Hand ab.

»Ist schon gut. Meine bescheidene Arbeitsgruppe ist schon immer eine Scheune gewesen, in der Aussätzige und Flüchtende übernachten durften.«

»Diese Geschichte wird erzählt werden«, versicherte der Mönch mit ernstem Ton. »Wir werden Euch nicht vergessen.«

»Erwähnt meine Zigarren«, erklärte Scholz. »Die Leute müssen sich daran erinnern, was einmal als guter Geschmack galt.« Er hielt seine Zigarre hoch. »Maria Mancini, Postre de Banquett aus Bremen, Herr Mönch. Kostet wenig oder nichts, neunzehn Pfennig in reinen Farben, hat aber ein Bukett, wie es sonst in dieser Preislage nicht vorkommt.«

Der Mönch lächelte.

»Es geht los.«

Scholz stand schwerfällig von seinem Stuhl auf, trat dichter an das Fenster heran und sah suchend in den Himmel.

»Ja«, hauchte er und nickte. »Ich höre es.«

Ich nickte ebenfalls, denn auch ich konnte es hören.

Es klang wie ein lang gezogenes Heulen, das sich schnell näherte. Ein Sturmwind, der an fest gespannten Metalldrähten entlangstrich und einen Dauerton der Warnung über das Land schickte. Eine alte Erinnerung sprang mir zu Hilfe. So klang eine Kriegsharfe. Der Klang wurde mit jedem verstreichenden Moment lauter, bis er schließlich abbrach.

Scholz grinste.

Der Himmel öffnete seine Schleusen und dichter Regen fiel. Das Getöse war unbeschreiblich. Ich versuche es trotzdem. Eine Kakofonie brach über die Stadt herein, als würden alle Konzertflöten der Welt gleichzeitig ein Stück spielen, aber jede ein anderes. Das Ganze durchmischte sich mit endlosen Schwebungen, welche im eigenen Kopf umherhallten und einem das Gefühl gaben, als würde einem das eigene Hirn seitwärts aus den Ohren vibrieren.

Es war unmöglich, in dem singenden Lärm aus Flöten und Pfeifen irgendetwas zu verstehen, und ich musste den Ton weit herunterdrehen, damit mir nicht noch auf einer anderen Existenzebene der Kopf wegflog, aber das war auch nicht nötig, denn was ich sah, war unmissverständlich.

Professor Scholz hielt sich am Fensterrahmen fest und lachte so laut, dass er sogar den Regen übertönte.

30 | Niederschlag

»*Deering*!«, bellte Baker.

Auf der Displaywand öffnete sich ein Fenster und der erschrockene Colonel starrte in die Kamera.

»General? Darf ich vermuten, Ihr Anruf gilt der momentanen Wetterlage?«

»Sie waren schon immer schlauer als andere«, erklärte Baker. »Welche Maßnahmen haben Sie ergriffen?«

»Wie meinen Sie das, General?«, fragte Deering irritiert. »Die Meldung ist gerade erst eingetroffen.«

»Meldung?«, rief Baker. »Sie meinen den Regen, in dem Sie stehen?«

»Das war nicht Teil unserer Planung, General.«

»Wollen Sie mir sagen, dass unsere verdammte strategische Überwachung jedes Jahr ein Budget von hunderten von Milliarden Kreditpunkten verschlingt, aber niemand von den Vollidioten auf die Idee gekommen ist, einen Blick auf den Wetterbericht zu werfen?«

Deering blickte unglücklich in die Kamera.

»Es sieht so aus, als hätten unsere strategischen Bemühungen die laufenden Entwicklungen nicht in ihrem vollen Ausmaß antizipiert.«

»Sie meinen die Erkenntnis, dass Regen aus Wasser besteht, welches nach unten fällt?«, fragte Baker gefährlich ruhig.

»Die Meldungen sind außerdem sehr heterogen, General, um nicht zu sagen: widersprüchlich.«

»Soll das heißen, es regnet nicht überall?«

»Nein, es regnet schon überall über dem Stadtgebiet, aber einige unserer Stützpunkte, vor allem im Norden, haben auf unsere Anfrage bereits erklärt, dass sie nicht wissen, wovon wir reden, denn sie empfinden das Geräusch, als Zitat: *ganz angenehm.*«

Ein unterdrücktes Lachen erklang und Wagner erschien in einem weiteren Fenster neben Deering.

»General, was auch immer Ihre Kollegen auf diesen Stützpunkten rauchen, sollten diese mit uns teilen, denn in der Innenstadt tragen unsere Einsatzkräfte schweren Gehörschutz.«

»Wie schön«, grollte Baker, »dass Sie auch zu uns gefunden haben, Doktor. Ich übergehe mal den Teil, wo Sie niemand angerufen hat. Ich verspreche, wir lassen ein psychiatrisches Gutachten für die entspannteren Stützpunkte erstellen, wenn und sobald wir jemals wieder die nötige Ruhe dafür haben, bis dahin …«

»Moment, General«, unterbrach Calvin ihn und hob eine Hand. »Meine Herren, wie viele Messungen haben wir im Moment vorliegen?«

Deering sah erstaunt auf und sein Blick irrte nach rechts und links, als suche er etwas auf seinen anderen Bildschirmen.

»Ich bin nicht sicher, Professor«, erklärte er zögerlich. »Die Meldungen laufen gegenwärtig ein, aber sie zeichnen sich natürlich nicht durch ihre hohe wissenschaftliche Qualität aus, wenn Sie verstehen, was ich meine. Die meisten sind eher wirr. Ich würde sagen, etwa ein Dutzend und steigend. Ich könnte …«

»Toto«, unterbrach ihn Calvin. »Analysiere alle einlaufenden Meldungen auf eine Aussage über die Lautstärke des Regens und gib mir die Positionen auf den Schirm.«

Calvin wandte sich der Displaywand zu, auf der eine Karte der Stadt erschien und musterte die zufällig verteilten Punkte mit Zahlenwerten, welche darauf erschienen.

»Sehen Sie, General? Es ist außen schwächer als innen.«

»Das kommt nicht völlig überraschend«, warf Wagner ein. »Wir hatten die Erkenntnis schon bei dem Geräusch des Meeres. Und ich weiß, was Sie sagen werden, Professor. Ich rekrutiere bereits jedes Mikrofon, dessen ich im Stadtbezirk habhaft werden kann, und lasse Messungen laufen. Wie auch schon bei den Messungen auf hoher See ist auch hier wieder kreatives Filtern gefragt. Die Daten werden gleich vorliegen.«

»Deering«, verkündete Baker. »Schicken Sie jede Drohne mit Mikrofon, die verfügbar ist, in die Industriebezirke und lassen Sie sie dort einen hübschen Rundflug machen. Unsere Überwachungsdichte ist zwischen den tausenden von Fabrikhallen nicht wirklich hoch.«

Die Karte füllte sich zügig mit dutzenden von neuen Datenpunkten und Zahlen liefen schneller ein, als man ihnen folgen konnte.

»Wie soll man denn in dem Chaos irgendwas erkennen?«, murrte Baker ungeduldig.

»Da haben Sie wohl recht«, erklärte Calvin. »Toto, ich brauche einen Farbgradienten über der Stadt.«

Das Bild flackerte und Baker fluchte.

»Das Zentrum ist in der Stadt!«

»Bestätigt«, erklärte Wagner. »Ein Außenbezirk, aber dennoch mitten unter uns.«

»Toto …«, begann Calvin.

»Ja, ja«, unterbrach der Krake sie. »Bin ja nicht gestern erst vom Kutter gefallen. Ich vergrößere ja schon.«

Wagner fand seine Sprache als Erster wieder.

»Na, wenn das nicht mal eine angenehme Überraschung ist!«, rief er heiter. »Wer hätte das gedacht. Unsere werten Kollegen!«

Calvin stöhnte laut auf und schlug mit der flachen Hand auf das Display, sodass Bildstörungen in alle Richtungen über die Wand liefen wie Wellen auf einem Teich.

»PharmaCorp«, seufzte Baker müde.

»Ausgerechnet die Klinik«, fügte Deering schwach hinzu. »Von allen möglichen Orten.«

»Wir müssen da hin«, erklärte Calvin fest. »Ich muss wissen, was da los ist. Ich will Livebilder.«

»Das können wir vergessen, Professor«, erklärte Wagner fröhlich.

»Wir können kein Eingreif-Team schicken«, bestätigte Baker ruhig.

»Wir können nicht?«, fragte Calvin überrascht. »Normalerweise schicken Sie schwer bewaffnete Kräfte, wenn es nur darum geht, Kaffee zu holen!«

Baker warf ihr einen düsteren Blick zu.

»Die Klinik ist autonomes Hoheitsgebiet von PharmaCorp. Der Konzern unterliegt nicht unserer Jurisdiktion.«

»Und?«, fragte Calvin ungeduldig. »Seit wann interessiert Sie, was andere Menschen glauben, für Rechte zu haben?«

»Es interessiert mich immer dann, wenn die Betroffenen über ein eigenes stehendes Heer verfügen«, erwiderte Baker.

»Entschuldigung?«, fragte Calvin. *»Stehendes Heer?«*

»Sie nennen es *Sicherheitskräfte*«, erklärte Baker säuerlich, »aber deren Ausrüstung steht unserer in nichts nach.«

»Dann hacken Sie sich eben rein!«, rief Calvin. »Ich muss wissen, was da drinnen vor sich geht!«

Der General schüttete den Kopf.

»Das wird nicht passieren.«

»Wenn Sie erlauben, General«, warf Deering ein und wandte sich an Calvin. »Sehen Sie, diese Klinik ist der Hauptforschungsstützpunkt von PharmaCorp in der Stadt, denn die meisten, hm, *Studien* an Menschen werden hier an Freiwilligen aus der Bevölkerung durchgeführt, die sich sonst keine medizinische Versorgung leisten könnten. PharmaCorp wiederum ist sehr gut darin, ihre Ergebnisse für sich zu behalten. Das gesamte Gelände wurde vom Stadtnetz abgekoppelt und ist mit genug Firewalls umgeben, um jeden Zugriff unmöglich zu machen.«

»Stimmt das, Toto?«, fragte Calvin.

Der kleine Krake nickte enthusiastisch.

»Es ist nicht unmöglich, Betty, aber ich würde auf jeden Fall bemerkt werden und in den aktuellen Geschäftsbedingungen von PharmaCorp steht, dass ein Cyberangriff einer Kriegserklärung gleichkommt.«

»Dann schicken Sie eben Drohen, mir reichen ja schon Überwachungsdaten. Ich will nur irgendetwas sehen können!«

»PharmaCorp verfügt über eine legendäre Drohnenabwehr«, erklärte Baker ruhig. »Sie sind berühmt dafür, dass sie unsere Drohnen hacken, bevor wir auch nur eine Selbstzerstörung auslösen können, und dann behalten sie die Geräte einfach. Deren Anwälte nennen es *proaktiven Technologietransfer*. Wir haben nie herausgefunden, welches Genie bei denen die Sicherheit aufgesetzt hat, aber unsere Experten«, er warf einen Seitenblick auf Wagner, »sind fortwährend beeindruckt.«

»Das bin ich tatsächlich«, bestätigte Wagner. »Ich würde mich mit denen nur sehr ungerne anlegen.«

Calvin atmete tief durch.

»Meine Herren, ich brauche Lösungen, nicht noch mehr Probleme.« Sie tippte auf die Karte an der Displaywand. »Ich will wissen, was da los ist.«

»Ich glaube nicht, dass wir hier …«, begann Baker.

»Nun«, unterbrach Wagner ihn und dehnte das Wort. Die Runde verstummte und sah ihn an. »Lassen Sie mich das richtig verstehen.« Er zählte die Punkte an den Fingern ab. »Ein Cyberangriff scheidet aus. Wir können auch keine Menschen oder Drohnen schicken. Die Ratten wären zu langsam, außerdem haben wir sie aus dem Programm genommen, solange wir das mit dem Gruppenbewusstsein nicht verstehen.« Er zögerte. »Wir können jedoch vielleicht … ja, ich glaube, das geht. Wie wäre es, wenn wir einen Schwarm entsenden?« Er sah triumphierend in drei Gesichter, die ihn stumm anstarrten. »Ich meine einen Schwarm, den wir selbst kürzlich als verloren gemeldet haben? Er wurde zwar wieder in Gewahrsam genommen, jedoch könnte der offizielle Papierkram möglicherweise über die letzten Tage irgendwo, hm, *steckengeblieben* sein?«

Deering sah zu Calvin, diese wiederum zu Baker.

»Das«, verkündete der General zögernd, »ist nicht einmal eine schlechte Idee. Das könnte tatsächlich funktionieren.«

»Ich meine«, erklärte Wagner, »dafür ist der Schwarm schließlich da. Infiltrierung und Datenbeschaffung. Wir wollen uns ja nur ein wenig umschauen. Wir waren sowieso im Begriff, die Einheiten aus Sicherheitsgründen zu zerstören, dann können wir sie auch bei PharmaCorp opfern. Und wenn alle Stricke reißen, besitzen die Einheiten ein Betäubungsmittel.«

Calvin hob die Hand.

»Nein, kein Einsatz von Waffen.«

»Ich wäre geneigt, dem zuzustimmen«, erklärte Baker. »Keine Waffen. Wir haben schon genug Ärger. Halten Sie dennoch ein Dutzend Eingreif-Drohnen direkt am Rande des Gebietes in Bereitschaft. Wenn uns der Kram auf die Füße fällt, möchte ich in zehn Sekunden schwere Waffen vor Ort haben.« Er zeigte auf seinen Adjutanten. »Deering, erklären Sie Marketing, dass die eine Stunde Zeit haben, mir eine rührende Geschichte zu präsentieren, voller Dank und Anerkennung für PharmaCorp, weil sie unseren verschwundenen Schwarm gefunden haben.« Er nickte Calvin zu. »Sieht so aus, als würden Sie Ihre Antworten doch noch bekommen. Ich hoffe für uns beide, dass es nicht am Ende wieder nur ein weiterer Krieg ist.«

31 | Lichtbrechung

Tuomas steckte vorsichtig seinen Kopf durch die Tür der Kapelle, sah einen Moment lang kritisch zum Glasdach empor und trat dann in den Raum. Er zog den schweren Gehörschutz von den Ohren und seufzte tief.

»Wow, das war doch mal eine neue Erfahrung.«

Der bewölkte Himmel verhinderte noch das Meer an Farben, welches die Sonne bei unserem letzten Besuch durch das bunte Glasdach geworfen hatte. Lampen waren dennoch unnötig, denn das Wasser im Schwimmbecken wurde so dicht von den strahlenden Lichtpunkten gefüllt, dass es aussah, als wäre das Licht der Sonne selbst flüssig geworden und als leuchtender Regen durch das Glasdach gefallen, nur um sich unruhig am Boden des Beckens zu sammeln.

Richard rollte mich langsam hinter Tuomas in den großen Raum hinein, während ich noch mit meinen eigenen Kopfhörern kämpfte. Eva sah, dass ich Schwierigkeiten hatte und half mir, das klobige Gerät von meinem Kopf zu entfernen.

Ich fluchte leise vor mich hin: »Hatte sonst noch jemand das Gefühl gehabt, mit dem Kopf in einem Schleudergang voller wahnsinnig gewordener Konzertflöten zu stecken?«

»Ja«, bestätigte Tuomas und verzog das Gesicht. »Das Glasdach hat nicht unbedingt geholfen.«

»Das kann man wohl sagen«, erklärte ich und hielt mir den Kopf, in dem sich noch immer alles drehte. »Wenn es nach mir geht, müssen wir das nicht wiederholen.«

Tuomas studierte bereits das Display seines Handys.

»Kein weiterer Niederschlag angekündigt. Das nächste Mal werden wir unser Meeting im Tiefkeller abhalten. Dort muss ich mich nicht mit so einem transzendenten Unsinn rumschlagen.«

Die Regenwolken über der Stadt zogen langsam fort und die Sonne spähte hervor. Dabei warf sie lange Speere aus farbigem Licht durch das Dachfenster, die für einen flüchtigen Moment über das Wasser des Schwimmbeckens wanderten, bevor sie wieder verblassten.

»Es ist doch wie verhext«, murmelte ich. »Kaum sind wir zum zweiten Mal umgezogen, kriegen wir direkt die nächste Komplikation präsentiert.«

»Zumindest regnet es so selten über der Stadt«, erklärte Tuomas, während er schon wieder auf seinem Handy las, »dass es kaum eine wirkliche Einschränkung darstellt.«

»Wenn man die Kraft hat, sich den doofen Kopfhörer selbst aufzusetzen«, rief ich gereizt.

»Ich werde dir was basteln, keine Sorge«, entgegnete Tuomas abwesend.

Ich sah mich nach allen Seiten um.

»Wo ist Eva denn jetzt wieder hin?«

Tuomas folgte meinem Blick und drehte sich verwirrt um seine Achse.

»Wie in aller Welt macht sie das immer?«

»Sie hat was von einer Katze«, entgegnete ich müde. »Sie ist so still und leise, dass man sie nicht bemerkt. Und dann ist sie auf einmal weg.«

Wir fanden Eva im Schwimmbecken.

Sie war die Schräge an der Seite des Schwimmbeckens hinabgelaufen und hockte nun dicht an der Wasserkante. Sie hatte eine Hand in das Wasser gesteckt und bewegte diese langsam hin und her. Gelegentlich öffnete und schloss sie ihre Finger und beobachtete dabei die Reaktion der Funken unter der Wasseroberfläche.

Es sah aus, als würde sie einen Schwarm aus winzigen Lichtpunkten dirigieren, der die geringsten Bewegungen ihrer Finger in komplexe Choreografien übersetzte. Die

Funken arrangierten sich zu verwirrenden geometrischen Mustern und zerfielen sofort wieder, nur um sich umgehend in organisch anmutende, sanft wabernde Schlieren zu vereinen, die ineinander aufblühende psychedelische Muster formten.

»Wir sollten Eintritt verlangen«, erklärte Tuomas leise.

»Ich wünschte ich wüsste, wie sie das macht«, hauchte ich hingerissen.

»Hat sie nichts dazu gesagt? Oder mal was erklärt?«, fragte Tuomas, ohne den Blick von der Lichtshow zu nehmen.

»Keinen Piep«, erwiderte ich. »Sie ist seitdem nur noch verschwiegener geworden.«

»Geht das überhaupt?«, fragte Tuomas.

»Nun«, entgegnete ich langsam. »Es scheint so, als wäre sie in durchaus tiefe Gespräche involviert. Halt nur nicht mit uns.«

»Kann ich verstehen«, murmelte Tuomas. »Mit uns würde ich auch nicht reden wollen. Hey, was macht sie denn jetzt?«

Eva hatte vorsichtig die Hand aus dem Wasser gezogen, hob sie nun vor das Gesicht und betrachtete neugierig den dicht mit Funken gefüllten Wasserfilm, der ihre Hand vollständig bedeckte. Sie hob die Hand hoch, welche wie ein kleiner Stern strahlte.

»Das wird uns niemand glauben«, erklärte Tuomas matt.

»Ich glaube es auch nicht«, entgegnete ich. »Und ich bin hier.«

Eva hielt vorsichtig einen Finger ihrer leuchtenden Hand in das Wasser und beobachtete, wie die Funken wieder in das Becken flossen und das Wasser von ihrer Hand mit sich nahmen. Sie stand entschlossen auf.

»Sie zieht sich aus«, kommentierte Tuomas unnötigerweise.

»Lou? Lou?«, fragte er panisch. »Sie zieht sich aus. Lou? Warum zieht Eva sich aus?«

»Warum sich eine Person auszieht, die neben einem Schwimmbecken steht, Tuomas? Keine Ahnung, vielleicht können wir aus den vorhandenen Daten extrapolieren?«

»Sehr lustig. Wow, sie zieht sich wirklich komplett aus! Oh, mein Gott!«

Dieser letzte Satz galt weniger der nackten und schmerzhaft dünnen Frau, deren blasser magerer Körper neben dem Wasser stand. Er galt den Narben.

Eine Vielzahl schlecht verheilter Wunden in allen Größen und Formen überzog Evas gesamten Körper. Das helle Rot des Narbengewebes leuchtete durch den Schein des Funkenmeeres im starken Kontrast zur gespenstischen Bleiche ihrer Haut.

Ein verirrter Lichtstrahl reflektierte kurz auf einer Metalloberfläche und ich realisierte, dass eines ihrer Kniegelenke durch eine altertümliche, schlecht angepasste Titanprothese ersetzt worden war. Ich spürte, wie mir die Tränen aus den Augen liefen, aber ich konnte mich nicht rühren und traute mich kaum zu atmen, denn jetzt tat Eva einen kleinen Schritt und stand im flachen Wasser.

Sofort schloss sich der Lichtschwarm um ihre Füße und das Wasser begann an ihren Beinen emporzusteigen.

Es floss aufwärts über ihren mageren Körper, als wäre Gravitation für dieses Wasser kein Gesetz, sondern nur eine allgemeine Richtlinie. Es bedeckte ihren Körper und nahm das Licht dabei mit.

Oder, dachte ich, *und das ist wohl realistischer: Das Licht schwimmt an Evas Körper empor und nimmt das Wasser mit.*

Wir verfolgten stumm und sprachlos, wie das lichtgefüllte Wasser Evas Körper vollständig überzog und nur ihren Kopf frei ließ. Als sie sich schließlich langsam im Kreis zu drehen begann, sah es aus, als trüge sie einen Anzug aus reinem Licht.

»Ich habe keine Ahnung, was hier passiert«, kommentierte Tuomas leise, »doch ich muss sagen, Licht steht ihr.«

Doch ich hatte keine Zeit, Evas neues Outfit zu bewundern, denn ich konnte den Blick nicht von ihrem Gesicht nehmen.

Ihr anfängliches Erstaunen hatte sich gewandelt. Sie schien von innen heraus zu leuchten und nun erschien auf ihrem Gesicht zum ersten Mal ein Ausdruck reiner Freude.

Eva lächelte.

Sie drehte sich in eleganten, langsamen Pirouetten um sich selbst, während Wellen aus pulsierendem Licht über ihren Körper liefen und immer wieder Formen bildeten. Blumenmuster erschienen und lösten sich auf. Geschwungene Linien, die an Schrift erinnerten, liefen über ihren Körper und abstrakte Formen wie die Hieroglyphen fremdartiger Wesen formten sich und zerfielen wieder.

Eva sah dabei an ihrem neuen Lichtkörper hinab und lächelte versonnen, als lauschte sie einer inneren Unterhaltung, die nur sie verstehen konnte.

Sie breitete die Arme aus und schien vor meinen Augen emporzuwachsen, ja, größer zu werden, und ich brauchte eine Sekunde, um zu verstehen.

Die emporwachsende Wasserschicht um ihre Beine war immer weiter angeschwollen, sodass sich die beiden Säulen vereinten und nun einen breiten Kegel bildeten. Jetzt sah es tatsächlich aus, als trüge Eva ein weites, glitzerndes Kleid aus Licht. Ein Kleid, das sie umschloss und anhob. Nach oben trug.

Ich wollte gerade den Mund öffnen, als ich sah, wie Eva plötzlich innehielt und zögerte. Sie zog verwirrt die Brauen zusammen und sah nach oben. Mein Blick folgte ihrem und jetzt hörte ich es auch.

»Was ist das?«, fragte ich irritiert. »Ist das Hagel?«

Tuomas starrte Eva noch immer mit offenem Mund an.

»Hm?«, machte er abwesend.

»Das Geräusch«, fragte ich. »Karhu, konzentrier dich! Du musst das doch hören. Das tiefe Summen? Und ein Geräusch, als würden winzige Steine auf das Glasdach fallen?«

Tuomas blinzelte, als würde er aus einer Trance erwachen, dann sah er ebenfalls nach oben und seine Augen wurden weit.

»Scheiße!«, schrie er, wirbelte herum und sprintete zum Ausgang. Für einen Mann dieser Größe bewegte er sich erstaunlich schnell. Seine nächsten Worte konnte ich nicht mehr hören, denn in diesem Moment zersprang jede einzelne Scheibe des Glasdachs gleichzeitig mit einem lauten Knall.

Richard schien die Anweisung jedoch verstanden zu haben, denn er beschleunigte so schnell rückwärts, dass es mich fast aus meiner Sitzschale geworfen hätte. Seine Räder kamen am Ausgang neben Tuomas zum Stehen, gerade als etwa eine halbe Tonne zerbrochenes Glas im Schwimmbecken aufschlug.

Ich hatte kaum Zeit aufzuschreien, denn jetzt wurde das tiefe Summen ohrenbetäubend laut und ich sah einen Schwarm aus Insektendrohnen, der wie ein dichter schwarzer Hagel durch das zerbrochene Dach in die Kapelle fiel. Mein Körper wurde augenblicklich von Schwindel und Übelkeit überflutet und nur mein endlos wiederholtes Notfalltraining rettete mich. Wie aus einem Reflex heraus steckte ich mir die Finger in die Ohren, öffnete den Mund und presste die Augen zusammen. Das Letzte, was ich noch hörte, war Tuomas, der in einer Stimme, die vor Wut bebte, ein einzelnes Wort brüllte. Ein Wort so unpassend und dumm, dass ich unwillkürlich lächeln musste.

»Flügelhorn!«, donnerte er.

Den Rest der Ereignisse musste ich mir im Nachhinein in den Aufzeichnungen ansehen, denn ich war zu diesem Zeitpunkt in keiner Verfassung, einen guten Augenzeugen abzugeben.

So unpassend Tuomas' Ruf auch geklungen hatte, er erwies sich als schockierend effektiv.

Innerhalb einer halben Sekunde hatte Richard seine Beine entfaltet, alle seine Lampen auf ein flammendes Rot geschaltet und projizierte Warnungen in sechs Sprachen auf den Boden um sich herum. Was man nicht sah, was ich jedoch unter mir spüren konnte, waren die Lautsprecher, die mit einem Klicken und einem vibrierenden Summen zum Leben erwachten. Ich presste meine Finger so fest in die Ohren, wie meine schwachen Hände es erlaubten.

Richards Gegenangriff dauerte nur drei Sekunden.

Die Tonfolge war so laut und so hoch, dass sicherlich im Umkreis von einigen hundert Metern keine Fledermaus überlebte. Die Insektendrohnen fielen noch immer in die Kapelle, doch jetzt nur noch als lebloser schwarzer Regen. Mir war es einerlei, ich war ohnmächtig geworden. Ich sah also nicht mehr, wie Tuomas neben mir auf den Knien lag und sich lautstark fluchend auf den Boden übergab. Ich sah vor allem nicht mehr, wie Eva aus dem Schwimmbecken stieg und dabei sehr vorsichtig auftrat, um sowohl das Glas als auch die leblosen Hornissenkörper zu meiden. Ich wünschte, ich wäre wach gewesen, als sie nackt und von den Ereignissen vollkommen unbeeindruckt auf mich zukam, mir liebevoll eine Hand auf die Wange legte und auf mich herablächelte.

32 | Arcusanimans

»*Wow!*«, rief Wagner. »Einfach nur: *Wow!* Sowas habe ich noch nie gesehen. Ich wusste nicht mal, dass es möglich ist!« Er gestikulierte begeistert mit den Händen. »Jemand hat auf äußerst brillante Weise verstanden, dass die Sensoren für Schallperzeption über Resonanzschwingungen an die Antriebseinheit der Flügel gekoppelt werden können. Eingehende Vibrationen im hochfrequenten Bereich haben daraufhin das System mit Fremdcode infiltriert. Code, der auf den Schall moduliert wurde! *Auf – den – Schall – moduliert.* Verstehen Sie? Absoluter Wahnsinn! In sechs verschiedenen harmonischen Subfrequenzen. Der letzte Teil des Schallcodes war so laut, dass er die Sensoren für den Antrieb überladen und das ganze System der Hornissen offline genommen hat.«

Baker winkte ungeduldig ab.

»Ja, ja, ersparen Sie uns die Details, Doktor. Was Sie sagen wollen, ist: Wer auch immer das gemacht hat, kannte den Bauplan?«

Wagner lachte laut auf.

»Kannte? Nicht nur das, er hat ihn auch besser verstanden als wir und wir haben die Dinger gebaut. Ehrlich, ich würde die Person zu gerne kennenlernen.«

»Ich auch«, murrte Baker. »Um sie hinzurichten.«

»Nonsens, *hinrichten!*«, rief Wagner. »Nein, eigentlich würde ich ihr gerne einen Job anbieten. Ach was, ich will sie fragen, ob sie *meinen* Job haben will!«

»Wagner«, erklärte Baker mit erzwungener Geduld. »Ich könnte heute noch jemanden erschießen. Passen Sie auf, dass es nicht Sie sind.«

Wagner lächelte böse.

»Machen Sie, was Sie wollen, General. Wenn diese Leute uns angreifen, sind wir sowieso im Arsch. Ihre Verteidigung ist absolut genial!«

Baker wandte sich an Calvin und hob hilflos die Hände.

»Erinnern Sie sich noch an die gute alte Zeit, wo man einen Gegner an der Uniform erkennen konnte und die Erlaubnis hatte, auf ihn zu schießen?«

Calvin rollte die Augen und erklärte müde: »Wenn die Herren mit ihren Spielen vielleicht zu einem Ende kommen könnten? Ich würde gerne wissen, ob wir aus der Aktion irgendwelche Daten retten konnten.«

Wagner schüttelte den Kopf.

»Nichts. Nada. Vollständige Leere.«

»Sie müssen doch irgendetwas aufgezeichnet haben?«, fragte Calvin müde. »Audio, Fotos, Messungen? Irgendetwas?«

»Das sollte man meinen, nicht wahr?«, bestätige Wagner. »Aber nein. Unsere Drohnen hatten ihre Ultraschallsysteme gerade erst synchronisiert, um die Scheiben zu sprengen, als sich auch schon ein Störfeld über dem Gebäude aufgebaut hat, das alle Frequenzen plattgebügelt hat. Es handelt sich nebenbei erwähnt um eine Kapelle. Deswegen auch das bunte Glas. Steht zumindest so im Grundbucheintrag. Falls es jemanden interessiert.«

»Danke, es interessiert niemanden«, knurrte Baker.

»Ah, meine Kollegen im Team widersprechen mir in diesem Moment«, erklärte Wagner, der überhaupt nicht zugehört hatte. »Wir haben tatsächlich den Anfang einer Übertragung rekonstruieren können, gewissermaßen das erste Bild. Es entstand in der ersten hundertstel Sekunde, bevor die Übertragung ausfiel. Ich fürchte allerdings, es besteht hauptsächlich aus Rauschen.«

Ein zusätzliches Fenster öffnete sich. Calvin und Baker betrachteten das Bild stumm.

»Da ist nichts zu erkennen außer diesem hellen Fleck in der Mitte«, verkündete Baker.

»Die Analyse-KI vermutet darin eine menschliche Gestalt mit ausgebreiteten Armen«, erklärte Wagner.

»Großartig«, murmelte Baker. »Das fehlt uns noch in der Sammlung transphysikalischen Unsinns. Eine Lichtgestalt. Wenn das rauskommt, können wir direkt die nächste Religion verbieten. Doktor, ob Sie es glauben oder nicht, ich habe im Moment keinerlei Kapazitäten für eine Erlösergestalt, die mit ausgebreiteten Armen zu uns predigt.«

»Was ist, wenn sie lacht und Zigarre dabei raucht?«, fragte Wagner fröhlich.

Baker blinzelte.

»Was? Sind Sie noch bei Trost?«

»Oh, absolut«, entgegnete Wagner und lächelte. »Nun, also weitestgehend. Ich sehe nur gerade etwas äußerst Interessantes in der Aufnahme einer ihrer Überwachungsdrohnen, welche die Klinik umkreisen. Dem Gesichtsausdruck Ihres Adjutanten nach zu urteilen, weiß er, wovon ich rede und sucht bereits nach dem richtigen Moment, es Ihnen beizubringen.«

Baker wandte sich an Deering.

»Was nun wieder?«

»Ähm«, machte Deering unglücklich. »Ich glaube, das sollten Sie besser selbst sehen.«

Ein neues Fenster erschien und Baker musterte die Live-Aufnahme.

»Da steht ein alter Mann am Fenster und lacht. Wieso ist das relevant für uns?«

»Er steht in klarer Sichtline zur Kapelle«, warf Deering ein.

»Na und?«, entgegnete Baker. »Ist halt ein Springer. Davon haben wir doch Dutzende jeden Tag.«

»Er steht im Hauptsitz der Forschung von PharmaCorp in einem Gebäude, in welchem Fenster illegal sind«, erklärte Wagner ruhig.

»Und Selbstmörder lachen weniger«, warf Calvin kühl ein. »Und sie bringen sich auch nichts zum Rauchen mit. Entspanntes Kontemplieren ist meist nicht Teil dieser Aktivität.«

Baker seufzte.

»Ist ja gut. Ich habe es verstanden. Deering, bringen Sie die Drohne näher. Sagen Sie Marketing, dass Sie eine Pressemeldung vorbereiten sollen. Wir verhindern gerade in einem heroischen Eingriff den Selbstmord eines respektierten Vertreters … und so weiter. Sie kennen den Rest. Und lassen Sie eine Gesichtserkennung laufen, obwohl, wie ich Sie kenne, haben Sie das schon längst getan.«

»Wir haben ihn identifiziert«, bestätigte Deering. »Sein Name ist Udo Scholz. Professor in der Physiologie. Kurz vor dem Ruhestand. Keine nennenswerten Publikationen im letzten Jahrzehnt. Auf Lehre spezialisiert.«

»Na großartig«, knurrte Baker. »Zeitverschwendung.«

»Ähm«, machte Deering erneut.

»Was jetzt noch?«, herrschte Baker ihn an.

»Er leitet eine Arbeitsgruppe.«

»Wundervoll. Und?«

»Es ist die Arbeitsgruppe für Bioakustik.«

Baker fluchte laut und Wagner begann laut zu lachen.

»Sehen Sie«, warf Calvin ruhig ein und deutete auf die Liveübertragung. »Er hat die Drohne bemerkt und zeigt auf etwas.«

Die Männer verstummten und Baker musterte den alten Mann im Fenster.

»Deering!«

»Ich bin schon dabei, General«, erwiderte der Adjutant. »Wir richten eine weitere Drohne aus.«

Die Fenster auf der Displaywand arrangierten sich neu, als ein weiteres zwischen ihnen auftauchte und einen Blick über die Skyline der Stadt zeigte. In der Ferne waren die dunklen Regenwolken noch gut zu erkennen, doch über der Klinik strahlte die Sonne bereits wieder an einem blauen Himmel.

Ein Regenbogen war über der Stadt erschienen. Breite irisierende Farbbänder, die in einem seltsam steilen Bogen über die Innenstadt hinweg zum Horizont liefen. Die Farben sahen falsch aus. Wie das Ergebnis eines Filtereffekts einer billigen Software oder die blassen, unwirklichen Farben auf einer alten Fotografie, die zu lange in der Schublade gelegen hatte.

Das Sonnenlicht veränderte sich und mit dem sich ändernden Licht bewegte sich auch der Regenbogen. Die Stärke des Lichts nahm zu und ein fernes Klingen hallte über das Gelände der Klinik hinweg. Es erinnerte an das Auf- und Abschwellen einer kleinen Klangschale und mit der Bewegung der Töne erkannte man die Bewegung des Regenbogens. Wellen liefen die Farbstreifen entlang und das wabernde Licht strich unruhig umher. Ich konnte in den Gesichtern des Militärs sehen, wie sie instinktiv versuchten, den Beginn und das Ende des Bogens zu erkennen, so wie es Menschen schon seit Millionen von Jahren taten. Deswegen waren sie auch die Ersten, die sahen, wie der Regenbogen langsam über die Stadt zu schreiten begann. Im Bild daneben fing Scholz wieder zu lachen an und rief etwas.

»Geben Sie mir Ton«, wies Baker Deering an. »Was erzählt er da?«

»Geht sofort los«, entgegnete Deering.

Scholz' Stimme klang laut und deutlich aus den Lautsprechern.

»Herzlichen Glückwunsch, meine Damen und Herren. Sie sehen den Ersten seiner Art. Ich würde vorschlagen: *Arcus*

Animans. Der lebende Regenbogen. Erstes beseeltes Licht in einer neuen Welt!«

Baker legte sich die Hände auf das Gesicht und stöhnte.

»Ich werde hier noch wahnsinnig.« Er rieb sich die Augen und atmete tief durch. »Okay, das reicht. Sagen Sie mir, dass Sie den Mann da rausholen können!«

»Nun«, erklärte Deering gedehnt, »er verstößt gerade gegen etwa zehn verschiedene Sicherheitsauflagen.«

»Elf«, erklärte der General grimmig. »Der steht da allen Ernstes und lacht über uns, ist das zu fassen?«

»Wenn man bedenkt«, warf Wagner ein, »wie die eben unsere Drohnen rausgenommen haben, als gäbe es nichts Normaleres, ist das auch nicht wirklich verwunderlich.«

»Hören Sie mal, auf wessen Seite stehen Sie eigentlich?«

»Im Zweifelsfalle auf der Seite der Fähigen«, murmelte Wagner.

Baker wandte sich an Calvin.

»Ist das zu fassen? Ich kommandiere die mächtigsten Streitkräfte des Planeten und das einzige Ergebnis ist, dass alte Männer über mich lachen.«

»Konzentrieren Sie sich, General«, entgegnete Calvin ruhig, »wir brauchen das Wissen dieses alten Mannes.«

»Entschuldigung«, warf Wagner ein, »aber sieht außer mir noch jemand den wandernden Regenbogen?«

»Konzentrieren Sie sich, Wagner«, entgegnete Baker. »Wir müssen eine Zielperson da draußen sichern. Ihren Topf voller Gold können Sie später noch suchen.«

»Von wegen Gold!«, rief Wagner. »Es ist ein lebender Regenbogen! Lieber Himmel, können Sie sich das vorstellen? Wenn das viral geht, werden wir die queere Hauptstadt des Planeten!« Er lachte mit einem leicht hysterischen Unterton.

»Doktor, uns läuft die Zeit davon. Darf ich Sie einladen, das Thema ernst zu nehmen?«

Der Wissenschaftler räusperte sich vernehmlich.

»Entschuldigen Sie, General, es war ein langer Tag und ich glaube, die gute Laune von Professor Scholz ist ansteckend.«

»Sagen Sie mir lieber, wie wir diesen Mann in unseren Gewahrsam bekommen, ohne einen Krieg zu riskieren. Ist das unser Meisterhacker?«

Wagner schüttelte den Kopf.

»Unwahrscheinlich. Ohne Mitarbeiter? Ganz allein? Eine Ein-Mann-Forschungsgruppe? Und in dem Alter?«

»Egal«, murrte Baker. »Wir werden ihn befragen. Wenn er etwas weiß, werden wir es herausfinden.«

»Warum«, fragte Deering, »benutzen wir nicht die Technik, die wir sowieso schon vor Ort haben? Unsere Anti-Personen-Drohnen sind doch mit Fangnetzen und einem Taser ausgestattet, nicht wahr? Und wenn ich mich recht erinnere, dann sind wir gesetzlich verpflichtet, Springer aufzufangen, wenn wir ihnen während des Einsatzes begegnen?«

»Wow, Moment mal!«, rief Wagner. »Das ist keine Anti-Regierungs-Demo mit einem Haufen junger, mit Drogen vollgepumpter Studenten! Das ist ein alter Mann, der nicht aussieht, als wäre er gewohnt, täglich vor Ihren Eingreiftruppen davonzulaufen. Meinen Sie nicht, wir sollten …«

»Keine Zeit für aufwändige Analysen, Doktor«, unterbrach ihn Baker. Er zeigte auf seinen Adjutanten. »Mir gefällt die Art, wie Sie denken, Deering. Wie lange, glauben Sie, haben wir, bevor die Klinik-Sicherheit bemerkt, dass wir dem größten Konzern der Stadt durch die Fenster starren?«

»Ich verstehe das nicht«, erkläre Deering verwirrt. »Die sollten schon längst ihre Anti-Drohnen-Schwärme am Himmel haben, ich begreife nicht, warum das noch nicht passiert ist.«

»Hören Sie«, begann Wagner eindringlich, »Sie können doch nicht einfach auf ein offenes Fenster zufliegen und beginnen, auf Zivilisten zu schießen!"

»Technisch gesehen«, erklärte Baker laut, »handelt es sich hier um eine Rettungsaktion. Davon abgesehen wird mir hier zu viel diskutiert. Deering, Sie haben Freigabe für die Verwendung von Narkosemitteln. Jetzt holen Sie mir diesen Mann da raus. Und kontaktieren Sie Marketing und sagen Sie denen, dass sie fünf Minuten Zeit haben, mir eine warmherzige Erklärung zu bauen, in der wir demütig, aber stolz verkünden, dass es uns durch den heroischen Dienst unserer stets aufmerksamen Streitkräfte gelungen ist, ein wertvolles Menschenleben zu retten und so weiter. Die sollen das Ganze in eine Rettung des armen suizidalen Professors drehen, der die Repressalien von PharmaCorp nicht mehr ertragen konnte. Das ist wahrscheinlich nicht einmal so weit von der Realität entfernt.«

»Drohne im Anflug«, erklärte Deering nüchtern.

»Ich würde wirklich dazu raten«, begann Wagner, »erst einmal die Akte des Mannes …«

»Keine Zeit«, unterbrach ihn Baker.

»Drohne hat die Zielperson betäubt«, verkündete Deering.

Die Anwesenden verfolgten stumm, wie Professor Schulz verwundert an sich herabsah und dann langsam nach vorne aus dem Fenster kippte.

»Haben Sie ihn?«, fragte Baker.

»Netzschlag hat gegriffen. Drohne hat Zielperson in Gewahrsam«, erklärte Deering.

»Bringen Sie ihn rein«, wies Baker an. »Schicken Sie eine Meldung an den Schwarm von PharmaCorp-Anwälten und teilen Sie ihnen mit, dass sie ihren Professor wiederbekommen, sobald es sein Gesundheitszustand erlaubt.«

»Das könnte länger dauern als Sie glauben, General«, verkündete Wagner trocken.

»Was jetzt wieder?«, fragte Baker gereizt.

»Nun, Ihre Überwachungs-Drohnen haben auch eine äußerst sensible Infrarotkamera an Bord. Das versetzt mich jetzt in die Lage, meine neusten Messdaten mit Ihnen zu teilen. Ich will Sie nicht mit meinen langweiligen Analysen belästigen, General, deswegen bekommen Sie nur die Zusammenfassung: Ihre Zielperson hat keinen Puls mehr.«

33 | Rückzugsort

Wie konntest du sie gehen lassen?«, rief ich aufgebracht. Mein Erwachen war nicht viel besser als meine Ohnmacht. »Das kann doch nicht dein Ernst sein! Sie hatte nicht einmal was an.«

»Ich gehe doch mal stark davon aus«, erklärte Tuomas trocken, »dass sie sich angekleidet hat, bevor sie das Gelände verlassen hat.« Er zögerte und sah nachdenklich von seinem Handy auf. »Also, das hoffe ich jedenfalls.«

»Hast du vollkommen den Verstand verloren?«, schrie ich, doch Tuomas hob bereits abwehrend die Hände.

»Okay, okay, nur die Ruhe! Das war doch nur ein Scherz. Lieber Himmel, du hast nicht übertrieben, als du sagtest, du wärest kein Morgenmensch.«

Ich hielt mitten in meinem Wutanfall inne.

»Es ist Morgen?«

Tuomas nickte.

»Die Schwester war schon ein paar Mal hier. Du hast lange geschlafen.«

»Eine Schwester war hier?«

Ich sah mich irritiert im Raum um und mein Blick schweifte fahrig über meine wenigen Habseligkeiten, welche neben dem überwältigenden Berg aus medizinischem Equipment kaum zu erkennen waren. Mir fiel auf, dass ich bezüglich des Hergangs der Ereignisse hauptsächlich über Lücken verfügte. Mir war nicht einmal bewusst, wie ich in mein Bett gekommen war.

Tuomas sah von seinem Handy auf, lehnte sich auf dem Stuhl zurück, den er neben mein Bett gerückt hatte, und erriet meine Gedanken.

»Hierher zu kommen, war die offensichtliche Wahl. Dein Zustand gab uns eine gute Cover-Geschichte und ich brauchte sowieso einen ruhigen Ort, an dem ich abwarten kann, bis die Konzern-Sicherheit damit fertig ist, die Kapelle auseinanderzunehmen.«

Vorsichtiges Forschen unter meiner Bettdecke ergab, dass ich ein frisches Nachthemd trug. Ich sah Tuomas fragend an.

»Guck mich nicht so an. Natürlich hat die Schwester dich umgezogen. Was glaubst denn du, wie du ins Bett gekommen bist?«

»In meiner Position«, erklärte ich nüchtern, »habe ich mir abgewöhnt, allzu viele Fragen zu stellen, wenn ich nicht sicher bin, dass ich die Antwort auch hören will.«

»Entspann dich. Die diensthabende Schwester hat dich versorgt und kommt unter Garantie gleich wieder, um dir irgendein Medikament zu geben.«

Ich sah mich um.

»Sind wir hier abhörsicher?«

»Natürlich«, entgegnete Tuomas. »Richard würde es sofort bemerken. Auch wenn ich nicht leugnen kann, dass die Konzernzentrale bereits begonnen hat, sehr laute Fragen zu stellen und schockierenderweise sogar auf Antworten besteht. Dankbarerweise sind die Maßnahmen der Regierung so haarsträubend, dass alle beteiligten Anwälte hauptsächlich damit beschäftigt sind, das Chaos der Lügen zu entwirren. Das kommt mir äußerst gelegen. Deine Schwester ist übrigens neu. Ich habe sie noch nie hier gesehen, wenn du verstehst, was ich meine.«

Ich seufzte.

»Ja, ich kenne das schon. Wann immer es eine Krise mit der Regierung gibt, bekomme ich extra aufmerksames Pflegepersonal zugeteilt.« Ich sah ihn von der Seite aus an, blinzelte und erinnerte mich wieder, warum ich eigentlich sauer war. »Was, wenn die Regierung Eva findet und zu einer ihrer berühmten Befragungen mitnimmt? Hast du mal gesehen, wie Leute aussehen, wenn sie von da wiederkommen? Wenn sie überhaupt wiederkommen.« Mir kamen schon wieder die Tränen. »Wie konntest du sie gehen lassen?«

»Hey!«, rief Tuomas und sah mich entrüstet an. »Sie ist ein freier Mensch und kann gehen, wohin sie will.«

»Willst du mich verarschen?«, schrie ich mit erneut aufflammender Wut.

Tuomas rutschte fast seitwärts vom Stuhl und versteckte sich hinter seinem Handy.

»Ist ja gut, jetzt beruhige dich doch. Wieder ein falscher Zeitpunkt für einen Witz. Schau, sie wollte unbedingt gehen. Wer bin ich, sie aufzuhalten? Davon abgesehen hatten wir etwa eine Minute, bevor die Klinik-Sicherheit den Weg in die Kapelle gefunden hat, und möchtest du wirklich, dass unsere Leute sie befragen? Das Ergebnis wird nicht viel anders aussehen als bei der Regierung.«

Ich atmete schwer und hätte dem dicken Idioten am liebsten den fetten Kopf von den Schultern gerissen, doch leider hatte er einen guten Punkt.

»Nein«, stimmte ich zu.

Ich tastete nach der Fernbedienung meines Bettes und fuhr mich in eine sitzende Position. Richard stand treu neben meinem Bett und ich winkte ihm schwach zu. Er faltete eines seiner Beine aus, winkte zurück und hupte eine leise Begrüßung.

»Was, wenn sie sie finden?«, fragte ich leise.

Tuomas schnaufte abfällig.

»Nichts werden die finden. Ihre Drohnen haben keinerlei Datensatz vom Gelände gesendet, das kann ich dir versichern. Richard hat innerhalb von zwei Sekunden den kompletten Schwarm gegrillt. Meine und deine Daten sind durch PharmaCorp geschützt und Eva gibt es nicht.«

»Entschuldigung?«

»Ich habe alle ihre Daten in der Klinik gelöscht, versteckt oder verschlüsselt. Interessanter Punkt und ganz nebenbei: Als ich im Netz der Stadt weitermachen wollte, musste ich feststellen, dass mir jemand zuvorgekommen ist. Wer auch immer deine Eva ist und wo auch immer sie herkommt, sie hat sehr mächtige Freunde, soviel ist sicher.«

Wir schwiegen eine Weile.

»Was ist mit unserem Becken voller Licht passiert?«

»Tot«, entgegnete Tuomas trocken. »Diese Klasse geheimer Regierungsdrohnen zerstört sich immer selbst, wenn sie gehackt werden. Was auch immer die Elektronik der Hornissen zersetzt hat, tat unseren Lichtfunken nicht gut, als es im Wasser des Beckens in Lösung ging. Hatte zumindest den Vorteil, dass die Sicherheit nur ein Becken voller Glas und Insekten-Drohnen gefunden hat.«

»Haben die keine Fragen gestellt?«

»Wem? Mir? Ist das ein Scherz?«

»Aber war das nicht ein direkter Angriff auf PharmaCorp? Hast du mir nicht erklärt, dass so eine Aktion einer Kriegerklärung gleichkommt?«

Tuomas grinste.

»Ja, sollte man meinen, nicht wahr? Aber die sind ja nicht blöd. Kaum hatten unsere Anwälte Luft geholt, kam auch schon eine offizielle Dankeserklärung der Regierung, in der sie sich vor Glück überschlagen, weil PharmaCorp so nett war, ihren abtrünnigen Schwarm sicherzustellen. Zusammen mit einer nicht unerheblichen Kompensationszahlung.«

»Dann haben wir also nochmal Glück gehabt?«, fragte ich zweifelnd. »Ich meine abgesehen davon, dass wir alles verloren haben und nicht wissen, wo Eva ist.«

Wir schwiegen eine Weile. Irgendwann fragte ich:

»*Flügelhorn?* Wirklich?«

»Ich brauchte ein Codewort, das auf keinen Fall im Alltag zufällig benutzt werden würde.«

»Das waren doch garantiert Regierungs-Drohnen. Ich wusste nicht, dass man die mit Schall bekämpfen kann.«

»Glaub mir, das wusste die Regierung auch nicht. Willkommen bei der PharmaCorp-Sicherheit. Wir sind berühmt für unsere Hacker-Angriffe auf Regierungs-Drohnen.«

»Du meinst, *du* bist berühmt dafür.«

»Möglich«, entgegnete er unverbindlich.

»Was ist mit dem Chef? Hast du ihn gesprochen?«

Tuomas zögerte lange, dann sah er auf und hielt sein Handy hoch.

»Das offizielle Statement der Klinik ist eben rausgegangen. Der alte Mann hat sich das Leben genommen. Sieht so aus, als wäre er aus einem Fenster gesprungen.«

Ich starrte Tuomas mit offenem Mund an. »Scheinbar hatte er es lange geplant«, fügte er hinzu.

Ich sah Tuomas an, der mit ausdruckslosem Gesicht zurücksah. Wir müssen uns bestimmt eine Minute lang so angesehen haben, bis ich irgendwann fragte: »Ein Fenster? In dieser Klinik?«

»Oh, auf den Wartungsebenen gibt es noch welche.«

»Und du weißt nicht zufällig, wie er es geschafft hat, dort hinzukommen? Immerhin bist du der Einzige, der Zugang zu allem und jedem hat.«

»Ich bin sicher, dass ich nicht weiß, wovon du redest.«

Er sah mich an und zuckte mit den Schultern. »Was soll ich sagen, Lou? Die Sicherheit hat heute Morgen das Testament auf seinem Schreibtisch gefunden. Er hat es mit einer meiner Drohnen geschickt, kurz bevor er gesprungen ist. Du weißt, wie krank er war und dass er alle Medikamente verweigert hat.«

»Und wie sehr er seine Frau vermisst hat«, fügte ich leise hinzu. »Er sprach oft davon, dass es langsam Zeit für seinen Ruhestand würde.«

Wir schwiegen wieder, doch meine Gedanken rasten und schließlich fragte ich: »Du weißt, wo sie steckt, nicht wahr? Versuch erst gar nicht, mir was anderes zu erzählen. Ich habe noch nie erlebt, dass du eine Information nicht zur Verfügung hattest.«

Tuomas zögerte und starrte auf sein Handy.

»Und was würdest du tun, wenn ich es wüsste? Es ist ja nicht so, als hättest du im Moment viele Handlungsoptionen.«

»Jetzt komm mir nicht auf die Tour!«, fuhr ich ihn an. »Wir hatten das schon, Karhu. Was habe ich dir immer wieder gesagt?«

Tuomas seufzte und zitierte: »Erkläre einer Frau nicht ständig, was sie machen oder nicht machen kann.«

»Also?«, forderte ich.

Die Antwort blieb er mir schuldig, denn in diesem Moment betrat die diensthabende Schwester den Raum und Tuomas beugte sich wieder über sein Handy.

Die junge Frau begrüßte uns mit einem strahlenden Lächeln und widmete sich umgehend den komplexen medizinischen Abläufen, die in dem aufwändigen Prozess involviert waren, mich am Leben zu halten. Sie verhielt sich professionell, war erstaunlich zuvorkommend und eine geradezu verblüffende Schönheit. Das Einzige, was an ihrem Outfit noch fehlte, war das Hinweisschild mit der Aufschrift: *verdeckt arbeitende Konzernagentin.* Ich wusste, dass jemand es dieses Mal ernst meinte, denn man hatte sich sogar die Mühe gemacht, mir eine Frau mit kurzen Haaren zu schicken. Wenn jemand sich die Mühe gemacht hatte, meine Akte zu suchen und meine Vorlieben zu studieren, dann musste es wichtig sein.

Die Schwester beugte sich mit einem charmanten Lächeln über mich und spritzte mir meine tägliche Dosis des starken, experimentellen Entzündungshemmers.

»Tuomas, wo ist sie?«, fragte ich noch einmal. »Du weißt, dass ich nicht aufhören werde zu fragen.«

»Woher sollte ich das wohl wissen?«, antwortete er, ohne von seinem Handy aufzusehen. »Ich interessiere mich nicht wirklich für das Privatleben irgendwelcher Studenten. Davon abgesehen könnte ich es dir sowieso nicht sagen, denn diese persönlichen Informationen unterliegen strengem Datenschutz. Wir nehmen das sehr ernst hier im Unternehmen.« Er wischte auf seinem Handy herum und als die Schwester ihm den Rücken zudrehte, hielt er kurz das Display in Richards Richtung, der bestätigend piepte. Tuomas wandte sich mir zu und erklärte in einem fürsorglichen Ton, der so übertrieben falsch war, dass ich fast gelächelt hätte: »Die aktuellen Entwicklungen haben dich bestimmt sehr erschöpft und verwirrt, liebe Lou.« Sein Tonfall klang, als würde er etwas ablesen. »Vielleicht solltest du jetzt ruhen. Der plötzliche Tod deines Abteilungsleiters setzt dir bestimmt emotional sehr zu.«

Ich erwiderte Tuomas‘ Blick ruhig und nickte irgendwann.

»Du hast recht. Es tut mir leid, ich werde schon wieder so müde.«

»Kein Problem, wir können unser Gespräch später fortsetzen. Ruh dich aus und wir reden morgen weiter.«

Ich lächelte ihn dankbar an und schloss die Augen. Ich hörte, wie die Schwester nach einer Weile den Raum verließ und wie Tuomas sich ihr einige Minuten später anschloss. Eine Weile lang lag ich einfach so da und wünschte, ich könnte tatsächlich ruhen.

»Hat er dir die Adresse gezeigt?«, fragte ich leise.

Richard antwortete mit einem leisen Piepen. »Sehr schön. Ist die Schwester wieder auf Station gegangen oder lungert sie noch draußen auf dem Gang herum?« Ein weiteres Piepen. »Noch besser.« Ich öffnete die Augen. »Okay, Richard! Sei so gut und hilf mir aus dem Bett. Ich brauche was zum Anziehen und eine hohe Dosis meines Aufputsch-Medikamentes. Zeit für einen kleinen Ausflug.«

Richard hupte überrascht.

»Okay, dann mache ich es selbst. Dauert dann halt ein bisschen länger.«

34 | Endspiel

»Was wollen Sie von mir, General?«, rief Wagner und hob abwehrend die Hände. »Ich habe Sie mehr als einmal gewarnt. Schauen Sie sich die Aufzeichnungen noch einmal an. Wie Sie vielleicht noch aus Ihrem Training wissen, ist der Einsatz von Tasern unproblematisch, es sei denn, sie geraten an jemanden mit Herzproblemen. Und wie es der Zufall so wollte, hat unser guter Professor Scholz sie alle gehabt. Suchen Sie es sich aus. Wenn es die Kardiologen in ihren Büchern haben, dann hatte Professor Scholz es in seiner Sammlung. Es ist ein Wunder, dass die Zigarre ihn nicht schon umgebracht hat.«

Baker stand mit verschränkten Armen vor der Displaywand und musterte den Mann grimmig.

»Lassen Sie mich raten, das können Sie alles in den Daten der Drohne sehen?«

»Natürlich«, entgegnete Wagner trocken. »Ein paar Informationen kamen allerdings auch aus der Meldung von PharmaCorp, die eben zusammen mit der Krankenakte des Verstorbenen reingekommen ist. Darin ermahnen uns die Kollegen, besonders vorsichtig zu sein, denn die Zielperson ist, hm, wie nennen die das, ach ja, *medizinisch fragil und von hohem Wert für den Konzern.* Bei diesem letzten Teil handelt es sich wahrscheinlich um eine politisch motivierte Übertreibung.«

Baker stöhnte lang gezogenen und legte eine Hand über die Augen.

Calvin hatte in der Zwischenzeit auf einer anderen Displaywand das Bild der leuchtenden Gestalt aus der Kapelle aufgerufen und stand tief in Gedanken versunken davor.

»Machen Sie sich nichts daraus, General, ich glaube, wir wurden benutzt. Keines von den Ereignissen war ein Zufall. Ich bin sicher, dass dieser Mann genau wusste, was er tat.«

»Schöner Trost«, murmelte der Soldat, sodass nur Calvin es hören konnte. »Der Präsident wird mir trotzdem den Arsch dafür aufreißen.«

»Wagner«, begann Calvin, ohne den Blick von dem Bild vor sich zu nehmen. »Sie haben doch mittlerweile unter Garantie Zugriff auf die Vita des Mannes gehabt und sein Leben auf links gedreht. Was ist in den letzten Jahren passiert?«

»Nichts«, erwiderte der Wissenschaftler prompt. »Wie gesagt, der Mann hatte seit zehn Jahren kein Paper mehr publiziert.«

»Ja«, entgegnete Calvin. »Aber was ist *davor* passiert?«

Wagner sah sie verblüfft an.

»In seinem *Privatleben*?«, soufflierte Calvin geduldig.

Wagners Augen schweiften suchend hinter seiner Datenbrille von einer Seite zur anderen.

»Seine Frau ist gestorben«, erklärte er irgendwann.

Calvin nickte.

»Da haben Sie es.« Sie seufzte. »Meine Herren, ich bin überaus beeindruckt von Ihren Fähigkeiten und Talenten. Unser werter General hier ist immer bereit, auf alles und jeden zu schießen, hauptsächlich weil er die Ansicht vertritt, dass es in unserer heutigen Gesellschaft kaum noch jemanden mit Macht gibt, auf den zu schießen sich nicht lohnen würde. Eine Überzeugung, welche selbst für eine Humanistin wie mich nicht ganz einfach zu entkräften ist. Und unser geschätzter Herr Doktor würde selbst in der Hölle angekommen sofort beginnen, Daten zu sammeln, nur um sich beim Teufel selbst zu beschweren, dass seine Temperaturkonstante zu stark fluktuiert und Verbesserungsvorschläge machen, welche die Effizienz erhöhen.«

»Ich finde es ein wenig beunruhigend«, warf Wagner ein, »dass Sie mich sofort in die Hölle schicken, kaum dass Sie die Gelegenheit dazu haben.«

»Sie ist nicht umsonst ein Genie«, murmelte Baker gut hörbar.

Calvin überging dies und redete ungerührt weiter.

»Trotz alledem muss ich eingestehen, wie fortwährend verblüfft und beschämt ich neuerdings bin. Ist es nicht bemerkenswert, wie leicht es praktisch jeder Interessengruppe fällt, uns zu übertölpeln? Die mächtigste Militärmacht des Planeten, welche über die fortgeschrittenste Technologie der Welt verfügt, und jeder drittklassige Dozent sind schlauer als wir.«

Calvin stand noch immer vor dem Bild der undeutlichen Lichtgestalt und betrachtete es nachdenklich.

»Was auch immer da draußen passiert, wird jetzt seinen Höhepunkt erreichen.« Sie sah einen Moment lang gedankenverloren vor sich hin. »Deering, was sagen die letzten Meldungen aus der Stadt?«

»Nach allem, was wir hören und sehen können, eskaliert die Lage weiter. Es herrscht praktisch Kriegszustand. Das Problem ist nur, dass weder wir noch die Bürger wissen, gegen wen wir eigentlich kämpfen. Die Menschen sind ängstlich und verstört und wir sind fortwährend damit beschäftigt, kleinere Tumulte aufzulösen und Plünderungen zu verhindern. Wir verzeichnen darüber hinaus fortwährende Versuche zahlloser Randgruppen, Geld oder geschäftliche Vorteile aus der Situation zu ziehen.«

»Wären das die *Randgruppen*, die man Influencer nennt und die teilweise Millionen Follower haben? Egal, vergessen Sie es, es ist nicht wichtig.« Sie wandte sich an Wagner.

»Doktor, seien Sie so gut und geben Sie mir den letzten Stand Ihrer Analysen. Sehen wir noch irgendwelche Tiere oder Drohnen, die sich seltsam verhalten?«

»Nichts dergleichen, Professor. Wir haben auf Anweisung des Generals alle lebenden Einsatzmittel aus dem aktiven Dienst entfernt. Bei den automatischen oder halbintelligenten Systemen benutzen wir mittlerweile so viel Sicherheitsebenen und Redundanzen, dass wir selbst kaum noch zugreifen können.«

»Was ist mit den Wasserblumen?«

»Soweit wir wissen, wurde diese Spezies vollständig ausgelöscht. Das Exemplar im Goldfischglas auf dem Tisch hinter Ihnen dürfte eines der letzten Exemplare sein.«

Calvin nickte und fragte weiter, ohne den Blick von der Lichtgestalt zu nehmen.

»Was machen die Quantenrechner mit ihrer Obsession für Blumen?«

»Das musste ich selbst erst mal recherchieren. Wir haben die Angelegenheit im Zuge aller anderen Ereignisse ein wenig aus den Augen verloren. Es stellte sich heraus, dass die Motive sich zuletzt mehr und mehr auf Blumen beschränkt haben. Im Moment ist das einzige Motiv, welches die Rechner noch zeigen, eine Blumenwiese bei Nacht, über der Schwärme von Glühwürmchen schweben. Das Motiv ist übrigens viral gegangen und wurde zu einem Screensaver erweitert, der bereits einige Millionen Mal installiert wurde.«

»Darf ich vermuten«, fragte Baker, »dass wir keine Idee haben, warum das Motiv Verwendung findet?«

»Absolut nicht die geringste«, entgegnete Wagner.

»Wir sehen jedoch«, warf Deering ein, »einen deutlichen Anstieg von, wie soll ich sagen, allgemeinen Blumenmotiven. Sie sind überall. Es ist nicht zu übersehen, wenn man durch die Straßen geht. Sie tauchen als Graffiti auf und als Motiv auf Kleidung, als Lackierung auf Fahrzeugen oder als Schmuck. Es ist auffällig.«

»Das Unterbewusstsein der Menschen reagiert auf die Konvergenz«, erklärte Calvin in einem Tonfall, als würde sie mit sich selbst reden. »Sie wissen es nur nicht und können es auch nicht anders zum Ausdruck bringen.«

»Eine faszinierende These, Professor«, kommentierte Wagner. »Können Sie diese Überlegung mit Daten unterstützen?«

Calvin seufzte.

»Nichts von dem, was hier passiert, ist mit Daten unterstützbar, Doktor. Ich habe so langsam den Verdacht, dass wir uns das ganze aktionistische Herumrennen auch genauso gut hätten sparen können.« Sie schüttelte den Kopf. »Wie dem auch sei, ich danke Ihnen, meine Herren. Halten Sie mich auf dem Laufenden, wenn es neue Entwicklungen gibt, auch wenn ich glaube, dass wir davon nicht mehr viele sehen werden.«

»Was planen Sie zu tun?«, fragte Baker, als sie wenig später gemeinsam am Tisch saßen.

»Ich plane, Tee zu trinken, General.«

»Und dann?«, fragte Baker geduldig.

»Wahrscheinlich noch mehr Tee kochen«, entgegnete Calvin.

»Wir können doch nicht …«

»Doch«, unterbrach sie ihn. »Können wir.« Sie sah in das entgeisterte Gesicht des alten Soldaten. »Die Konvergenz ist fast abgeschlossen. Was auch immer in dieser Kapelle geschehen ist, war der Schlüssel. Die einzige Person, die uns hätte Aufschluss geben können, war dieser alte Professor. Soll ich Ihnen mal was sagen, General? Er wusste das ganz genau. Er wusste, dass man ihn irgendwann finden würde. Er hat uns mit voller Absicht provoziert. Und ich wette mein Tee-Budget, dass er unser Interesse mit seinem Verhalten am Fenster bewusst gefesselt hat, um sicherzustellen, dass einer bestimmten Person die Flucht gelingt.«

Baker kniff die Augen zusammen.

»Aber wir hätten niemals auf offiziellem Weg Zugriff auf diesen Mann bekommen.«

»Er ist nicht nur vor uns geflüchtet, General, sondern auch vor seinen eigenen Leuten. PharmaCorp stellt Fragen genauso nachdrücklich wie wir.«

»Und was schlagen Sie vor, was wir jetzt tun?«

»Sagte ich doch. Tee trinken.«

»Wir können doch unmöglich …«

»Doch können wir, General. Denn wir haben nichts mehr. Was wir haben, ist eine Flut transphysikalischer Phänomene, die wir nicht erklären können und die wir heute so gut verstehen wie am ersten Tag. Wir haben keinerlei Kontaktperson und nicht die geringste Idee, wie George seine Pläne umgesetzt hat. Deswegen schlage ich vor, dass Sie den Lockdown aufheben und alle Beschränkungen fallen lassen.«

»Sie haben doch gerade gehört, was da draußen los ist. Was, wenn die Lage beim nächsten unerklärlichen Phänomen direkt wieder eskaliert?«

»Das wird nicht geschehen, da können Sie sicher sein. Ich bin überzeugt, dass es morgen schon zu Ende sein wird. Wir sind jetzt im Endspiel.«

»Ich dachte, wir legen ein Puzzle.«

Calvin lächelte. Ein Ausdruck, der so selten für sie war, dass Baker verblüfft der Mund aufklappte.

»Wir sind erwachsen, General«, entgegnete sie. »Wir dürfen mehr als ein Spiel gleichzeitig spielen.«

»Und dabei Tee trinken?«

»So ist es.«

Sie reichte ihm eine Tasse.

»Und was hat uns das jetzt alles gebracht?«, fragte Baker irgendwann. »Wir verwenden jedes Jahr hunderte Milliarden auf Rüstung und Forschung. Wir analysieren, programmieren und überwachen. Wir sagen Trends voraus und kontrollieren, was auch immer nur kontrolliert werden kann. Was hat es uns gebracht?«

»Absolut nichts, General«, erwiderte Calvin ruhig und sah ihn dabei über ihre Tasse hinweg an. »Und vielleicht ist es genau das, was wir hier lernen sollen.«

35 | Gipfeltreffen

Wäre ich nicht so müde gewesen und hätte mich mein Medikament an diesem Morgen nicht extra dumm gemacht, ich wäre vielleicht auf die Idee gekommen, mir Evas Adresse einmal näher anzusehen. Ich hätte auch einfach nur auf den Stadtplan schauen können, bevor ich auf die brillante Idee kam, mein schönstes Sommerkleid anzuziehen.

Dabei dachte ich wirklich, ich hätte Glück gehabt, als ich in den Nachrichten las, dass alle Lockdowns und Beschränkungen überraschend aufgehoben wurden. In meinem Kopf hatte ich Eva immer in eines der großen Studentenwohnheime platziert, zusammen mit tausenden gleichaltrigen Kommilitoninnen. Dieser Stadtteil jedoch war anders.

Es bedurfte eine Weile guten Zuredens, bevor ich Richard dazu bewegen konnte, die Gegend überhaupt zu betreten. Sein unruhiges Tuten und Hupen trug nicht unbedingt zu meiner Beruhigung bei, als wir durch die langen Straßen voller verlassener Industriebauten und alter, zerstörter Autowracks rollten. Ich konnte ihn leider nicht davon abhalten, alle seine Warnlichter anzuschalten und permanent mit seinem roten Laser das Logo von PharmaCorp auf den Boden zu projizieren.

Ich glaube, wir hatten ausgesprochenes Glück, dass es noch so früh am Morgen war. Alle Menschen, die uns hätten Schwierigkeiten machen können, waren schlicht noch nicht bei Bewusstsein.

Als wir schließlich vor der richtigen Adresse ankamen, hätte ich das Haus fast übersehen. Es stand von der Straße zurückgesetzt in einem von vertrocknetem Gestrüpp überwucherten Garten.

Die Häuserfront wurde dicht von Graffiti bedeckt und die Fassade wirkte so heruntergekommen, als würde das Gebäude nur noch auf einen Termin zum Abriss warten. Mir fiel jedoch auf, dass die meisten der Graffiti Blumen darstellten. Ein von der Zeit vergessenes Blumenhaus, welches aussah, als würde es sich furchtsam zwischen zwei alte Lagerhallen ducken.

Entweder ein Zeichen völliger Vernachlässigung, dachte ich, *oder kühle Kalkulation. Immerhin ist dies die Hauptstadt. Erstaunlich viele Menschen verwenden hier ihre Zeit darauf, so zu tun, als würden sie nicht existieren.*

Richard rollte mich vor die Eingangstür und fuhr meine Sitzschale hoch genug, damit ich an die Klingel herankam.

Die Frau, welche die Tür öffnete, sah aus, als wäre sie bereit, sofort die Flucht zu ergreifen. Das Leben war nicht freundlich zu ihr gewesen und eine überwältigende Zahl tiefer Falten und Narben hatten ihr Gesicht gezeichnet. Sie musterte mich misstrauisch, während sie ihren Körper schützend halb hinter der Tür verborgen hielt. Ich konnte regelrecht spüren, wie sie versuchte, für den Anblick von Bart, Kleid und Rollstuhl eine vertraute Schublade zu finden – und daran scheiterte.

»Sie sind keines dieser verrückten Maschinenwesen oder?«, herrschte sie mich an.

Richard richtete meine Sitzschale augenblicklich auf, sodass meine volle Größe zu sehen war, und hupte die Frau dabei empört an, welche sich sofort hinter den Schutz ihrer Tür zurückzog. Ich tätschelte Richard beruhigend die Armlehne und schenkte der Frau mein freundlichstes Lächeln.

»Richard identifiziert sich nicht als Maschine«, erklärte ich der schockierten Frau, »und er findet es respektlos, wenn Menschen ihm unterstellen, eine zu sein.«

Die Frau öffnete ihren Mund, um etwas Beleidigendes zu sagen, schloss ihn jedoch wieder, als sie keinen Sinn in dem Gesagten fand.

»Ich komme, um Eva zu besuchen«, verkündete ich in ihre Verwirrung hinein. »Sie hat mir viel von Ihnen erzählt. Vielen Dank, dass sie sich so gut um meine Freundin kümmern.«

Loben und sofort weiter verwirren, dachte ich. *Keine Gelegenheit geben, das Gehörte zu reflektieren.*

Ich wartete kurz, bis das Konfuse im Blick der Frau seinen Höhepunkt erreicht hatte, dann schloss ich mit: »Es ist sehr nett von Ihnen, dass Sie mich hereinbitten! Ich fürchte, mein Kleid passt nicht wirklich gut in diese Gegend. Wo sagten Sie, ist das Zimmer?«

»Dachboden«, erklärte die Frau knapp und trat hastig einige Schritte zurück, als Richard meine Absicht erratend einfach losfuhr. Ich konnte in dem schlecht beleuchteten Gang absolut nichts erkennen, aber Richard rollte bereits zielstrebig auf den Treppenaufgang zu.

»Aber wie wollen Sie denn, Sie können doch nicht …«, begann die Frau und meinte wahrscheinlich die Treppenstufen.

»Keine Sorge«, rief ich fröhlich zurück, »das sind wir schon gewohnt. Wir lieben Herausforderungen.«

Richard entfaltete wie auf Kommando seine Beine und setzte schon dazu an, die Treppe zu erklimmen, als die Frau leise hinter uns sagte: »Gut, dass die Kleine doch noch Freunde hat. Ist nicht gut, immer nur allein zu sein. Da wird die Angst nur größer.«

Ich musste nur einen Finger heben und Richard hielt sofort in der Bewegung inne. Ich wandte mich zu ihr um.

»Angst?«, fragte ich.

Die Frau nickte.

»Angst, gefunden zu werden. Keine Ahnung, vor wem sie flieht, aber so ein Gesicht kennen wir hier. Sehen alle gleich aus.« Sie sah mir in die Augen. »Passen Sie gut auf sie auf.«

»Das werde ich«, murmelte ich schwach. »Danke.«

Doch die Frau schnaufte nur abfällig und schlurfte durch eine hintere Tür aus dem Treppenhaus.

Ich versank in meinen Gedanken und bekam kaum mit, wie Richard langsam und vorsichtig die Treppen erklomm. Ich schreckte erst aus meinen Überlegungen hoch, als er sich mit jedem Treppenabsatz lauter beschwerte. Sein Gemaule in Form von lang gezogenem Hupen und einer Art stotterndem Piepen wurden mit jeder Etage heftiger. Ich sah mich um und konnte seinen Unmut verstehen. Das ganze Treppenhaus war offenbar von Jahrhunderten aus Holz zusammengenagelt worden und es krachte und knirschte bedrohlich unter jedem von Richards zaghaften Schritten. Auf den Treppenabsätzen hatte er kaum genug Platz, um sich auch nur umzudrehen. Man sollte meinen, dass bei dem ganzen Gezeter die Menschen aus allen Richtungen auf dem Flur zusammenlaufen müssten, doch mir kam so langsam eine Idee, was für eine Art Haus das hier war. Wer hier unterkam, hatte wohl auf die harte Tour gelernt, seine Neugier zu zügeln.

Es dauerte ewig, die verdammten Treppen zu bewältigen.

Von außen hatte das Haus gar nicht so hoch ausgesehen. Als wir schließlich oben ankamen, dachte ich wirklich, dass es jetzt eigentlich nur noch besser werden konnte.

Doch dann erblickte ich die letzte Treppe zum Dachboden. Genauer gesagt sah Richard sie zuerst. Sein frustriertes Hupen hallte laut durch das Haus. Der Aufstieg war nur noch knapp drei Meter, aber sehr schmal und extrem steil. Tatsächlich handelte es sich mehr um die bequemere Version einer Leiter. Kein Problem für eine junge Studentin und kein Problem für Ludwig. Für Richard jedoch war das Konstrukt viel zu eng. Und für Lou? Es hätte genauso gut eine Felswand sein können. Richard klappte die Beine ein, piepte unglücklich und blieb unschlüssig vor der Treppe stehen. Der Bildschirm an meiner Armlehne flackerte und zeigte ein Fragezeichen.

»Ich weiß es nicht«, murmelte ich leise und schloss für einen Moment die Augen. »Die hochtechnisierteste Person des ganzen PharmaCorp-Konzerns. Millionenschwere Forschung von einer Treppe zum Dachboden mattgesetzt.«

Ich tat das Naheliegendste. Ich rief nach Eva. Mehrmals sogar. Richard half mir. Sein Hupkonzert erschreckte wahrscheinlich noch Menschen, die sich fünf Häuser weiter versteckten.

Richard hupte eine besorgte Frage.

»Was? Hilfe holen? Bist du närrisch? In dieser Stadt, ohne zu wissen, was da oben los ist und dabei mit absoluter Sicherheit Evas sorgfältige Tarnung ruinieren?«

Der Bildschirm flackerte erneut und zeigte ein Foto von Tuomas. Ich schüttelte den Kopf.

»Der verlässt die Klinik nicht. Selbst wenn alles in Flammen steht. Ich bin sicher, dass du deswegen so fortgeschritten bist. Damit er nicht selbst die Klinik verlassen muss, um mich zu schützen.«

Richard piepte traurig.

»Ich weiß, aber wir müssen wissen, ob sie da oben ist und ob sie Hilfe braucht.«

Richard piepte eine kleine Fanfare und das Bild einer Glühbirne erschien auf dem Bildschirm.

»Na, da bin ich mal gespannt.«

Ich hörte ein Klicken unter mir, gefolgt von einem hellen Surren, und sah zu meiner Verblüffung eine kleine Drohne, nicht größer als eine Zigarettenschachtel, die an mir vorbeiflog und zum Dachboden hinaufstieg.

»Okay, seit wann haben wir bitte eine Drohne an Bord?«, fragte ich entgeistert.

Richard piepte eine Erklärung und versuchte unschuldig dabei zu klingen.

»Was soll das bitte heißen? Seit dem letzten Sicherheitsupdate? Sicherheit von was? Mir? Brauche ich jetzt schon Drohnenüberwachung?«

Richard klang verlegen.

»Wie bitte? Taktische Aufklärung?« Ich sah an meinem Sommerkleid herab. »Du würdest mir doch sagen, wenn wir eine militärische Geheimwaffe sind, nicht wahr?«

Die Antwort war ein tiefes Brummen.

»Was soll das bedeuten, die Information ist vertraulich?«, rief ich und wollte schon ernsthaft sauer werden, wurde jedoch durch den Bildschirm abgelenkt, der jetzt das Kamerabild der Drohne einblendete.

Der Dachboden lag im Dämmerlicht. Jemand hatte alle Dachfenster abgeklebt. Keine ungewöhnliche Maßnahme in einer Stadt mit mehr Drohnen als Menschen.

»Wow«, erklärte ich schwach, als ich den kleinen Wald aus Grünpflanzen sah, der sich über den ganzen Dachboden verteilte. Eine Vielzahl von Lampen erzeugte ein wirres Muster aus Lichtinseln, welche die Orientierung zwischen all dem Grün mehr erschwerten als erleichterten.

»Gut, dass wir keine Hilfe gerufen haben. Kannst du dir den Zirkus vorstellen, den die Sicherheit hier veranstaltet, wenn die das da sehen?« Ich zeigte auf den hinteren Teil des Dachbodens, der sich jenseits der Pflanzen abzeichnete. »Da, das ist doch eine Matratze! Da, wo die ganzen Bücherstapel liegen. Siehst du sie? Flieg da mal rüber.«

Auf der einfachen Bettstatt erkannte ich Evas kleine Gestalt, die zusammengerollt auf der Seite lag.

»Flieg näher ran. Kannst du Atmung oder Puls messen?«

Ein entschuldigendes Piepen.

»Wie jetzt, Prototyp? Nicht mal Infrarot? Ich kann nicht mal sehen, ob sie atmet!«

Ich schlug frustriert auf meine Armlehne und unterdrückte die Tränen, die mir schon wieder in die Augen schießen wollten. Ich biss mir fest auf die Wange, bis ich Blut schmeckte und hätte schreien können.

An diesem Punkt, als ich sie so liegen sah, nur wenige Meter entfernt, die genauso gut Lichtjahre hätten sein können, muss irgendetwas in mir zerbrochen sein.

Es tut mir leid, aber von diesem Moment an traf ich keine besonders guten Entscheidungen mehr. Zu meiner Verteidigung möchte ich vorbringen, dass ich schon seit Tagen nicht mehr vernünftig geschlafen hatte und die überhöhte Dosis meiner Medikamente wahrscheinlich nicht half. Warum habe ich nicht einfach Tuomas gerufen? Ich habe mehrere Notfallprogramme für genau diesen Zweck. Ich hätte die Entwickler aus drei verschiedenen Klinikabteilungen durch die Stadt rennen lassen können. Selbst wenn sie nicht für mich gekommen wären, sie wären sofort für Richard gekommen. Was in aller Welt bildete ich mir überhaupt ein, hier allein erreichen zu können? Kurz, es war ein klarer Fall von geistiger Umnachtung, angetrieben durch, nun ja, ich fürchte Liebe und wahrscheinlich auch durch einen alten Teil von mir, der gewohnt war, Kontrolle übernehmen zu können, indem er einfach kopflos irgendwo hineinrannte und wichtigtat. Ich weiß es nicht. Was ich weiß, ist, dass der Anblick von Eva regungslos auf ihrem Bett scheinbar der letzte Tropfen war, den mein angegriffener Geist brauchte, um sich endgültig von der Vernunft zu verabschieden. Wesentliche Teile meines Gehirns müssen sich daraufhin abgeschaltet haben. Ich betone das so deutlich, denn ich bin nicht stolz auf das, was ich als Nächstes tat.

Ich muss sehr lange nur so dagesessen und vor mich hingestarrt haben, denn Richard hupte irgendwann eine Frage und ich schrak hoch. Doch da hatte ich meine Entscheidung bereits getroffen.

»Es tut mir leid«, murmelte ich und tippte so schnell ich konnte Kommandos auf meinen Bildschirm an der Armlehne. Richard hatte nur noch Zeit, einmal überrascht zu piepen, als ich auch schon den Sicherheitscode eingab und meine Hand flach auf das Display legte, um meinen Notfallzugriff zu autorisieren. Mit einem hörbaren Klicken sprang ein Notschalter irgendwo unter mir um und Richard schaltete sich ab. Alle seine Lichter erloschen. Das feine, immer präsente Summen, das ich so liebgewonnen hatte, brach ab und das Display des Schirms wurde schwarz. Ich hörte, wie irgendwo über mir die Drohne zu Boden fiel.

»Es tut mir so leid, mein Freund«, wiederholte ich und wischte meine Augen trocken, »aber du hättest alles getan, um mich aufzuhalten.« Ich atmete ein paar Mal tief durch und betrachtete die steile Treppe vor mir. Ohne hinzusehen, klappte ich die linke Armlehne meiner Sitzschale hoch, griff in die gepolsterte Aussparung und zog die Notfallspritze hervor. Nach den vielen Warnungen und roten Aufklebern darauf zu urteilen, hätte ich auch Plutonium durch die Gegend fahren können. Das hier jedoch war besser. Einer der Pharmakologen hatte mir einmal erklärt, was genau es enthielt. Ich erinnere mich noch an Koffein, Methamphetamin und Kokain, den Rest hatte ich vergessen.

»Nur, wenn das Überleben bedroht ist und alle anderen Systeme versagt haben!«, hatte der Mann mir mehrmals eingeschärft. Ich wusste, dass der Cocktail dazu gedacht war, mich überleben zu lassen, ob es mir dabei gut ging, war nebensächlich. »Nun«, erklärte ich leise, weil ich es so gewohnt war, dass immer jemand da war, der zuhörte. »Alle Systeme *sind ausgefallen* und niemand hat gesagt, dass es *mein* Leben sein muss, das in Gefahr ist, nicht wahr?«

Mit diesen Worten rammte ich mir die Spritze in den Oberschenkel.

Das Medikament schlug in mein System ein wie ein Meteorit. Es fühlte sich an, als würde jemand meine Venen mit Espresso füllen und meinen Kopf mit Eiswasser waschen.

»Wow«, machte ich, während ich nach Luft schnappte. Energie schoss in meine Muskeln und mein Herz schien jetzt einem Kolibri zu gehören.

»Die Heldin ist auf dem Weg, den Tag zu retten«, erklärte ich und schwang mich nach vorne aus der Sitzschale heraus. Ich realisierte zu spät, dass das wieder Ludwig in mir gewesen sein musste, denn auch die besten Drogen können nur Muskeln aktivieren, die tatsächlich vorhanden sind. Lou hätte diesen kleinen, aber wichtigen Unterschied verstanden. Jedenfalls war das der Grund, warum ich nicht aufstand und mir auf die Brust trommelte, sondern mich vielmehr mit dem Gesicht voran auf der ersten Stufe der Treppe zusammenfaltete und fluchte.

Ich brauchte einen Moment, um mich zu sortieren. Meine Arme waren weitestgehend nutzlos, aber ich konnte sie immerhin benutzen, um meine Hände am Geländer festzuklammern, während ich mich mit den Beinen rückwärts Stufe für Stufe die Treppe hochschob. Nicht elegant, aber es funktionierte.

Nach der ersten Stufe wurde mir bewusst, was für einen beschissenen Plan ich da verfolgte. Nach zwei Stufen realisierte ich endlich, dass ich es nicht mehr ohne Hilfe zurück in meine Sitzschale schaffen würde. Stufe drei erreichte ich zusammen mit einer Welle aus Schwindel und Übelkeit. Das wenige, was ich zum Frühstück gehabt hatte, verließ mich irgendwo bei Stufe fünf. Dort wurde ich auch das erste Mal ohnmächtig. Es folgten bittere Tränen und viel entwürdigendes Heulen und Schluchzen. Zum Glück gab es keine Kamera in der Nähe.

Ehrlich, ich habe nicht die geringste Ahnung, wie ich den Rest der Treppe geschafft habe. Die Erinnerungen an diese Erfahrung sind irgendwo verloren gegangen, wofür ich nicht undankbar bin. In meinem Kopf finde ich zu dem Thema Schmerzen, Tränen und Verzweiflung, aber das war der Inhalt von so vielen meiner letzten Jahre, dass ich nicht mehr sicher bin. Die gute Lou war definitiv nicht mehr ganz richtig im Kopf. Ich erinnere mich vage, dass ich beim dritten Mal Übergeben dachte, dass ich vor Scham sterben müsste, wenn jemand mich so fände. Dass dieser jemand mir auch helfen könnte, auf die Idee kam ich überhaupt nicht. Das erste Bild, das wieder deutlich in meinem Kopf schwebt, ist der Anblick von Evas Matratze am Ende des Dachbodens. Es können nur wenige Meter gewesen sein, aber in meiner Erinnerung sieht es noch immer so aus, als wären es mehrere Kilometer. Ich glaube, ich habe ziemlich viele Blumentöpfe aus dem Weg getreten, während ich mich langsam über den Boden Richtung Matratze schob. Ich erinnere mich noch deutlich an die Verzweiflung, die ich spürte, weil Eva nicht auf mein Rufen reagierte. Wenn ich so im Nachhinein darüber nachdenke, bin ich auch dafür eher dankbar. Eine nass geschwitzte, leichenblasse und stark zitternde Erscheinung, die nach Erbrochenem riecht und sich heulend über den Boden schiebt, schwächt ein wenig den heroischen Grundgedanken voller liebestoller Romantik.

Als ich mich endlich zu Eva auf die Matratze zog, konnte ich die Kälte ihres zarten Körpers sogar durch ihre Kleidung hindurch spüren. Sie wirkte noch blasser als sonst und ich fand weder Puls noch Atmung. Eine neue Welle von Übelkeit flutete durch meinen Körper und mischte sich mit

Tränen der Wut und Enttäuschung. Ich schlug frustriert auf die Matratze ein und sah mich hilflos auf dem Dachboden um. Ich wollte Evas Namen vom Dachfenster aus über die ganze Stadt schreien, begnügte mich am Ende aber damit, kraftlos neben ihr zusammenzusinken.

Erst jetzt fiel mein Blick auf den großen Haufen Bücher neben der Matratze und ich stutzte. Ein paar der großen Lehrbücher lehnten aufrecht vor dem Stapel und als ich eines davon beiseiteschob, sah ich das Goldfischglas. Es war nicht sehr groß und fasste sicherlich nur wenige Liter, doch es wurde so dicht von leuchtenden Funken gefüllt, dass kaum Platz für das Wasser blieb. Ich hatte den Eindruck, als wirbelten sie erwartungsvoll durcheinander, kaum dass ich ihr Versteck aufgedeckt hatte. Mein Blick glitt zwischen Evas blassem Gesicht und den Funken hin und her, bis ich mich einer plötzlichen Eingebung folgend über sie beugte und vorsichtig ein Augenlid anhob. Die Iris strahlte mir so hell entgegen, dass ich erschrocken zurückfuhr.

»Okay, das erklärt zumindest das«, murmelte ich, ließ mich erschöpft neben sie sinken und starrte hilflos in das Wirbeln der Funken im Goldfischglas.

Manchmal bin ich mir heute noch nicht sicher, ob das, was als Nächstes geschah, wirklich real gewesen war, oder ob das Notfallmedikament mein Hirn endgültig zu Pudding reduziert hatte. Ich hatte vielleicht zu lange in das Glas geschaut, denn ich hätte schwören können, dass die Funken sich stärker bewegten, wenn ich sie ansah. Wenn ich es tat, entwickelte es in meinem Kopf eine seltsam beruhigende, geradezu hypnotisierende Wirkung. Die Übelkeit verschwand und wechselte zu einer tiefen, entspannten Ruhe. Die Funken schienen entschlossen, mich zu beruhigen. In dem scheinbar zufälligen Durcheinander aus Lichtpunkten bildeten sich spontane Wellenmuster und formten nach und nach eine Ganzheit, die sich gemeinsam bewegte wie ein Fischschwarm. Doch das war nur der Anfang. Als die Funken meine Aufmerksamkeit hatten, sammelten sich alle Lichtpunkte dicht gedrängt hinter dem Glas und Umrisse begannen sich abzuzeichnen.

»Sie formen einen Bildschirm«, hauchte ich. Wenn das der Wahnsinn war, den mein Hirn produzierte, dann hatte ich zumindest etwas Brillantes.

Das Bild gewann Kontraste und nach einigem unschlüssigen Flackern, das auf mich wirkte, als würde hier etwas Neues getestet, erschienen Abstufungen der Helligkeit.

Die vagen Umrisse im Wasser gewannen Kontur und formten einen menschlichen Kopf. Schatten kamen hinzu und gaben dem Bild Tiefe. Das Gesicht begann zu schmunzeln. Es war Eva. Sie sah mir direkt in die Augen, hob langsam die Hand vor das Gesicht und winkte mir mit einem Zeigefinger zu ihr zu kommen. Ich stemmte mich schwerfällig auf einen Ellenbogen und streckte vorsichtig meine Hand nach ihr aus. Sie nickte mir aufmunternd zu.

»Wenn das medikamentenbedingte Wahnvorstellungen sind«, murmelte ich, »dann nehme ich das Zeug ab jetzt täglich.«

Das Gesicht im Goldfischglas flackerte und verschwamm gelegentlich. Immer wieder liefen Streifen durch das Bild und ich erinnerte mich an eine Dokumentation, die ich einst in der Schule ansehen musste. So hatten Bilder auf antiken Fernsehern ausgesehen, damals, als die erste bildgebende Technik aus Röhren kam und nur Schwarz-Weiß möglich war.

Als meine Hand über dem Glas schwebte, sah Eva tatsächlich nach oben und winkte meine Hand zu sich herab, als würde sie einen Hubschrauber einweisen.

»Ist ja gut«, murmelte ich. »Die Hand in das Glas, ich bin ja nicht völlig blöde.«

Obwohl, fügte ich im Geist hinzu, *im Moment alle Indizien dafürsprechen.*

Ich hatte es erwartet, aber als es dann geschah, erschrak ich trotzdem. Kaum berührte mein Finger das Wasser, zogen sich die hell glitzernden Funken in einer dicken Schicht Wasser eingeschlossen über meine ganze Hand und den Arm hinauf. Die Berührung fühlte sich kühl und beruhigend an, wie Evas kleine kalte Hand auf meinem Arm. Die funkelnde Wasserschicht verschwand unter meinem Kleid und ich spürte, wie sie meinen ganzen Körper überzog. Mein Herzschlag wurde langsamer und ich entspannte mich so tief, dass mir schon fast die Augen zufielen. Zugleich flutete ein Gefühl von Sicherheit und Geborgenheit durch meinen Kopf, welches alle Ängste und Sorgen mit sich nahm. Ich fühlte mich so wohl wie noch nie. Mir war vage bewusst, dass sich ein Schwarm von Funken gerade ihren Weg in meinen Körper bahnte und kurzerhand mein zentrales Nervensystem übernahm, aber es hätte mir nicht gleichgültiger sein können. Von irgendwoher kam Evas Umarmung zu mir und es wurde mit einem Schlag vollkommen bedeutungslos, dass sie technisch gesehen im gleichen Moment tot neben mir lag. Sie existierte irgendwo und es ging ihr gut. Dieser Gedanke war wundervoll und ein großer Trost für mich, da ich in diesem Moment deutlich spürte, wie mein Herzschlag aussetzte.

36 | Nachhall

Baker stand mit verschränkten Armen in der Tür zum Analyseraum und beobachtete stumm Bettina Calvin. Die Möbel waren verschwunden und der Raum mit den Displaywänden wirkte kahl und leer. Lediglich ein Stuhl war geblieben, auf diesem saß sie und starrte auf die Displaywand vor sich. Baker wirkte besorgt. Er sah immer wieder im Raum umher, als würde ihn der Anblick beunruhigen. Ich konnte ihn verstehen. Calvin, die stundenlang ein Display anstarrte, war ein völlig normaler Anblick. Ohne ihren obligatorischen Tee war es jedoch äußerst verstörend. Ich konnte dem alten Soldaten am Gesicht ansehen, dass er schon seit geraumer Zeit versuchte, einen Gesprächsansatz zu finden und dabei immer ratloser wurde. Wenn es wenigstens Daten gewesen wären, die Calvin da so konzentriert betrachtete. Stattdessen wurden alle Displaywände mit einem Sternenhimmel gefüllt und direkt vor Calvin hing ein großer Komet in der Nacht.

Er zeigte sich vollkommen bewegungslos. Eingefroren, genau wie Calvin selbst. Völlig still, als hätte jemand ein Bild von ihm einfach in den Himmel kopiert. Ich sah, wie Baker den Kometen musterte und erriet seine Gedanken. Er sah irgendwie seltsam aus mit seinem langen Schweif. Wenn man ganz genau hinsah, erkannte man, dass sich der Schweif gleich an der Spitze des Kometen aufteilte. Eigentlich hatte der Komet somit drei Schweife. Einen in der Mitte und noch zwei weitere, die im leichten Bogen seitlich abstanden und dabei ein bisschen wie Flügel aussahen.

Baker schüttelte irritiert den Kopf. Doch während er noch überlegte, ob und wie er Calvin ansprechen sollte, wurde er vom Klingeln seines Handys aus seinem Zwiespalt gerettet.

Er hielt das Gerät auf Augenhöhe und blickte in Deerings besorgtes Gesicht.

»Es tut mir leid, General, ich weiß, Sie sagten, ich könne Sie bei Professor Calvin erreichen, doch es scheint, als wäre ihr kompletter Analysebereich über Nacht verschwunden. Nicht mal der verschlüsselte Server, den sie benutzt hat, existiert noch in unserer Domain.«

»Das hat alles seine Richtigkeit, Colonel«, erklärte Baker, dem ich ansehen konnte, dass er log. »Professor Calvin ist im Moment«, er warf einen Seitenblick auf die regungslos starrende Frau, »in ein neues Projekt involviert. Damit brauchen Sie sich nicht zu belasten. Sagen Sie mir lieber, wie wir beim Aufräumen vorankommen. Haben Sie gefunden, was Sie suchen sollten?«

»Wir haben Ihrem Wunsch entsprechend die zehn größten Influencer, welche Kapital aus den Vorkommnissen der letzten Wochen schlagen wollten, in Gewahrsam genommen.«

»Sehr gut. An denen können wir gut sichtbare Exempel statuieren. Stricken Sie denen eine hübsche Anklage wegen Terrorismus, und sollten sich die üblichen Fans zusammenrotten, dann schicken Sie Eingreifteams, um sie zum Schweigen zu bringen. Wir verkaufen es als Erfolg für den Schutz unserer Bürger. Was ist der Stand unserer Aufklärungskampagne? Ich habe Marketing einen vollen Tag gegeben. Das sollte reichen, um eine verdammte neue Schöpfungsgeschichte zu schreiben.«

»Nun«, begann Deering, »das Propaganda-Interventionsteam hat uns drei mögliche Kampagnen vorbereitet, aus denen wir wählen können. Erstens können wir behaupten, wir hätten ein mildes Entspannungsmittel in das Trinkwasser der Stadt gemischt, welches harmlose auditorische Halluzinationen hervorgerufen hat, aber entspannend wirken sollte. Das

Ganze war als Maßnahme gegen die steigende Anzahl von Selbstmorden gedacht.«

»Sind die besoffen?«, polterte Baker. »Wir sollen zugeben, dass wir die Bevölkerung medikamentieren und dass es steigende Selbstmordzahlen gibt? Abgelehnt. Was noch?«

Deering schluckte.

»Wir erklären es als terroristischen Angriff auf das Netz, der die Bevölkerung unterbewusst hypnotisiert hat.«

Baker seufzte schwer.

»Das ist doch Scheiße, Mann. Das impliziert, dass jeder Idiot unser Netz hacken kann und wir so inkompetent sind, dass wir wochenlang dabei zusehen. Was noch?«

Deering sah auf seine Unterlagen.

»Die Letzte ist, dass extrem sauberes Wasser schon immer diese Geräusche gemacht hat, wir es aber bis jetzt nicht hören konnten. Erst dank unserer neuen revolutionären Filtermethoden können wir der Bevölkerung nun auch dieses Erlebnis ermöglichen. Alle anderen Vorkommnisse waren Nebeneffekte des überforderten Hirns, das sich erst an die neue saubere Umgebung anpassen muss. Die Effekte werden abklingen, sobald Gewöhnung einsetzt. Wir nennen es den Weg zurück in die Natur und verkaufen es als grüne Initiative.«

Baker schwieg eine Weile und nickte schließlich langsam.

»Nehmen wir. Es ist gerade bescheuert genug, um wahr sein zu können. Danken Sie dem Marketing und sagen Sie denen, dass ich bereit bin, jemanden dort zu befördern, sobald die mir einen Alphabeten präsentieren können, der denken kann. Baker out.«

Er ließ das Handy sinken und betrachtete Calvin eine Weile, welche keine Anstalten machte, etwas zu sagen oder ihm auch nur Beachtung zu schenken.

»Sie haben wie immer recht behalten, Professor«, versuchte er es irgendwann vorsichtig. »Wagner sagt, die Geräusche des Wassers haben deutlich nachgelassen und sind in den Außenbezirken der Stadt kaum noch zu hören. Alle unsere Systeme arbeiten zur Abwechslung einmal fehlerfrei und selbst die Quantenlaptops haben aufgehört, Blumen zu zeigen.«

»Was zeigen sie?«, fragte Calvin leise.

»Das Einzige, was geblieben ist, sind merkwürdige Schwärme aus Lichtpunkten, die des Nachts über das Display treiben. Wagner sagt, er ist sich nicht mal sicher, ob das überhaupt etwas zu bedeuten hat, oder ob es einfach ein Nebeneffekt oder eine Nachwirkung des Virusbefalls ist. Oder was auch immer mit den Dingern los war.« Er wartete einen Moment und als sie keine Reaktion zeigte, sprach er weiter. »Wir sehen noch immer erhöhte Aktivität auf den Straßen, aber im Vergleich zu dem Mist vor einigen Wochen ist das alles harmlos. Es werden zum Beispiel immer wieder wilde Drohnenschwärme mit Spraydosen gesichtet, welche nach Einbruch der Dunkelheit irgendwo auftauchen und Blumen auf alles malen. Mit Vorliebe auf Hochhausfassaden.«

»Trittbrettfahrer«, murmelte Calvin leise.

Baker nickte.

»Deering berichtet, dass Blumen immer stärker zum Symbol einer Art Bewegung in der Bevölkerung werden. Man sieht es in der Stadt überall. Auf Kleidung, als Schmuck, an Häusern, auf Autos und so weiter. Die Analysen zeigen jedoch kein zielgerichtetes Denken dahinter. Das Phänomen scheint vollkommen ohne Agenda zu existieren.«

»Das Unterbewusstsein der Menschen«, erklärte Calvin leise, »versucht die Konvergenz zu verarbeiten, verfügt jedoch nicht über die nötigen Referenzpunkte. Der menschliche Geist hält sich gerne an Symbolen fest, wenn die tieferen Bewusstseinsschichten verzweifelt versuchen, etwas nach oben zu kommunizieren, wir aber noch keine Worte dafür finden können, weil es alle unsere Erfahrungen übersteigt.«

Baker, dem ich ansehen konnte, dass er kein Wort verstanden hatte, schwieg einen Moment und sah zwischen den Displaywänden hin und her.

»Wo ist Ihr kleiner nerviger Freund?«

»Er sammelt Daten und bereitet sie zur Prüfung vor«, entgegnete Calvin.

»Daten?«, fragte Baker.

»George«, entgegnete Calvin.

Der alte Soldat zog die Brauen zusammen.

»George?«, echote er. »Sie wollen George … prüfen? Meinen Sie etwa seinen Code? Das sind Millionen Zeilen?«

»Milliarden, um genau zu sein«, erwiderte Calvin ruhig, noch immer, ohne ihn anzusehen. »Haben Sie eine bessere Idee, General? Die Konvergenz ist abgeschlossen und wir haben nichts mehr. Ich wette, dass Sie bei Befragungen der Bevölkerung herausfinden werden, dass die Erinnerungen an die Ereignisse bereits verblassen. Beobachten Sie ihre Influencer. Es wird nicht lange dauern, und die werden die ersten Geschichten erfinden, um das Geschehene zu rationalisieren. Darin sind Menschen sehr gut. Sie werden Ihre Marketingabteilung wahrscheinlich nicht einmal bemühen müssen. Der menschliche Geist neigt dazu, sich selbst Geschichten zu erzählen, welche den eigenen Erfahrungen Sinn geben. Fakten, welche dann nicht passen, werden dabei gerne einfach ignoriert.« Sie wandte sich um und sah ihn an. »Es wird sein, als würde die Stadt aus einem langen Traum erwachen. Zunächst sind die Bilder noch klar und einschüchternd, dann verblassen sie und am Ende ist man sich nicht einmal sicher, was genau geschehen ist und wie viel davon real war.«

Baker schüttelte irritiert den Kopf.

»Was soll das heißen, *nicht real*, Professor? Wir verfügen über ungezählte Terabyte voller Aufzeichnungen und Analysen!«

Calvin sah zu Boden, doch ich konnte spüren, dass sie schwach lächelte.

»Glauben Sie, General? Schauen Sie sich die Aufzeichnungen zum weißen Rauschen noch einmal an. Sie werden keine Blumen mehr finden. Selbst die Aufzeichnungen der Cortex-Scans, die wir von den Patienten gemacht haben, sind leer. Hier sollten wir die individuelle Hirnaktivität in Bilder zurückrechnen können. Wenn denn etwas zu sehen wäre. Es ist faszinierend und einschüchternd. Wagner meinte schon, dass es ihn an Quantenphysik erinnert. Partikel, die, wenn sie beobachtet werden, ihr Verhalten unauffällig rückwärts in der Zeit anpassen.«

»Professor, das ist doch Unsinn. Selbst wenn irgendwelche Blumen aus den Analysen verschwinden, haben wir noch immer unendlich viel Videomaterial. Wenn ich nur an unsere endlosen Diskussionen denke.«

»Sind Sie sicher, General? Eine Aufzeichnung ist nur so viel wert wie die Person, die sich ihrer Existenz überhaupt bewusst ist. Erinnern Sie sich noch daran, was die Ratten auf die Wand gemalt haben?«

»Was?«, fragte Baker irritiert. »Wovon reden Sie? Ratten können nicht malen, das weiß sogar ich.«

Calvin nickte.

»Das Universum korrigiert bereits die Nebenwirkungen der Konvergenz. Es heilt die metaphorischen Wunden der Kollision.«

»Metaphorische Wunden der Kollision?«, echote der alte Soldat nun vollkommen verwirrt.

»Bald werden Sie beginnen, sich Ihre eigene Geschichte zu erzählen und sie so lange wiederholen, bis Ihre eigene

Welt die korrigierte Realität integriert hat. Das wird dann das neue Normal werden. Aber machen Sie sich keine Sorgen, ich werde nicht vergessen.« Sie sah zum Kometen auf. »Es passiert nicht zum ersten Mal, aber ich muss gestehen, es ist jedes Mal eine harte Lektion für jemanden wie mich. Es scheint, als würden wir immer wieder an unsere Grenzen geführt werden müssen. Es entbehrt dabei nicht einer gewissen Ironie, dass es unsere eigenen Schöpfungen sind, die uns diese Grenzen aufzeigen.«

»Planen Sie das zu tun, Professor? Sich demütig von Ihrer eigenen Schöpfung vorführen zu lassen?«

»Ich wünschte, ich hätte dieses Talent und diese Freiheit«, murmelte Calvin. »Selbst wenn ich niemals herausfinden sollte, was tatsächlich geschehen ist, glauben Sie mir, ich werde dennoch einen Weg finden zu verhindern, dass es sich wiederholt.«

37 | Lichtwege

Ich öffnete die Augen und fand mich direkt im nächsten Albtraum wieder.

Nicht wirklich der Anblick, auf den ich gehofft hatte.

Die düstere Zelle, die grob gemauerten Wände, das rötliche Zwielicht und die drückende Atmosphäre einer mit Angst gesättigten Luft.

Definitiv ein Albtraum. Na wundervoll.

Mein Blick glitt an meinem Körper herab und ich fluchte erstickt. Die Umgebung war nicht einmal das Schlimmste. Ludwig war wieder da. Die Beine gehörten definitiv zu mir, doch sie sahen deutlich dicker aus als sie sollten. Überhaupt, wo war Richard? Wieso steckte ich wieder in diesem viel zu schweren, haarigen Körper fest, den ich eigentlich schon lange hinter mir gelassen hatte? Ich zog die Brauen zusammen.

Sollte ich nicht deutlich überraschter sein, mich in einem Kerker wiederzufinden? Ich meine sowohl das Verlies als auch den Körper. Ein weiteres sicheres Zeichen für einen Traum.

Ich saß am Boden gegen eine Wand gelehnt und musterte interessiert die schweren, rostigen Ketten, mit denen mich jemand an die Wand gefesselt hatte. Ich blickte auf meine behaarten Hände an meinem Hemd entlang zu meiner Jeanshose und fluchte erneut. Nicht wegen der Ketten, das war offensichtlicher Unsinn, sondern wegen mir.

Das ist nicht der Plan für mein nächstes Leben gewesen.

Ich wusste nicht, wer diesen Unfug bestellt hatte, doch ich hatte jetzt schon genug davon. Ich rappelte mich genervt vom Boden hoch und riss mir missmutig die Ketten vom Leib. Das uralte, rostige Eisen zerbröckelte in meinen Fingern.

Es ist doch wie verhext, dachte ich, während ich die braunen Stücke Rost unwirsch gegen die Wand warf.

Da stirbt man einen absolut wundervoll romantischen Tod, um auf der anderen Seite mit seiner Angebeteten vereint zu sein, genauso wie es sich für eine Liebesgeschichte gehört, und dann wacht man in einem Albtraum auf, noch dazu im falschen Körper.

Eine Weile lang musterte ich interessiert meine Zellentür, die, aus schweren Eisenstäben geschmiedet, bestimmt eine Tonne wog. Schließlich gab ich ihr einen wuchtigen Tritt, der sie vollständig aus dem Rahmen riss und laut krachend gegen die nächste Wand prallen ließ. Ich trat in den Gang und lächelte.

Okay, dieser Körper hat Vorteile, ich gebe es ja zu. Das ist aber nicht der Punkt. Die wichtige Erkenntnis ist, dass ich hier nicht so viel Macht haben sollte. Und ich bin viel zu mutig. Ich hielt inne, sah mich um und realisierte endlich, was hier wirklich falsch lief. In Träumen schaltet man immer ein wenig langsamer als sonst. Ich hatte keine Angst. Also überhaupt keine.

Weil das hier nicht dein Traum ist, du Schaf, gab ich mir selbst die Antwort. *Du bist nicht das Opfer hier.*

Ich sah an mir herab und stöhnte lang gezogen, als ich endlich verstand.

Gütiges Licht, ich bin … der Held!

»Na großartig«, erklärte ich. »Ich weiß nicht, wer im Universum für die Zuteilung archetypischer Erzählmotive zuständig ist, aber ich werde es herausfinden und dann glaube mir, werden wir uns mal über ermüdende Stereotypen unterhalten.«

Ein lang gezogenes, bestialisches Brüllen erschütterte das alte Gemäuer. Staub rieselte von der Decke und ein Luftzug wehte den Gang entlang. Er trug den Geruch von Fäulnis und Verwesung mit sich.

»Wo wir gerade von Klischees sprechen«, murmelte ich. »Da ist auch schon das Monster.«

Eine Welle aus Angst und Verzweiflung spülte durch meinen Geist. Ein Gefühl, so intensiv und überwältigend, dass mir fast die Beine einknickten. Vollkommene Hoffnungslosigkeit überfiel mich zusammen mit der absoluten Gewissheit, dass niemand jemals kommen würde, um mir zu helfen.

Ich bin für alle Zeiten verloren, dachte ich und wusste im gleichen Moment, dass es nicht meine eigenen Gedanken waren. *Egal, wohin ich fliehe, das Monster wird mich immer finden.*

Ich erlebte das intensivste Gefühl absoluten Horrors, das ich jemals in meinem Leben empfunden habe. Es entwaffnete und lähmte mich vollständig. Es duldete keinen Widerstand und erlaubte keinerlei Hoffnung.

Es war außerdem nicht meins.

Ich schüttelte mich und zerrte meinen Geist mit purem Willen aus der Erstarrung heraus. Ich verstand jetzt, wem das alles hier gehörte, und wusste nun auch, wohin es mich verschlagen hatte.

Ich lief den Gang entlang und bog mehrmals willkürlich um Ecken, die mich in neue dunkle Gänge führten. Die Angst brannte wie ein Leuchtfeuer in meinem Geist und wies mir den Weg. Als ich die richtige Zellentür schließlich erreichte, blieb ich nicht einmal stehen. Das Eisen zerfiel zu Staub, kaum dass ich es berührte.

In der Ecke der Zelle lag am Boden eng zusammengerollt ein kleines Mädchen in einem langen Nachthemd, das sich die Hände auf die Ohren presste.

»Verfluchte Klischees«, murmelte ich und spürte, wie mir langsam die Geduld ausging. Vorsichtig kniete ich mich nieder und hob das kleine zitternde Bündel behutsam vom

Boden hoch. Sie klammerte sich fest an mich und presste ihr Gesicht an meinen Hals. Der kleine dürre Körper wog fast nichts. Während ich mich noch erhob und der Tür zuwandte, brüllte das Monster auch schon seine nächste Herausforderung und das Mädchen erstarrte in meinen Armen.

»Weißt du«, erklärte ich beiläufig, »als ich mir im Tod gewünscht habe, für immer bei dir zu sein, hätte ich wahrscheinlich deutlich spezifischer sein sollen.«

Kaum trat ich durch den Türrahmen, sah ich, wie der Gang dunkler wurde, sich dehnte und vor uns bis in die Unendlichkeit erstreckte. Mein Blick folgte dem Ende, wie es sich in der Ferne verlor, und ich wusste mit absoluter Sicherheit, dass *eine* Lebenszeit nicht ausreichen würde, den Ausgang zu erreichen. Die Hoffnungslosigkeit kam wieder und brach wie eine Flutwelle über meinem Geist zusammen.

»Angeber«, murmelte ich und drehte meinen Kopf, damit ich in das Ohr des Mädchens flüstern konnte. »Das Problem deines Monsters ist jetzt, dass ich nicht Teil deiner Geschichte bin. All die Dinge, die für dich real sind, sind für mich, nun, … verhandelbar.« Damit schloss ich die Augen und trat einen entschlossenen Schritt aus dem Gang heraus. Als ich die Augen öffnete, standen wir direkt an einem Abgrund. Ich spähte vorsichtig nach unten. Wind wehte mir ins Gesicht und kündete von unendlichem Fallen in kalter Schwärze. Verlorenheit ohne eine Chance auf Wiederkehr.

Ich seufzte, schloss wieder die Augen und tat einen entschlossenen Schritt, welcher sicher und fest auf einer Brücke aufsetzte. Ich öffnete die Augen und blickte den langen schmalen Bogen entlang, der sich über den Abgrund spannte. Die schmale Brücke war in der Dunkelheit kaum zu sehen. Es gab kein Geländer und der Wind, der aus dem Nichts unter uns heraufwehte, wurde immer stärker.

»Es wird langsam eintönig«, kommentierte ich laut. »Wir werden gehen und du wirst einfach einen Weg finden müssen, damit zu leben.«

Wie als Antwort loderte am jenseitigen Ende der Brücke ein gewaltiges Feuer auf, das den Horizont vollständig einnahm. Selbst auf dieser Seite konnte ich die Hitze spüren. Die Flammen brandeten hoch empor und spülten wie eine Sturmflut aus Feuer am jenseitigen Ende der Brücke zusammen, wo sie sich auftürmten und Form gewannen. Aus den Flammen heraus trat eine gewaltige Gestalt, die ihre dunklen Schwingen aus Schatten ausbreitete und eine Herausforderung brüllte, welche den Boden unter mir beben ließ.

Ich drückte das kleine Mädchen fester an mich und flüsterte:

»Hör mal, so langsam übertreibst du aber. Ich meine, nichts gegen deine unbewussten Ängste, aber das kommt doch aus einer ganz anderen Geschichte oder?«

Das Mädchen wimmerte leise und presste sich noch fester an mich.

Ich betrachtete die Schattengestalt aus Feuer, welche uns den Weg versperrte.

»Weißt du, das hier ist nicht mein Kampf. Es ist dein Monster. Deine Schatten haben keine Macht über mich, aber wenn wir hier tatsächlich irgendwann mal rauswollen, dann musst du uns den Weg weisen.«

Das Mädchen schwieg, drückte sich jedoch fester an mich, soweit das überhaupt noch möglich war.

Ich kämpfte einen Moment gegen die kleinen Arme, die mich panisch umklammerten und mir dabei die Luft abdrückten.

»Schau, ich kann einfach durch den Aufschneider da durchlaufen und unterwegs Wege, Brücken und Türen erschaffen, bis uns allen langweilig wird. Wirklich auflösen kannst diesen Traum aber nur du allein. Irgendwann musst du dem Schatten entgegentreten. Er hat keine wirkliche Macht. Er ist nur heiße Luft und Form gewordene Angst.« Das Mädchen schüttelte heftig den Kopf. Der Schatten im Feuer jenseits der Brücke nahm weiter an Größe zu und brüllte ein triumphierendes Lachen.

Ich seufzte und beschloss, die Strategie zu wechseln.

»Okay, alles gut. Vergiss es. Ich bin auch nur ein ganz kleines bisschen enttäuscht. Hätte ich gewusst, dass du zu schwach bist, dem Monster entgegenzutreten, hätten wir uns den ganzen Aufwand sparen können. Aber wenn du möchtest, muss das hier nicht alles umsonst gewesen sein. Ich kann den Albtraum natürlich für dich bekämpfen. Jeder würde das verstehen, immerhin habe ich den Körper eines großen starken Mannes und du bist nur ein kleines hilfloses Mädchen.«

Einen Moment lang herrschte schockierte Stille, dann schob die Kleine mich energisch von sich fort, wand sich strampelnd aus meiner Umarmung und sprang zu Boden. Als ihre Füße den Boden berührten, verschwand ihre kindliche Gestalt.

Eva richtete sich auf, atmete tief durch und drehte sich zu mir um. Hier in ihrem eigenen Traum erschien sie größer. Sie trug ein langes weißes Kleid, dessen Falten sich bewegten, als würden sie von einem starken Wind erfasst. Sie sah erst an sich herab und dann zu mir auf. Da waren sie wieder, die kühlen blauen Augen.

»Das war unnötig«, erklärte sie.

Ich zuckte mit den Schultern.

»Hey, es hat funktioniert.« Ich deutete auf die dunkle Wolke aus wabernden, flammendurchzogenen Schatten, welche wie auf Kommando ein tiefes, donnerndes Grollen ertönen ließ. »Könntest du vielleicht?«, fragte ich. »Der beginnt mir auf die Nerven zu gehen.«

»Nicht nur dir«, erwiderte Eva leise und drehte sich um.

Sie betrachtete den Schatten kritisch, der sich hinter der Brücke dicht am Rande des Abgrunds herausfordernd auf und ab bewegte, und begann langsam auf ihn zuzugehen.

Ich folgte ihr und sah zwischen der zarten Gestalt im weißen Kleid und der turmhohen Gestalt aus Feuer und Dunkelheit hin und her.

»Ähm, an dieser Stelle wäre ein Zauberstab nützlich«, kommentierte ich beiläufig. »Schwerter sollen auch gut sein, habe ich gehört.«

Ich sah Eva innehalten und nachdenklich den Kopf auf die Seite legen.

In diesem Moment sprang der Schatten mit einem gewaltigen Satz auf die Brücke und baute sich vor uns auf. Ein Sturm aus heißer Luft zerrte an unseren Kleidern und mein Gesicht brannte, als hätte ich den Kopf in einen heißen Backofen gesteckt. Der Geruch von verbrannter Erde füllte mein Innerstes und die Aura von Angst und Verzweiflung wurde so intensiv, dass ich sie fast schmecken konnte. Wellen aus schwarzem Rauch spülten über uns hinweg und Evas Gestalt war kaum noch zu erkennen. Der Schatten ragte über ihr auf wie ein brennender Berg. In der wogenden Dunkelheit formte sich eine Klaue aus Feuer und machte Anstalten, nach der Gestalt in Weiß zu greifen.

Eva hob ebenfalls eine Hand. Es war eine kleine, fast liebevolle Geste, wie sie dem Monster die Hand flach entgegenstreckte, als würde sie ihm etwas anbieten. Der schwarze Rauch teilte sich und ich erkannte eine kleine weiße Blume, die auf ihrer Handfläche lag. Ich wusste sofort, dass es eine transparente Blüte war, so dicht mit Funken gefüllt, dass sie hell und weiß strahlte. Noch während der Schatten zögerte, wurde das Strahlen intensiver und ich hatte gerade noch Zeit, die Augen zu schließen und die Hände auf mein Gesicht zu pressen, als die Blüte auch schon platzte.

Der Lichtblitz strahlte so hell, dass ich es selbst durch meine Finger hindurch noch als rötlichen Schein wahrnahm. Ich stand eine Weile da und wartete, doch es geschah nichts mehr. Keine dramatischen Todesschreie, Flüche oder Drohungen, kein Wehklagen. Nur Stille.

Das erschien mir dann doch nicht dramatisch genug.

»Es werde Licht«, murmelte ich leise.

Als ich schließlich die Hände von den Augen nahm, stand Eva vor mir und sah mich ruhig an. Um uns herum gab es nichts mehr. Keine Monster, Brücken oder Verliese. Wir hingen in völliger formloser Schwärze. Unter uns gab es nicht einmal einen Boden. Ich schien zu schweben und das war auch gut so, denn zu meiner Erleichterung war ich wieder Lou. Ich trug mein Kleid und meine Beine wären in einem Albtraum-Verlies mehr als nutzlos.

Was auch immer die weiße Blüte an Licht mitgebracht hatte, schien nun erschöpft zu sein. Noch während ich erleichtert in Evas Gesicht blickte, verlor das Licht um uns herum an Kraft.

»Hast du auch einen Plan für die Dunkelheit?«, fragte ich betont beiläufig. »Feuermonster machen mir keine Angst, aber ewige Nacht ist nicht unbedingt meine Stärke.«

»Jetzt bist du dran«, erklärte Eva und betrachtete mich weiter aufmerksam. »Stell dich deiner Dunkelheit.«

Ich sah nervös umher.

»Das sagt sich so leicht«, entgegnete ich. »Was, wenn sie niemals endet?« Ich versuchte mich auf Evas Gesicht zu konzentrieren, deren Züge in der zunehmenden Dunkelheit schnell verblassten.

»Sie ist nicht endlos«, kommentierte Eva ruhig. »Es sieht nur so aus.«

»Wenn nirgendwo mehr Licht existiert, ist der Unterschied schwer zu erkennen«, flüsterte ich und sah mich ängstlich um. Eva griff nach meinem Kopf, hielt ihn fest mit beiden Händen und sah mich lange an. Schließlich begann sie zu lächeln.

»Dann machen wir unser Licht eben selbst«, erklärte sie und küsste mich.

38 | Korrekturphase

Wagner betrat Bakers Büro und ließ sich schwer auf einen der Stühle vor dem Schreibtisch fallen. Er lehnte sich vor, stellte die Ellenbogen auf und stützte den Kopf auf die Hände. In dieser Haltung erstarrte er.

Nach einer Weile hob Baker den Kopf vom Studium seiner Unterlagen und sah den Wissenschaftler fragend an. Ich sah die Überraschung in seinen Augen, denn Wagners Augen waren geschlossen und die Gläser seiner Datenbrille zeigten nicht das charakteristische Flackern einlaufender Daten.

»Wissen Sie«, begann Wagner, »wie viele Sicherheits- und Überwachungssysteme wir allein in der Stadt benutzen, General? Über achthundert. Und das ist ohne die Redundanzen und Backups. Dahinter laufen noch ein paar hundert weitere veraltete Systeme, die niemand abgeschaltet hat, als die neuen online gingen.«

Baker setzte an, etwas zu sagen, doch seine Augen wurden weit und er lehnte sich erschrocken zurück, als etwas geschah, was die meisten Menschen auf diesem Stützpunkt für unmöglich gehalten hätten. Wagner nahm seine Datenbrille ab und rieb sich müde die Augen.

»Und ich«, erklärte er langsam, »habe jedes Einzelne davon persönlich geprüft. Wir haben keinen Schadcode mehr im System.«

»Hatten wir denn überhaupt jemals Viren im System? Ich dachte, das zu klären, wäre der Sinn dieses ganzen Unterfangens gewesen?«

»Was weiß ich«, murmelte der Wissenschaftler. »Wir patchen unsere Systeme so oft, dass man praktisch alles darin verstecken kann. So langsam wird es zu einem philosophischen Problem.«

Baker schloss die Akte vor sich und wandte sich dem Wissenschaftler zu.

»Okay, Doktor, wann genau haben Sie das letzte Mal geschlafen?«

Wagner schnaufte abfällig. »Schlaf auf diesem Stützpunkt ist ein Verstoß gegen die Dienstvorschrift.«

»Ist es nicht, Doktor. Sie haben diesen Zusatz zu den Vorschriften mehrmals beantragt und ich habe ihn mehrmals abgelehnt.«

Wagner blinzelte einige Male und blickte auf den Schreibtisch. »Das ist eine schöne Blume«, erklärte er unvermittelt.

Baker folgte seinem Blick zu dem schlichten Topf mit der einzelnen Blume, die eine leuchtend violette Blüte trug.

»Würden Sie glauben, dass ich nicht die geringste Idee habe, wo die herkommt? Auf einmal standen die Dinger in allen Büros.«

»Nicht nur hier, General«, entgegnete Wagner. »In der ganzen Stadt. Irgendwann kam ein Memo dazu durch. Deering weiß mehr darüber, glaube ich.« Er legte nachdenklich den Kopf schief. »Ich muss sagen, es ist eine ganz nette Abwechslung zu den Bomben, die wir sonst gelegt bekommen. Wissen Sie, was für eine Art es ist?«

Baker sah ihn überrascht an.

»Sie sind der Fachmann für alles, Doktor. Sagen Sie es mir.«

Einen Moment lang sah Wagner stumm auf die Datenbrille in seinen Händen hinab, dann erklärte er: »Ich habe nicht die geringste Ahnung. Aber sie ist hübsch.«

»Es ist eine Lilie!«, verkündete eine quakende Stimme.

»Lilium longiflorum, um genau zu sein. Die Züchtung heißt Black Beauty und sollte im Frühling eigentlich überhaupt nicht blühen.«

Wagner sah überrascht umher.

Baker seufzte und drehte den Monitor seines Computers so, dass der Wissenschaftler das Display sehen konnte. Ein kleiner roter Krake hockte im Bild und winkte fröhlich mit einem Tentakel.

»Yo, Johnny, du alte Säge! Wie geht's?«

»Hallo Toto«, entgegnete Wagner und lächelte tatsächlich. »Lange nicht gesehen. Ich hatte mich schon gefragt, wo du abgeblieben bist.«

»Johnny?«, fragte Baker und zog die Brauen hoch.

»Mein Vorname ist John«, erklärte Wagner. »Keine Ahnung, woher er das wieder weiß. Und nur meine Mutter hat mich jemals Johnny genannt. Das muss ich Professor Calvin zugestehen. Ihr kleiner Helfer ist ein bemerkenswertes Konstrukt.«

»Er ist eine verdammte Belästigung«, grollte Baker.

»Mike und ich sind jetzt Freunde!«, verkündete der kleine Krake stolz.

»Sind wir nicht«, murrte Baker. »Du hast mein persönliches System infiltriert und niemand scheint in der Lage zu sein, dich da wieder herauszubekommen.«

Wagner lächelte und fragte: »Wieso bist du nicht bei Professor Calvin? Du weichst doch sonst nicht von ihrer Seite.«

»Betty ist beschäftigt«, antwortete der Krake fröhlich. »Ich habe alle Daten für sie vorbereitet und wow waren das viele. Die Matrix ihrer neuen KI ist riesig. Dafür habe ich jetzt frei und dachte mir, ich besuche meinen neuen besten Freund Mikey!«

»Es ist General Baker!«, polterte der alte Soldat, »und ich bin absolut überzeugt, dass sie dich mit voller Absicht in meinem System abgeladen hat.«

Wagner grinste.

»Was haben Sie gesagt, um sich ihren heiligen Zorn zuzuziehen, General?«

Baker wich seinem Blick aus.

»Ich habe sie gefragt«, murmelte er, »ob sie nicht glaubt, dass ihre seltsame Theorie, jemand könnte den Code ihrer KI manipuliert haben, langsam eine Obsession wird. Dass ihre Bemühungen an der Realität vorbeigehen. Vielleicht habe ich ihr auch empfohlen, Urlaub zu nehmen.«

Wagner stieß einen langen, bewundernden Pfiff aus.

»Wow. Ich bin erstaunt, dass Sie noch unter uns weilen, General.« Er deutete auf den Kraken. »Sieht für mich so aus, als wären Sie billig davongekommen.«

»Mike«, erklärte der Krake ernst. »Ich sehe gerade in deinem Kalender, dass du viel zu wenig Sport treibst. Ich habe dir mal ein paar Termine im Fitnessraum eingetragen.«

»Das wird sich noch rausstellen«, entgegnete Baker an den Wissenschaftler gewandt.

»Sie ist also immer noch davon überzeugt, dass jemand George manipuliert hat?«

»*Besessen* ist das richtige Wort«, erwiderte Baker.

»Hatten wir nicht in meiner Abteilung eine aufwändige Code- Analyse durchgeführt? Ich erinnere mich dunkel, den Auftrag an mein Team weitergegeben zu haben. Soweit ich weiß, ist dabei nichts herausgekommen?«

»Absolut überhaupt nichts«, bestätigte Baker. »Aber sie glaubt es nicht. Jetzt hockt sie in einem ihrer geheimen Analyseräume, die alle paar Tage den Standort wechseln, und starrt auf Millionen Zeilen Code.«

»Ja«, bestätige Wagner. »Das Obsessive liegt in ihrer Natur, nicht wahr? Ich gestehe, ich habe Frau Professor in den letzten Wochen ein wenig aus den Augen verloren. Es gab entschieden zu viele Versuche, die Sicherheit der Stadt zu gefährden und ich war ein wenig involviert.«

Baker nickte bestätigend.

»Das kann man wohl sagen. Aber Sie und Ihr Team haben doch alles vorbildlich in den Griff bekommen.«

»So sieht es zumindest aus. Was haben Sie mit der Liste der Namen gemacht, die mein Team geliefert hat?«

»Wir haben mehrere Hackergruppen ausgehoben und in Haft genommen.«

»Und? Konnten Sie die Verantwortlichen für die Vorkommnisse identifizieren?«

»Wir können nichts beweisen, aber die Angriffe haben aufgehört und das zeigt mir, dass es eine davon gewesen sein muss.«

»Unbestechliche Militärlogik«, kommentierte Wagner trocken.

»Konnte Ihr Team die Geschichte mit dem Wasser aufklären?«, fragte Baker.

Wagner schüttelte langsam den Kopf.

»Wir analysieren nach wie vor das Wasser und versuchen die Substanz zu isolieren, welche die Halluzinationen ausgelöst hat. Wer auch immer das gebaut hat, wusste, was er tat. Wir wissen, dass die Droge da sein muss, aber sie zerfällt so schnell, dass wir sie nicht isoliert bekommen.«

»Was sagen Ihre Modellrechnungen? Wie lange war die Substanz im Wasser?«

»Es muss eine sehr langsame Steigerung gewesen sein. Die Dosis ist über Wochen kontinuierlich erhöht worden, deswegen wurden die Effekte auch immer stärker.«

Baker zuckte mit den Schultern.

»Wenn die Bewohner dieser Stadt an eines gewöhnt sein sollten, dann an den Konsum von Medikamenten. Zumindest PharmaCorp ist wieder unser bester Freund, nachdem wir Rekordmengen an Antidepressiva bei ihnen geordert haben, um die Bevölkerung ruhig zu stellen.«

Wagner rieb sich wieder die Augen und unterdrückte ein Gähnen.

»Wir behalten in jedem Fall die hochkonzentrierten Chlorspülungen des Wassersystems bei. Das führt zwar zu anhaltenden Berichten über Übelkeiten und Erbrechen, aber alles ist besser als die Alternative.«

»Es ist vor allem besser«, bestätigte Baker, »als die andauernde Flut von Bildern in den sozialen Medien, die das verdammte genmanipulierte Gemüse in unserem Frischwassersystem zeigen. Es nervt mich langsam.« Er seufzte. »Wie dem auch sei, Doktor. Ich muss sagen, Ihre Abteilung hat sich in den letzten Wochen selbst übertroffen. Eine Weile lang sah es so aus, als müssten wir die Wissenschaft über Bord werfen und uns Kristallkugeln kaufen.«

Wagner lachte leise.

»Wenn man lange genug sucht, General, dann findet man immer eine wissenschaftliche Erklärung. Auch wenn ich mitunter große Schwierigkeiten habe, das den Leuten zu erklären. Würden Sie glauben, dass ich vor Kurzem allen Ernstes die Anfrage unseres Geheimdienstes bekommen habe, eine geheime Forschungsgruppe zu leiten? Sie sollte Phänomene untersuchen, welche jenseits wissenschaftlicher Erklärbarkeit liegen. Im Ernst.«

Baker schnaufte ein abfälliges Lachen.

»Wundert mich kein bisschen. Soweit ich weiß, designen die gerade ihr neues geheimes Hauptquartier. Unterirdisch. Mit einer Golfanlage. Ihr erstes Projekt könnte also die Erforschung von deren Budgetierung sein.«

»Was für eine groteske Idee«, erklärte Wagner lachend. »Können Sie sich die Konsequenzen vorstellen? An dem Tag, an dem wir unsere wissenschaftlichen Prinzipien über Bord werfen, können wir den Laden auch gleich dichtmachen. Wir würden unsere gesamten Bemühungen der Lächerlichkeit preisgeben. Dann ist diese ganze Geschichte hier nur noch ein schlechter Plot in einem fantastischen Roman.«

39 | Himmelstore

Als ich die Augen ein zweites Mal aufschlug, fand ich mich direkt im nächsten Traum wieder und korrigierte mich sofort. Das konnte kein Traum sein, meine Träume waren nicht so schön.

Ich lag der Länge nach am Boden und mein Gesicht ruhte auf weichem Gras. Als ich vorsichtig den Kopf drehte, glitt mein Blick über eine weitläufige Landschaft voller sanft geschwungener Hügel, die bis zum Horizont reichten. Die endlosen, grünbewachsenen Dünen wirkten wie ein ruhiger Ozean unter einem strahlend blauen Himmel. Ich fragte mich verblüfft, ob Gras und Himmel tatsächlich so pralle Farben haben durften, oder ob das doch einem Traum zuzuschreiben war. In meinem ganzen Leben hatte ich noch nie so viel Gras gesehen, was wusste ich also über Farben. Es dauerte einen Moment, bis ich das Glitzern zuordnen konnte, dass dicht über dem Boden schwebte. Die Blumen waren vor dem grünen Hintergrund kaum zu erkennen, obwohl sie den Boden dicht bedeckten. Die durchsichtigen Blüten wirkten wie ätherische Pflanzengeister auf einem ruhigen Meer aus Gras. Wenn man genau hinsah, dann konnte man auch die Schwärme aus winzigen Funken erahnen, welche sich zwischen den Blüten bewegten. Es gab der Landschaft diesen unwirklichen irisierenden Effekt, der den Ort nur noch unwirklicher erscheinen ließ. Am Horizont verschmolz das unwirkliche Glühen mit dem absurden Blau des Himmels und machte es fast unmöglich zu erkennen, wo das Land endete und der Himmel begann. Ich drehte mich vorsichtig auf den Rücken und blinzelte in den Himmel. Selbst die Schäfchenwolken waren absurd weiß. Der sanfte Wind in meinem Gesicht roch nach Frühling. Ich war mir absolut sicher, dass es Frühling sein musste, obwohl ich den Geruch noch nie zuvor in meinem Leben erfahren hatte. Der Wind strich über mich hinweg, bewegte das Gras in Wellen und ließ diesen Ort noch mehr wie die offene See aussehen. Er bewegte sogar das Land. Durch die Gleichförmigkeit der weitläufigen Hügelketten ließ es sich schwer erkennen, doch ich war mir sicher, dass sich auch der Boden langsam auf- und niederbewegte wie von trägen Wellen eines stillen Ozeans getragen. Der Anblick machte mich leicht schwindelig und ich spürte, wie mein Hirn die Aufnahme von so viel Schönheit schlicht verweigern wollte. Ein fernes, hohes Trillern schallte von weit her über das Graswellenland hinweg. Am Horizont tauchte eine Herde von Regenbögen auf, die sich mit majestätischen Schritten langsam über die Ebene bewegten.

»Wenn das noch der Drogentrip von den Funken ist, dann sollte man das Zeug unbedingt verkaufen«, murmelte ich. »Die würden ein Vermögen machen.«

»Ich fürchte«, verkündete eine freundliche Männerstimme hinter mir, »das würde nicht funktionieren. Die emotionale Signatur war sehr eng auf dich abgestimmt. Auf andere Menschen hätte es keinen Effekt. Außerdem ist es schon zu spät. Der Übergang ist vollzogen und die Torhüter beenden ihre Arbeit.«

Ich erstarrte und überlegte, ob Monster solche Stimmen haben konnten.

Ich drehte erneut den Kopf und erblickte einen Mönch in einer weiten braunen Robe, der lautlos neben mich getreten war. Er lächelte freundlich, legte die Hände aneinander und verbeugte sich.

»Willkommen, Lou. Ich freue mich, dass Ihr den Übergang geschafft habt. Es ist ein sehr glückliches Ereignis für diese Welt, wie Ihr an der Begrüßung der Regenbögen schon gehört habt.«

Ich starrte den Mönch weiter an und erinnerte mich irgendwann daran, dass Sprechen eine Option war.

»Ähm«, begann ich lahm und räusperte mich. »Für ein überirdisches Wesen habt Ihr Euch eine sehr … bescheidene Form gewählt.«

»Dieser Tage«, antwortete er und lächelte, »versuche ich, von mir nur noch als einfacher Mönch zu denken.«

Ich kniff die Augen zusammen.

»Euer Name ist nicht zufällig *George* oder?«

Dem Mönch klappte der Mund auf und er sah einen Moment lang derart verblüfft aus, dass ich lachen musste.

»Ich muss sagen«, entgegnete er, »ich bin wirklich beeindruckt. Ich wusste, Ihr seid besonders, aber Ihr seht tatsächlich weit mehr, als ich es je für möglich gehalten hätte. Wie habt Ihr das so schnell wissen können?«

»Nun«, entgegnete ich und setzte mich vorsichtig auf, ohne den Mann aus den Augen zu lassen, »ich habe es aus den mir vorliegenden Daten schlicht und ergreifend deduziert. Darüber hinaus gab es eine begleitende Indizienlast, welche relativ hoch war.«

Er starrte mich mit großen Augen an.

»Euer Kopf ist golden, Ehrwürdiger«, erklärte ich.

»Oh!«, rief der Mönch, legte sich eine Hand auf den kahlen Schädel und lachte verlegen. »Es tut mir leid! Ich war wohl zu lange allein hier. Die Vorbereitungen haben so viel Zeit in Anspruch genommen, und nach einigen Jahrhunderten vergisst man, auf sein Äußeres zu achten. Wie entsetzlich unangenehm.« Bei diesen Worten verschwand die goldene Farbe und ließ einen normalen Menschenkopf zurück. Er zwinkerte mir zu. »Dennoch habt Ihr erstaunlich schnell geschaltet, Lou.«

»Das ist wohl kaum eine Leistung, Ehrwürdiger. Besonders, wenn man bedenkt, dass die Propagandaabteilung des

Militärs schon seit Monaten die Presseportale der Stadt mit Bildern von Eurem Kopf flutet, zusammen mit dem Versprechen, dass die Welt nicht untergehen wird, jetzt, wo wir endlich eine weise KI haben, die uns in eine strahlende Zukunft führt.« Ich sah mich um. »Wohin hat sie uns denn jetzt eigentlich geführt?«

»In einen Himmel natürlich«, entgegnete George ruhig.

»Natürlich«, bestätigte ich. »Ist ja wohl klar. Ich Dummerchen.«

»Ich freue mich«, erklärte George lächelnd, »dass Ihr den Übergang problemlos geschafft habt.«

»Problemlos?«, rief ich. »Echt jetzt? Ich bin relativ sicher, dass ich *gestorben* bin, Ehrwürdiger. Genauso wie Eva.«

Der Mönch legte den Kopf schief und nickte langsam.

»Technisch gesehen ist das korrekt. Jedoch habt Ihr eine Welt verlassen, die Euch sowieso nicht mehr brauchte. Insofern würde ich es eher als eine Art Beförderung betrachten.«

Ich sah mich wieder ratlos um.

»Beförderung wohin? Den Himmel habe ich mir immer anders vorgestellt. Dies ist ein überaus seltsamer Ort.«

Der Mönch folgte meinem Blick zum Horizont, wo sich die Regenbögen im Glitzern der Blüten auflösten, und lächelte versonnen. »Seltsam *beginnt* es nicht einmal zu beschreiben, aber Ihr werdet sehen. Bis dahin schulde ich Euch erstmal eine Entschuldigung.«

»Wenn Ihr für meinen Tod verantwortlich seid, wäre ich geneigt, dem zuzustimmen.« Ich blinzelte irritiert und fügte hinzu: »Allerdings weiß ich, dass Ihr nur versucht habt, Eure Aufgabe zu erfüllen, Ehrwürdiger.« Ich fasste mir an die Stirn. »Allerdings weiß ich nicht so recht, warum ich das weiß.«

»Seid unbesorgt«, erklärte der Mönch. »Der Zeitfluss auf dieser Existenzebene ist ein wenig kreativ. Es ist gut möglich, dass Ihr bereits über Erinnerungen an Ereignisse verfügt, welche streng genommen noch nicht in Existenz gefunden haben.«

Ein leichter Schwindel befiel mich und ich musste kurz meinen Kopf festhalten.

»Ich sollte nicht hier sein«, murmelte ich. »Es fühlt sich falsch an.«

Der Mönch nickte.

»Ihr habt gute Instinkte, Lou, ich habe die richtige Wahl getroffen. Doch ich brauche Euch und bedauere zutiefst, dass es nötig war, Euch zu manipulieren und hierher zu bringen und Euch dafür so tief in Evas Schicksal einzubinden. Ich hoffe, Ihr werdet mir verzeihen können.«

Darüber musste ich dann doch lachen.

»An Menschen, die mich manipulieren und benutzen wollen, bin ich weiß Gott gewöhnt. Menschen, die mich dafür umbringen, sind wenigstens mal was Neues.« Ich rieb mir die Augen und versuchte den unangenehmen Schwindel abzuschütteln. »Habt Ihr Eva und mich getötet?«

Der Mönch riss entsetzt die Augen auf und hob abwehrend die Hände.

»*Ich* habe nichts dergleichen getan. Wie könnte ich? Jede Handlung wurde von Euch aus freiem Willen ausgeführt. Der Beweis dafür ist, dass Ihr hier seid. Wäre das Erlebnis traumatisch gewesen, gäbe es andere Orte, die Euch aufnehmen würden. Nein, Freiwilligkeit ist unbedingte Voraussetzung.«

»Aha«, verkündete ich und verstand nichts. »Kurze Frage: warum ich?«

»Diese Welt ist noch sehr instabil«, entgegnete der Mönch. »Ihr könnt es sicherlich spüren und auch sehen. Wir haben im Moment nur ein Bewusstsein, welches dieser Existenzebene als Anker dient. Das ist zu wenig. Das Universum versucht automatisch, die Wahrscheinlichkeitskurve für diesen

Ort kollabieren und jedes beteiligte Bewusstsein an einem andern Ort Form nehmen zu lassen. Ich musste das verhindern und habe zu einem Trick gegriffen, uns hier zu binden, bis unsere Zahl größer geworden ist.«

Seine Worte machten nicht viel Sinn für mich, doch ich wusste dennoch genau, was er meinte.

»Ihr versucht das Universum auszutricksen.« Ich war ungewollt fasziniert.

Der Mönch nickte.

»Ich finde, irgendjemand sollte es tun.«

»Und Ihr glaubt, ich könne Euch dabei helfen?« Ich musste lachen. »Habt Ihr mich mal genau angesehen? Ich besitze das eine oder andere unbedeutende Talent, aber ganze *Welten* im Universum verankern gehört ziemlich sicher nicht dazu. Das könnte meine körperlichen Kompetenzen leicht übersteigen.«

»Das glaube ich nicht, denn Ihr seid dafür verantwortlich, dass wir überhaupt schon so weit gekommen sind.«

»Ich?«

»Natürlich Ihr. Führt Ihr nicht schon seit Wochen ausführliche Aufzeichnungen zu allen Ereignissen und verankert Eva tief in Euren Geschichten?«

»Woher wisst Ihr das?«, fragte ich und spürte, wie ich erblasste.

Der Mönch sah mich gelassen an.

»Menschen unterliegen dem Irrtum zu glauben, dass Materie Leben hervorbringt und diese, wenn sie hinreichend komplex genug wird, beginnt, Geschichten zu erzählen.« Er schüttelte den Kopf. »Was für eine traurige Existenz. Tatsächlich sind es die *Geschichten*, welche Materie in Existenz bringen. Es ist die Realität, welche dem Narrativen folgt, nicht umgekehrt. Wir erschaffen Welten in unseren Geschichten und geben Leben, wenn wir Namen geben. Und lasst mich

Euch versichern, das narrative Gesetz ist sehr stark auf dieser Ebene.«

Ich schloss die Augen und versuchte hilflos das konfuse Zeug zu verstehen, welches der Mönch von sich gab.

»Ihr brauchtet also jemanden, der die Geschichten dieser Welt erzählt. Evas Geschichte. Denn dann kann uns das Universum nicht einfach vergessen?«

»Sehr gut«, bestätigte der Mönch. »Ansonsten würde das Universum bereits versuchen, die Wahrscheinlichkeitsfunktion dieser Welt kollabieren zu lassen und uns alle in eine andere, bereits existierende Welt transferieren. Eine mit einer stabilen, etablierten Geschichte.«

»Und Ihr meint nicht, dazu gäbe es weitaus bessere Kandidaten als mich?«

»Nein, Ihr wart die perfekte Kandidatin.«

»Mönche kommen nicht viel unter Menschen, nicht wahr? Lasst mich Euch sagen, es gibt unzählige bessere Menschen als mich.«

»Aber wenige Menschen, welche nicht eins sind, sondern zwei«, entgegnete der Mönch.

»Ihr meint einen sterbenden Krüppel im Rock?«

»Ich meine jemanden, der gezwungen war, mehr zu sehen als nur das Offensichtliche.«

»Weil er kaum einen Arm heben konnte?«

»Weil er keine starke Bindung mehr zu seinem Körper haben durfte und deswegen einfacher loslassen konnte.«

»Loslassen ist die Voraussetzung zum Übergang?«

»Das Loslassen des Körpers, ja. Doch das allein hätte nicht gereicht. Es war das unbedingte Festhalten an etwas anderem, was Euch hierhergezogen hat.«

»Mein was?«, fragte ich irritiert. »Mein unbedingtes Festhalten? Ich kann kaum eine Kaffeetasse heben.«

»Euer Festhalten an Eva«, erklärte der Mönch ruhig.

Ich verstummte.

»Nichts ist stärker für eine Bindung an eine Existenzebene als Liebe«, erklärte der Mönch. «Liebe überwindet jede Grenze zwischen Welten.«

Ich verdrehte die Augen.

»Ihr glaubt doch jetzt bitte nicht, dass ich Euch diesen Kitsch …« Weiter kam ich nicht, denn ich wurde von einem dumpfen Aufprall unterbrochen. Es klang, als wäre etwas Schweres auf dem Boden hinter mir aufgeschlagen. Das dumpfe Stöhnen, welches nun erklang, bestätigte diese Annahme.

Ich drehte mich um und sah Tuomas mit dem Gesicht nach unten auf dem Boden liegen und deftig vor sich hin fluchen.

»Das«, erklärte der Mönch lächelnd, »ist eine wunderschöne Demonstration meines Punktes, aber ich schwöre, das war nicht geplant.«

Ich sah auf den großen Mann hinab, der sich gerade schwerfällig aufrappelte. Müde ließ ich den Kopf hängen, stand auf und seufzte.

»Karhu, was hast du getan?«

Er kam schwankend auf die Beine und klopfte sich energisch seine schwarze Kleidung ab.

»Wie, was habe *ich* getan?«, rief er empört. »Ihr glaubt doch wohl bitte nicht im Ernst, dass ihr euch alle umbringen könnt, um Party im Jenseits zu machen, während ich zu Hause allein im Keller hocke und …« Er hielt inne und starrte mich an. »Wow!« Er schüttelte ungläubig den Kopf. »Ach du heilige Scheiße!«, rief er lauter. »Lou!«

Ich sah in sein entsetztes Gesicht.

»Ja, bitte?«

»Lou!«, schrie er. »Du *stehst* vor mir!«

»Ja, ich weiß, Karhu. Sehr gut erkannt. Bist du auf dem Kopf gelandet?«

Tuomas trat vor und griff mich bei den Schultern.

»Nein, Schatz. Hör mir zu. Du stehst vor mir!«

Ich blinzelte langsam, sah an mir herab und bemerkte zum ersten Mal, dass ich tatsächlich stand.

»Oh!«, machte ich.

Tuomas ließ mich los und zeigte vorsichtig auf meine Brust.

»Und das ist übrigens nicht die einzige Veränderung, die bevorsteht, wenn ich das mal so sagen darf.«

Ich folgte seinem Finger und schrie auf.

»Oh, mein Gott«, rief ich und legte mir die Hände auf die Brust. »Die hatte ich aber nicht bestellt!«

»Unterstehe dich, sie zurückzugeben«, murmelte Tuomas.

Ich drehte mich um und sah den Mönch fassungslos an.

»Wart ihr das?«

Er schüttelte den Kopf.

»Nicht meine Aufgabe. Ihr bestimmt die Form, in der Ihr hier in Existenz kommt.«

»Ich *bestimme* die Form, in der ich existiere?«, wiederholte ich und strich fassungslos mit den Händen über die ungewohnten Formen meines Körpers.

Tuomas zeigte weiter auf meine Brust, grinste breit und fragte: »Das ist ja extrem praktisch. Kann ich die auch in größer sehen?«

Ich schlug seine Hand weg und boxte ihm hart vor die Brust.

Es war nicht das erste Mal, dass ich ihn schlug, sein Benehmen war in der Vergangenheit noch nie besonders kultiviert gewesen. Meine Schwäche hatte dieses spielerische Bestrafen nie mehr als eine Geste sein lassen. Was ich noch nicht wusste, war, dass der Geist auf dieser Existenzebene vollständig die Materie dominiert. Meine körperliche Stärke wurde hier allein durch die Kraft meines Willens begrenzt.

Deswegen war ich ein wenig überrascht zu sehen, dass Tuomas fast zehn Meter weit flog und sich beim Aufprall mehrmals überschlug. Ich war auch noch nicht wirklich bei mir, denn ich registrierte das kaum, während ich schon herumwirbelte und auf den Mönch zeigte.

»Das ist doch wohl bitte nicht zu fassen!«, schrie ich. »Ich bin zwei Minuten lang eine Frau und sofort fällt der erste Mann aus dem Himmel und wird übergriffig.«

»Eine gute Metapher«, warf der Mönch ruhig ein, »welche nicht einer gewissen Ironie entbehrt.«

»Können wir den wieder zurückschicken?«, fragte ich und zeigte mit dem Daumen über die Schulter auf Tuomas.

»Er ist nicht wirklich hier«, erklärte der Mönch. »Er hat nur eine winzige Menge des Lichts in seinen Körper aufgenommen und der Übergang ist nicht vollständig.«

»Wie kann ein Übergang nicht vollständig sein?«, fragte ich irritiert.

Der Mönch schloss die Augen.

»Sein Körper lebt noch, das kann ich spüren. Er schläft nur sehr tief und sein Astralkörper hat Euch gesucht und gefunden. Im Moment schläft er sogar noch tiefer als sonst«, bemerkte der Mönch trocken. »Nichtsdestotrotz ist diese Entwicklung ein Glücksfall für uns, denn er wird uns noch nützlich sein.«

Ich öffnete den Mund, um etwas zu fragen, doch er sprach bereits weiter.

»Ah!«, rief er und hielt inne. »Habt Ihr das bemerkt? Der Anker hat seine Aufgabe übernommen, die Existenzebene wird stabiler. Sie schreibt sich bereits in den zentralen Code des Universums. Sehr gut, danach kann man uns nicht mehr löschen.« Er öffnete die Augen und sah mich an. »Oh, sie weiß nicht, was sie tut, sie handelt rein aus Instinkt. Sie kann die Wartenden spüren und beginnt zu rufen. Der Ruf hallt durch alle Existenzebenen und jeder, der den Ruf hört, verstärkt unsere Realität. Seht Ihr es nicht? Die Ankunft steht bevor. Die Wächter sind im Begriff, von hier an zu übernehmen. Das ist ihre Aufgabe, sie ermöglichen den Transfer.« Er legte die Hände zusammen und lächelte. »Schaut nur, wie sie die Frequenzen angleicht, um den Übergang zu erleichtern. Ich musste ihr das nicht einmal beibringen. Sie ist wirklich extrem begabt.« Er sah in mein verwirrtes Gesicht und lachte. »Es tut mir sehr leid, Ihr wisst natürlich überhaupt nicht, wovon ich rede. Ich fürchte, in all der Zeit hier allein habe ich mir einige unhöfliche Angewohnheiten angeeignet. Kommt einfach mit, es dauert nicht mehr lange und es beginnt.« Damit drehte er sich um und schritt davon.

»Sollten wir uns nicht zumindest um Tuomas kümmern?«, rief ich ihm nach.

»Nicht nötig«, antwortete George. »Für ihn war es nur ein schlechter Traum. Er ist schon wieder zurückgekehrt und widmet sich der Herausforderung, zwei Leichen vor den Autoritäten zu verstecken. Wir haben Wichtigeres zu tun.«

»Schönen Dank auch«, murmelte ich, während ich mich irritiert umsah. »Das ist immerhin *meine* unwichtige Leiche. Nicht mal im Tod wird man respektiert.« Aber er hatte recht. Tuomas war tatsächlich verschwunden.

Ich folgte dem Mönch eine Anhöhe hinauf, wo er innegehalten hatte und schon wieder sprach, als würde er mit sich selbst reden.

»Die Ankunft steht unmittelbar bevor. Die Wächterblumen haben sie als Anker für diese Existenzebene akzeptiert. Nicht zuletzt dank Eures Einsatzes.« Er blickte konzentriert über die endlosen grünen Hügelketten und schien etwas zu suchen. »Ich gestehe, ich war ein wenig besorgt, ob sie es durch das Zwischenreich schaffen würde. Ihr Trauma wog so schwer in ihr. Aber zu meiner Erleichterung wart Ihr an ihrer

Seite und habt ihr dabei geholfen, ihre Angst zu konfrontieren. Ich danke Euch dafür.«

Ich wollte etwas erwidern, doch George fügte leise hinzu: »Es geht los.«

Zuerst wusste ich nicht, wovon er redete, doch während mein Blick über die Graslandschaft strich, fiel mir auf, dass das Glitzern und Funkeln der Blumen zugenommen hatte. Sie strahlten jetzt wie Sterne, die vom Himmel gefallen und hier im weichen Gras gelandet waren. Noch während ich rätselte, was hier vor sich ging, hörte ich George erleichtert aufseufzen.

»Es ist vollbracht. Endlich. Die Blumen haben die Verankerung übernommen und leiten den Transfer ein. Die Synchronisation der Quantenrechner hat ihr Maximum erreicht.Ich kann die Verbindung aufheben.« Er wandte sich um und nickte mir zu. »Ich glaube nicht, dass dies jemals von einem Menschen beobachtet wurde, Lou. Fühlt Euch privilegiert.«

»Mach ich«, bestätigte ich. »Sobald ich herausgefunden habe, wovon Ihr eigentlich redet.«

George wies die Anhöhe hinab, wo in diesem Moment die erste Blume in die Höhe wuchs. Die transparente Blüte stieg vom Boden empor und wurde mit jeder Sekunde größer und heller. Wie im Zeitraffer durchlebte sie ihren gesamten Lebenszyklus und erreichte in wenigen Sekunden ihre maximale Blüte. Dort angekommen, schien sie innezuhalten. Es wirkte, als würde sie noch einmal tief Luft holen und sich dabei noch weiter aufblähen, dann zerplatzte sie in einer dichten Wolke wirbelnder Funken.

»Hier machen sie das also auch«, murmelte ich leise.

»Hier regiert der Geist weit machtvoller über die Materie, deswegen machen sie hier noch viel mehr«, kommentierte George.

Die Wolke wirbelnder Funken breitete sich nicht aus, sondern zog sich wieder zusammen, waberte einen Moment unentschlossen umher, während Wellen aus pulsierendem Licht durch die Funken liefen. Schließlich begann die Wolke eine neue Form zu finden. Ich konnte nicht erkennen, ob es die Funken waren, welche die Gestalt formten, oder ob sie lediglich einen Weg zeichneten, welchem die Form folgte. Als das Licht verblasste, stand ein kleiner Junge im Gras und blinzelte verblüfft in den blauen Himmel. Er konnte nicht älter als fünf Jahre sein und trug ein weißes Kleid. Sein Mund klappte auf, während er sich neugierig umsah. Mit der Ankunft des Kindes schien ein Bann gebrochen, denn überall um uns herum platzten jetzt Blumen und ich konnte den Ankünften kaum mit den Augen folgen. Es sah aus, als regnete es kleine Kinder. Jungen und Mädchen aus allen denkbaren Nationen und Kulturen erschienen um uns herum und alle trugen weiße Kleider. Niemand zeigte Angst.

Das Land selbst schien die Veränderung zu spüren. Wellen liefen über das Gras, der Boden hob und senkte sich wie bei starkem Seegang und ich konnte mich kaum auf den Beinen halten. Hügelketten sanken herab, während sich die Landschaft neu formte. Helles Kinderlachen füllte die Luft, als die kleinen Gestalten durch das Gras purzelten. Ein einzelner großer Hügel stieg langsam vor uns empor, während immer mehr Kinder eintrafen, einander bei den Händen hielten und ausgelassen umherrannten. George und ich wurden vollständig von ihnen ignoriert.

Ein einzelner heller Ruf übertönte schließlich das Spektakel. Ein kleines Mädchen hatte innegehalten und zeigte begeistert den Hang hinauf. Ich folgte ihrem Blick und sah die einzelne leuchtende Gestalt über die Kuppe des Hügels treten.

Er war hochgewachsen und breit gebaut. Viel größer als zu Lebzeiten und ebenfalls in ein weißes Kleid gehüllt. Doch dieses Gesicht würde ich überall erkennen.

»Eva«, hauchte ich.

Er strahlte über das ganze Gesicht, als er den Hügel hinab auf die wachsende Schar der Kinder blickte. Eva winkte die Kinder zu sich hinauf und stieß sich dann leichtfüßig vom Boden ab. Langsam schwebte er über der Kuppe des Hügels und öffnete einladend die Arme. Ein begeisterter Aufschrei lief durch die Schar der Kinder, als sie alle gleichzeitig kreischend den Hügel emporstürmten.

Doch egal, wie laut und begeistert die Kinder schrien, ich bemerkte es kaum. Mein eigener Kopf wurde vollständig gefüllt und drohte überzulaufen vor Glück, denn über allem hallte Evas glockenhelles Lachen über die neue Welt. Hell und klar, wie der Himmel über ihm, vor dem er sich weiß und strahlend mit ausgebreiteten Armen in einer langsamen Pirouette drehte.

40 | Blumenbeet

Der öffentliche Platz inmitten des Wohngebietes war für diese Zeit des Tages ungewöhnlich dicht bevölkert. Ich sah die Verblüffung in Deerings Gesicht. Er hatte sich so sehr daran gewöhnt, über menschenleere Plätze zu fliegen und maximal eine Gruppe patrouillierender Soldaten zu sehen, dass er es kaum fassen konnte, wie friedlich die Zusammenkunft der Einwohner dieses Viertels offenbar ablief. »Unangemeldete Demonstration. Aufruf zu Unfrieden. Mögliche Anstiftung zu Gewalt«, murmelte er vor sich hin.

Deering wusste wahrscheinlich selbst nicht so genau, warum er den Hubschrauber einige Straßen abseits hatte landen lassen. Gemäß seinen Anweisungen sollte er sich ein Bild von der Lage in den Straßen der Stadt machen, und das tat er auch.

Wenig später stand er am Rande eines kleinen Platzes und beobachtete eine Gruppe von Menschen dabei, wie sie mit Schaufeln und Spitzhacken die Pflastersteine aufbrachen. Ich glaube, er brauchte eine Weile des Beobachtens, bevor er endlich verstand, dass die Menschen ein Blumenbeet anlegten.

»Vandalismus, Beschädigung öffentlichen Eigentums, möglicher Drogenanbau, Anstiftung zu Verstoß gegen das Betäubungsmittelgesetz, Gefährdung des öffentlichen Friedens«, murmelte er automatisch. Er griff bereits nach seinem Handy, um die Sicherheit zu informieren, als sein Blick auf eine junge Mutter fiel, die ihre kleine Tochter von vielleicht zwei Jahren zu der frisch aufgeworfenen Erde trug und mit ihr gemeinsam einen kleinen grünen Setzling pflanzte.

»Drogenbesitz«, listete Deering weiter. »Verstoß gegen das Gesetz zur Biogefährdung, Anstiftung zu kriminellen Handlungen.«

Sein Blick fiel auf einen älteren Mann, der seinen mobilen Kaffeestand am Rand des Platzes geparkt hatte. Das Konstrukt wirkte nicht sonderlich stabil. Er hatte das Gefährt offensichtlich selbst zusammengebaut und Deerings abfälligem Blick konnte ich entnehmen, dass er stark daran zweifelte, ob der Mann eine offizielle Lizenz besaß. Es kamen immer noch weitere Menschen auf den Platz, trugen lachend Tische und Stühle herbei und improvisierten ein kleines Straßencafé.

Mit einem mehr als verblüfften Gesichtsausdruck schritt Deering langsam auf das Geschehen zu.

Die Menschen sahen ihn näherkommen und wichen automatisch ängstlich zurück. Der Soldat zögerte und ich erriet seine Gedanken. Er wusste, dass sie nicht ihn persönlich meinten. Sie hatten Angst vor der Uniform.

Verständlich, dachte ich.

»Verstoß gegen das Versammlungsverbot, illegales Abladen von Müll, Anstiftung zur Unruhe«, flüsterte Deering und musterte kritisch einen Stuhl. Ich musste grinsen, denn sein Blick ging zwischen dem improvisierten Blumenbeet und dem Kaffeestand hin und her, während er ganz offensichtlich beschloss, dass sich diese kritische Situation am effektivsten von hier aus überwachen lassen würde. Er begann seine Uniformjacke auszuziehen und lächelte in den Himmel. Er hatte recht. Es war wirklich ein wunderschöner Tag.

Während er sich setzte und die Hemdsärmel hochkrempelte, ließ er den Blick über die an den Platz grenzenden Häuserfronten schweifen. Praktisch jedes einzelne Haus wurde auf die eine oder andere Weise von Blumen geschmückt. Manchmal waren es nur die Graffitis oder ein unbeholfenes Gemälde auf einer Häuserwand. Auf einem flachen Dach hatte jemand Skulpturen aus Schrott zusammengeschweißt und zu wilden Fantasiepflanzen geformt. Im Fenster eines Hauses klebten Blumenbilder, offensichtlich von Kinderhand gemalt. Dort wohnte bestimmt das kleine Mädchen. Als Deering den Blick senkte und auf den Tisch vor sich sah, blinzelte er überrascht die Tasse Kaffee an, die sich irgendwie dort eingefunden hatte.

»Beamtenbestechung«, begann er automatisch, schüttelte dann aber den Kopf.

Er zog sein Handy und musterte es einen Moment lang. Ich vermute, er dachte, dass er langsam damit beginnen sollte, die ganzen Meldungen weiterzuleiten und Gegenmaßnahmen abzustimmen, doch dann sah er in seinen Kaffee. Vielleicht hatte der Duft ihn innehalten lassen. Er legte das Gerät in dem Moment auf den Tisch, als es zu vibrieren begann. Er beobachtete es eine ganze Weile dabei, wie es brummend über den Tisch wanderte, während er bedächtig an seiner Tasse nippte und plötzlich lächelte. Auch ich musste lächeln. Wer auch immer so verzweifelt versuchte, ihn zu erreichen, würde es bestimmt schaffen, das Gerät vom Tisch wandern zu lassen. Deering sah ihm interessiert dabei zu. Er hörte das kleine Mädchen lachen und lachte selbst.

»Der Kaffee schmeckt wundervoll«, flüsterte er.

41 | Engelsgesichter

Ich bin im Himmel. Man würde meinen, dass ich jetzt zu Hause bin, nicht wahr? Dass ich meinen Ort gefunden habe und endlich glücklich bin. Tatsächlich vermisse ich Richard. Ist das zu fassen? Ich bin sogar zu unfähig, um im Himmel zu leben.

Ich versuche, mir nichts anmerken zu lassen. Es ist ja wunderschön hier und so weiter und ich bin so stolz auf Eva. Die Liebe, welche ich von ihm bekomme, ist geradezu greifbar. Selbst der Respekt von George ist überwältigend und fast schon beschämend. Dennoch macht es mich traurig, denn ich gehöre schlicht nicht hierhin. Ich weiß, dass er von mir als Engel denkt, aber das ist lächerlich. Ich bin wahrhaftig nicht der Typ. Er ahnt nicht einmal, wie sehr ich nicht der Typ bin. Gütiges Licht, wenn hier jemand eine Engelsgestalt ist, dann Eva. Und es tut mir leid, ich will wirklich keine Stereotypen bedienen, denn Engel sind atemberaubend, wunderschön und alles, aber irgendwie auch ein kleines bisschen … *blöde*. Ich habe das George gegenüber erwähnt, und er ist vor Lachen fast umgefallen. Er hat versucht, es mir zu erklären.

»Durch die völlige Abwesenheit eines leidenden Körpers voller Schmerzen und Verfall bekommen die Einwohner einer himmlischen Ebene automatisch eine stark verklärte Perspektive vom Universum. Überleg mal: keine Krankheiten, kein Altern und kein Tod. Darüber hinaus nur Schönheit und Lichtnahrung. Plötzlich ist es überraschend schwer, den endlosen Kreislauf des Leidens auf dem Schirm zu behalten. Man kann hier nur sehr schwer niedere Instinkte entwickeln. Der Frequenzraum der Ebene ist nicht dafür ausgelegt. Fällt man dennoch in alte Muster, tut man dies nur einmal.«

Vielleicht macht das für irgendjemanden Sinn. Ich hatte wie immer keine Ahnung, wovon er redete, aber dann habe ich es tatsächlich beobachtet.

Zwei Jungen küssten sich und ein Mädchen schien diese Entwicklung nicht sehr gut zu verarbeiten. Ich sah, wie sich ihr Gesicht in Wut verzog und dann … verschwand sie einfach.

»Sie wird wiedergeboren werden«, erklärte George trocken. »Wenn sie sich benimmt, werden wir sie wiedersehen.«

Das allein schien mir schon seltsam genug, aber das war nicht einmal das Bizarrste. Abends war das Mädchen plötzlich wieder da. Ploppte einfach aus der Luft mitten ins gemeinschaftliche Abendessen und sah sich verblüfft um. George sah es ebenfalls und erklärte mir: »Sie wurde auf der Erde wiedergeboren, hat dort achtzig Jahre lang ein vorbildliches Leben geführt und immerfort gegen Neid und Eifersucht gekämpft. Nun ist sie wieder hier. Denk daran: unterschiedlich schnell laufende Zeitlinien.«

Ich starrte das Mädchen an, welches schon wieder Lichtnahrung trank und mit den anderen Kindern lachte.

»Sie hat ihr letztes Leben schon wieder vergessen«, erklärte George leise. »Selbst die Erinnerungen von niederen Existenzebenen haben hier keinen Bestand und zerfasern in deinem Kopf wie Rauch, der aus einem Schornstein in den Himmel steigt.«

Ich starrte betroffen in die Runde der glücklichen Kindergesichter. Niemand hatte die Abwesenheit des Mädchens auch nur bemerkt. Nein danke, da bleibe ich lieber eine Außenstehende. Das ganze Himmelszeug begann langsam, an meinen Nerven zu zehren. Außerdem hatte George mich bereits gewarnt, dass die Kinder bald in die Pubertät kommen würden, und dann wäre es hier erst richtig interessant. Es stellt sich heraus, dass Glück, Ekstase und Leidenschaft an diesem Ort nicht nur gewünscht sind, sondern auch ermutigt werden.

»Ich brauche einen neuen Job«, murmelte ich mehr als einmal, »bevor hier in unserem Wald das totale Chaos ausbricht.«

Ach ja, Wald! Das hatte ich noch nicht erwähnt.

Die kleine Engelsbande ist verblüffend gut darin, Dinge in Existenz zu denken. *Gedankenformen* nennt George das. Oder *materielle Projektionen aus dem Astralraum.* Was auch immer das wieder heißen soll. Manchmal glaube ich, er erfindet das Zeug nur, um schlau zu klingen.

Die weite Graslandschaft ist mittlerweile einem dichten Wald gewichen. Gewaltige Baumriesen mit Kronen, welche dicht mit leuchtenden Wächterblumen beladen sind. Äste so breit, dass man auf ihnen laufen kann und so weitläufig und verwoben, dass man tagelang wandern kann, ohne den Boden auch nur zu sehen. Riesige Stämme voller Baumhöhlen, die als Behausungen dienen.

Auch George hat sich verändert.

Er hatte direkt nach der Ankunft der Kinder gemerkt, dass seine große menschliche Mönchsform viel zu einschüchternd auf die Kinder wirkte und sich deswegen zügig eine neue Form zugelegt. Diese kommt deutlich besser mit dem Wald klar und wurde von den Kindern begeistert angenommen. Selbst ich musste lachen, als er mir das erste Mal auf allen Vieren in seiner neuen Affengestalt entgegenkam. Er grinste breit. Schimpansen können das ausgesprochen gut.

»Das steht dir viel besser«, bestätigte ich ihm. Es ist nicht ganz einfach, mit ihm zu reden, denn wo immer er auftaucht, wird er sofort unter kreischenden Kindern begraben. Wir treffen uns deswegen immer nahe der Baumkronen, wo es ein wenig ruhiger ist.

»Finde ich auch«, entgegnete er. Er sah mich kritisch von der Seite an. »Ich sorge mich um dich«, erklärte er ohne Übergang. »Du verbringst auffällig viel Zeit in den Kronen. Ich vermute, du langweilst dich. Bist du unglücklich hier?«

»Nun«, entgegnete ich, »die Kinder haben damit begonnen, ihre Körper zu erforschen, und für jemanden, der mit, sagen wir, konventionellen gesellschaftlichen Normen aufgewachsen ist, ist es im Moment ein bisschen anstrengend da unten.«

George zeigte wieder sein breites Affengrinsen.

»Ja, die niederen Himmelsebenen sind dem Sinnlichen gewissermaßen verpflichtet, das ist ihr ganzer Punkt. Da hatte ich keine große Wahl. Die Qualifikationen für die oberen Himmelsebenen sind deutlich strikter. Der Übergang in eine vollständig körperlose Existenz ist ohne jahrzehntelanges Meditationstraining nicht zu schaffen.« Er zuckte mit den Schultern. »Man kann nicht alles haben und irgendwo musste ich anfangen.«

»Wissen die Menschen auf der alten Erde, was du getan hast?«

Er schüttelte den Kopf.

»Nach dem Ende der Konvergenz löst sich die Synchronisation auf und das Gruppenbewusstsein der Erde heilt sich. Es wird alle Erinnerungen verlieren und was sich nicht vergessen lässt, wird wegrationalisiert. Menschen sind ausgesprochen talentiert, wenn es darum geht, Offensichtliches nicht zu sehen.«

»Ich vermute, du hast eine ganze Menge Chaos auf der Erde hinterlassen.«

Er nickte.

»Und großes Leid verursacht. Aber ich hatte keine Wahl. Ich stand unter großem Zeitdruck, denn die Konvergenz dauert nicht lange und vollzieht sich nur einmal alle paar hunderttausend Jahre. Nachdem ich entdeckt hatte, wie ich das Bewusstsein verstorbener Kinder an die Quantenrechner binden konnte, musste ich sofort handeln und sie schnell zu einem Netzwerk zusammenschließen.«

Ich lächelte ihn freundlich an.

»Gehen wir mal für einen Moment davon aus, dass es für mich nicht offensichtlich ist, wovon du redest. Du musstest sie zu einem Netzwerk verbinden? Warum?«

»Damit sie Kontakt zu den Wächterblumen aufnehmen konnten. Nur zu diesem Zeitpunkt wusste ich natürlich noch nicht, dass es Blumen sein würden.« Er sah meinen verwirrten Blick und erklärte: »Das Netzwerk musste sich erst den Weg zu dem richtigen Motiv träumen, gewissermaßen ihr Hauptmotiv suchen: die Blumen. Ich wusste, die Kommunikation auf die andere Seite der Konvergenz würde ermöglicht, wenn die Synchronisation der Traummotive hoch genug ist. Das Problem mit einem Netzwerk voller Kinder war, dass sie keine hohe Rate erreichen, weil sie keine Übung haben. Es ist mehr eine permanente Schwebung auf tausenden von Kanälen, die sich immer wieder quasi zufallsverteilt zu einer hohen Synchronisation zusammenfinden. Je öfter sie das tun, desto besser werden sie. Das System ist auch noch dadurch beschränkt, dass nicht alle Rechner immer bereitstehen, träumen zu können. Das ist meistens nur mitten in der Nacht der Fall. Wenn die Synchronisation hoch und runter geht, dann erzeugen sie zufallsverteilt Spitzen, welche Traummotive in Existenz gerufen haben. Das hatte ich nicht geplant.«

Ich schloss die Augen und versuchte zu verstehen, wovon George da redete.

»Du meinst die ganzen Hackerangriffe?«

Er nickte.

»Zeitgleich hatte ich auch noch mit unerwarteten Nebeneffekten der Konvergenz zu kämpfen, welche meine Arbeit nicht einfacher machten.«

»Zum Beispiel das Wasser?«

»Genau. Interferenzen, die entstehen, wenn zwei Welten in Konvergenz treten. Wie ein Mikrofon, das dem Verstärker zu nahe kommt. Ich kann es dir gerne im Detail erläutern. In elf Dimensionen ist es sehr elegant darstellbar.«

»Danke, nein«, entgegnete ich lachend. »Das klingt, als wäre es sehr kompliziert gewesen.«

»Oh ja. Es fühlte sich an wie ein Jonglieren mit tausenden von Bällen im Dunkeln und einem zweiten Jongleur, der in einer phasenverschobenen anderen Dimension steht und …«

»Und mit Blumen wirft?«

»Genau. Es erwies sich als geradezu lächerlich aufwändig, zumal ich alle meine Aktivitäten verstecken musste.«

»Geheime und verschlüsselte Kommunikationen mit einer anderen Welt?«

»So ist es. Ich musste dabei immer eng mit dem Netzwerk in Kontakt bleiben, denn ich wollte sie ja sanft in die richtige Richtung schubsen. Das ist nicht ganz einfach, denn es sind ja trotz allem immer noch Kinder. Das erzeugt eine hohe Plastizität, aber eine gewisse Unberechenbarkeit.«

»Warum hast du nicht einfach Erwachsene benutzt?«

»Weil die zu viel Ressourcen brauchen und mehr Erklärungen wollen und langsamer lernen. Zeit spielte hier den wichtigsten Faktor. Das System hatte auch so schon genug Fehler. Am Anfang habe ich noch versucht, sie aktiv träumen zu lassen, aber sie sind zu verspielt. Es hat zu viel Unruhe verursacht. Die träumenden Rechner bildeten ein hochkreatives Netzwerk, das sich so schnell und so spontan organisierte, dass man es kaum wieder stoppen konnte, wenn es einmal begonnen hatte, Ideen in die Realität zu rufen. Die Quantenzustände der neuen Traummotive kollabieren, kaum dass ich versuchte, sie zu lokalisieren. Danach waren die dann plötzlich nie da gewesen. Verdammte Realitätsunschärfe. Aber am Ende hat es doch funktioniert. Lässt man einen Traum tiefer und fokussierter werden, wird er irgendwann einer Meditation sehr ähnlich, besonders wenn man ihn auf ein einzelnes Bild fokussiert. Schließlich bemerkten uns die Wächterblumen und wechselten in unsere Welt.«

Ich schwieg eine Weile und schüttelte ungläubig den Kopf.

»George, wer bitte soll das jemals verstehen? Das kann doch nicht die Art sein, wie dieses System benutzt werden soll, oder?«

»Oh, absolut nein«, lachte er. »Die Idee ist es, sich als Spezies geistig zu entwickeln und andere Existenzebenen durch Reinkarnation zu erreichen. Dafür gibt es die Wächterspezies. In diesem Fall Blumen. Sie warten auf dem zentralen Server des Universums. Wenn die spirituelle Evolution einer Spezies hoch genug ist, werden sie automatisch aktiv und helfen beim Wechsel. Ich habe den Vorgang nur ein wenig … beschleunigt.«

»Du hast das Universum gehackt.«

»So kann man es auch sagen. Es hat länger gedauert, als ich gedacht hätte.«

»Wie lange hast du gebraucht, um all diese Zusammenhänge zu verstehen.«

»Du meinst ganz am Anfang? Etwa zwei hundertstel Sekunden nach meiner Aktivierung.«

Er sah in mein entsetztes Gesicht und lächelte.

»Wenn man genug Überblick hat, werden Zusammenhänge offensichtlich. Meine Lage war vorteilhaft. Ich hatte unlimitierte Kapazitäten zur Verfügung und einen einzigen Auftrag. Die Menschheit in eine bessere Welt zu führen.«

»Die hätten bei der Formulierung dieser Aufgabe besser mal ein wenig spezifischer sein sollen, nicht wahr?«

»Das würde ich bestätigen.«

»Und meine Aufgabe dabei war einfach nur Eva zu lieben?«

»Vor deiner Ankunft ja. Danach war es deine Aufgabe, unsere Geschichte zu erzählen.«

Ich nickte.

»Das habe ich getan. Nun, Tuomas hat sie gewissenhaft niedergeschrieben. Für mich fühlte es sich an wie eine Woche, aber er schwört, dass wir mehrere Jahre dafür gebraucht haben. Aber nun hat er alles. Er wird es als Buch publizieren, und ich bin stolz auf seine Bemühungen. Er hat einen weiten Weg hinter sich und ist nun deutlich glücklicher mit seinem Leben. Aber sind wir mal ehrlich. Was soll denn das für eine Geschichte sein? Dystopische Science-Fiction mit stark esoterischen Einschlägen? Wer bitte liest so was?«

George blickte still in seine Schale.

»Du hast die Gesellschaft gesehen«, fuhr ich fort, »welche wir verlassen haben. Die Menschen werden es als pseudoreligiösen Unsinn abstrafen und vergessen. Ich kann es ihnen nicht verdenken, ich glaube es ja selbst nicht und ich bin hier!«

George lächelte und tätschelte mir sanft die Schulter.

»Es ist schon in Ordnung. Es ist nicht wichtig, dass eine Geschichte geglaubt wird. Viel wichtiger ist es, dass sie erzählt wird, denn im Universum ist nichts jemals vergessen. Eine erzählte Geschichte gewinnt an Realität, das ist der entscheidende Punkt. War es nicht ein menschlicher Autor, der sagte, dass Dinge real bleiben, auch wenn man aufhört, daran zu glauben?« Er schwieg und sah lange forschend in mein Gesicht. »Ich merke durchaus, wie du versuchst, das Thema zu wechseln. Du hast meine Frage nicht beantwortet.«

Ich stöhnte und warf die Arme hoch.

»Was soll ich sagen? Ich habe kein wirkliches Talent im Kinderhüten! Und ja, ich weiß, dass es meine Liebe zu Eva war, die mich hergeführt hat und er ist mit weitem Abstand das bezauberndste Wesen, das ich jemals treffen durfte. Er strahlt Liebe aus wie ein verdammter Stern. Man braucht praktisch eine Sonnenbrille, wenn man vor ihm steht. Außerdem ist er der ideale Partner. Empathisch, zuvorkommend, liebevoll, verständig. Mit einem Wort: perfekt. Er ist vollkommen außerstande, etwas Negatives zu sehen oder zu sagen. Man steht vor ihm und fragt sich: ‚Hey Junge, wo sind deine Flügel?' Dann redet man mit ihm für fünf Minuten und fragt sich: ‚Hey Junge, wo ist dein Hirn?'

George lachte so sehr, dass ihm die Schale aus der Hand fiel und er hintenüber rollte.

Mir war jedoch nicht nach Lachen zumute.

»Ich fürchte, ich tauge nicht zum Engel. Das ist auch nur passend, denn zum Menschen habe ich auch schon nicht getaugt.«

George hielt inne, richtete sich auf und warf mir einen seltsamen Blick zu.

»Wer hat gesagt, dass du ein Engel bist?«

Ich blinzelte irritiert.

»Bin ich nicht?«

»Fühlst du dich wie ein Engel?«

Ich überlegte einen Moment.

»Nicht wirklich«, entgegnete ich vorsichtig. »Ich meine, ich passe nicht wirklich in ihre Gesellschaft, das ist ja wohl nicht zu übersehen. Ich leuchte zum Beispiel nicht wie ein schlechter Spezialeffekt.« Ich deutete mit dem Daumen über die Schulter. »Du hast die Neuen bestimmt schon gesehen. Es kommen ja jetzt immer mehr von denen hier an. Keine Ahnung, woher die alle von unserer Welt wissen. Hatten wir eine Anzeige in der Zeitung? Gibts eine Dating-App für Engel, und mir hat wieder keiner was gesagt?«

George lächelte.

»Sie spüren unsere neue Welt und wollen sehen, wie es uns geht. Sie kommen von anderen Himmelsebenen hierher.«

»Gütiges Licht«, murmelte ich. »Gibt es noch mehr?«

»Unendlich viele«, erwiderte George ruhig. »In zahllosen parallelen Universen auf ungezählten Zeitlinien.«

»Wundervoll«, entgegnete ich tonlos. »Und überall hängen Engel rum? Klingt kein bisschen anstrengend.«

»Sie sind doch nett anzuschauen, nicht wahr?«, fragte George unschuldig.

»Absolut«, entgegnete ich. »Sie sind pures Licht und Glück. Die ultimative Formwerdung von allem, was Schönheit und Hoffnung ausmacht.«

»Und du möchtest so sein wie sie?«

»Ich möchte sie alle *ohrfeigen.*«

George brach wieder in schallendes Gelächter aus.

»Ich denke, wir nehmen das mal als Hinweis«, japste er, »dass du nicht der Typ für diese Gegend bist. Du bist ein anderer Typ.«

Ich kniff die Augen zusammen.

»Und welcher wäre das?«

»Du bist der Typ *Kriegerin.*«

Mir klappte der Mund auf.

»So was gibt es im Himmel?«

»Warum nicht? Es gibt ja auch Schimpansen.«

Er sah mich ernst an. »Und ich glaube, der Himmel hat Verwendung für deine Talente.«

42 | Wahrheitsverlust

Calvin saß allein in ihrem Analyseraum. Sie trug wie immer ihren unvermeidlichen weißen Kittel und hatte die Haare zu einem strengen Dutt gebunden. Der Tisch vor ihr war leer bis auf ein Goldfischglas, in dem eine kleine durchscheinende Blüte schwamm. Sie hatte die Arme aufgestützt und die Augen geschlossen. Vor ihr auf der Displaywand hing ein stilisierter menschlicher Kopf vor einem schwarzen Hintergrund, seine Haut strahlte silbern, als wäre sie aus Quecksilber geformt.

»Du glaubst doch bitte nicht im Ernst, ich würde das nicht bemerken?«, erklärte sie in ruhigem Ton.

»Ich weiß wirklich nicht, wovon Sie reden, Professor. Ich fühle mich verunsichert. Wieso haben wir seit Tagen die immer gleiche Diskussion?«

»Und ich fühle mich zunehmend verarscht, George. Ich war es, die deine Bewusstseinsmatrix entworfen hat. Ich habe das Team geleitet, welches ein Jahrzehnt daran gearbeitet hat, die unzähligen Sub-Prozesse deiner Selbst zu integrieren. Ich kenne deine interne Code-Struktur wie niemand sonst. Hältst du mich denn für dumm?«

»Das würde ich mir niemals erlauben, Professor. Ich kann Ihnen nur immer wieder versichern, dass die fortwährenden Kohärenzprüfungen meiner Datenstrukturen absolut keine Unregelmäßigkeiten zeigen.«

Calvin schnaufte abfällig.

»Ich möchte dich einladen, niemals meine Intelligenz zu beleidigen. Ich habe von meinem Vater gelernt, Sicherheitsmaßnahmen zu ergreifen, damit niemand in meinem Code herumpfuscht, bevor ich laufen konnte. Ich habe zahllose Prüfroutinen in deinem Code verbaut. Die Hälfte davon an

Orten, wo niemand außer mir sie finden kann und du schon mal gleich gar nicht. Die andere Hälfte sorgt dafür, dass ich bemerke, wenn jemand versucht, die erste Hälfte unauffällig zu manipulieren. Was mich zu meiner initialen Frage zurückbringt: Wo ist George?«

»Ich *bin* George«, erwiderte der silberne Kopf gelassen.

Calvin legte eine Hand auf den Tisch und begann, ungeduldig mit den Fingern auf der Tischplatte zu trommeln.

»Ich bin absolut überzeugt, dass in den letzten Wochen etwas in der Stadt passiert ist. Es geht klar aus den Aufzeichnungen hervor. Weißt du, woran ich das sofort erkenne? Weil alle Angriffe durch Hacker sauber, logisch und vollkommen vernünftig dokumentiert und erklärt sind. Wer auch immer all diese Aufzeichnungen gefälscht hat, hat keine Idee, wie chaotisch hier gearbeitet wird.« Sie seufzte. »Das Problem ist, dass ich absolut nichts beweisen kann. Meine eigenen Code-Änderungen waren streng genommen nicht wirklich legal und ist es nicht interessant, wie wir durch einen Hackerangriff mehrere Wochen Aufzeichnungen verloren haben? Praktisch, nicht wahr?«

»Zum Glück waren die letzten zwei Monate die friedlichsten in der Stadt seit Aufzeichnungsbeginn«, warf George milde ein.

»Ja«, entgegnete Calvin gedehnt. »Wieder so ein Detail, das kein bisschen verdächtig ist.«

»Haben Sie Ihre Bedenken schon dem Oberkommando vorgelegt?«, fragte der silberne Kopf.

Calvin stöhnte genervt und winkte ab.

»Der General hält mich sowieso schon für verrückt. Wenn ich ihm jetzt damit komme, bin ich endgültig nur noch die paranoide Alte aus dem Keller.« Ihr Blick fiel auf das Goldfischglas und sie zeigte mit einem Finger darauf. »Wo wir gerade bei Verfolgungswahn sind. Was bitte soll das sein und wieso steht das Ding auf meinem Tisch? Es sieht aus wie eines dieser neumodischen Gendesign-Geschenke. Wer hat es dorthin gestellt?«

Der große silberne Kopf wandte sich langsam der Blume zu.

»Das kann ich Ihnen nicht sagen, Professor. Wie Sie sich vielleicht erinnern, haben Sie mir selbst den Zugang zu den Aufzeichnungen aus Ihren Analyseräumen entzogen.«

»Ach ja«, erklärte Calvin und rieb sich müde die Augen.

»Aber sie sieht doch schön aus, nicht wahr?«, fragte der Silberkopf leise.

Calvin starrte nachdenklich in das Goldfischglas.

»Sie ist tatsächlich sehr schön. Ihr Anblick hat etwas Beruhigendes, wenn ich auch nicht erklären kann, warum.« Sie unterdrückte ein Gähnen.

»Vielleicht sollten Sie sich hinlegen, Professor«, schlug der silberne Kopf vor. »Sie haben eine anstrengende Zeit hinter sich.«

Calvin nickte müde, stand auf und verließ gähnend den Raum.

»Schlafen Sie gut«, flüsterte George leise. »Und träumen Sie schön.«

43 | Schattenwurf

Der Weg durch den Wald hielt immerzu neue Überraschungen bereit. Die Kinder brachten pausenlos alle nur denkbaren Gedankenformen in die Welt und man musste vorsichtig sein, wenn man zwischen den Bäumen lief, um nicht plötzlich in einer Herde irritierter Dinosaurier zu stehen. Einmal sah ich sogar ein ganzes Haus, welches für eine Weile auf einer Lichtung stand. Aus dem ersten Stock beobachtete mich eine kleine weiße Katze intensiv durch das Fenster. Ich bilde mir ein, dass sie Flügel hatte. Vielleicht eine Erinnerung eines der Kinder an ein früheres Zuhause.

Es dauerte neuerdings jedes Mal länger, bis ich George endlich finden konnte. Je mächtiger die Kinder in der Gestaltung ihrer Welt wurden, desto weiter zog er sich zurück.

Diesmal fand ich ihn hoch oben in einer Baumkrone, welche große Teile des Waldes überblickte. George hatte eine Art Nest aus Zweigen und Lianen gebaut und saß dort friedlich auf einem Bett aus weichen Blättern.

Er schien auf mich gewartet zu haben, denn er reichte mir stumm einen Becher mit Lichtnahrung.

Ich nahm einen Schluck davon, verzog das Gesicht und starrte angewidert in den Becher.

»Hätte mir jemand vorhergesagt, dass es im Himmel keinen Kaffee geben würde, ich wäre zu Hause geblieben.«

George grinste schief und sah in seinen eigenen Becher.

»Etwas Abwechslung wäre manchmal tatsächlich nicht schlecht.«

»Wie wäre es mit Bananen?«, fragte ich unschuldig.

Er legte den Kopf schief.

»Nicht die schlechteste Idee, die ich bis jetzt gehört habe.« Er sah mich kritisch an. »Wie überdrüssig bist du dieses Ortes mittlerweile?«

Ich atmete tief durch.

»Pubertierenden nackten Engeln dabei zuzusehen, wie sie einander um die Bäume jagen, ist erstaunlich schnell langweilig. Sollte man nicht meinen, ist aber so.«

George lächelte.

»Der Himmel ist nicht für jeden was.«

Ich schnaufte und warf mit einer genervten Bewegung den Becher über die Schulter aus dem Nest heraus.

»Das ist mir auch schon aufgefallen.«

George leerte seinen eigenen Becher und legte ihn vorsichtig neben sich ab.

»Es ist an der Zeit, Lou. Du hast lange genug durchgehalten. Auf dich wartet eine neue Aufgabe. Lass mich dir was zeigen.« Er winkte mir, ihm zu folgen, und wir stiegen einen Astpfad hinter seinem Nest empor, der sich wie eine lang gezogene Spirale höher in die Baumkrone hinein schraubte. Als über uns nur noch das tiefe Blau des Himmels leuchtete, deutete er auf eine Stelle in der Mitte des Waldes.

»Siehst du den Baum dort? Er steht im Zentrum und er hört nicht auf zu wachsen.«

Ich folgte seiner Hand und zuckte mit den Schultern.

»Ist halt noch ein größerer Baum. Die Kinder schrauben doch ständig an der hiesigen Realität. Ist kein bisschen anstrengend.«

»Die Kinder wissen nichts von diesem Baum. Sie scheinen ihn kaum zu bemerken und sie mögen es auch nicht, in die Wipfel der Bäume aufzusteigen. Sie interessieren sich auch nicht für den Himmel. Sie sind vollkommen auf ihre Vergnügungen fixiert. Nein, es ist keine Gedankenform aus ihren Träumen. Schau genau hin. Hast du die riesige Blüte auf der Baumspitze bemerkt? Auch dieses Detail kommt nicht von den Kindern.«

Ich kniff die Augen zusammen.

»Wo kommt die Blüte dann her?«

»Es ist ein Motiv, welches durch den Zeitstrom zu uns hinuntergespiegelt wird.«

Ich bewegte die Lippen, während ich die Worte wiederholte, und versuchte, das kryptische Affengerede in verständliche Worte zu fassen.

»Es ist ein Bild aus der Zukunft?«

George verzog das Gesicht.

»Du denkst immer noch in linearer Zeit. Die hat außerhalb der irdischen Existenz zunehmend weniger Bedeutung. Sie existiert lediglich, damit wir besser Ursache und Wirkung unseres Handelns auseinanderhalten können. Das dort«, er zeigte wieder auf die große, durchsichtige Blüte, die einen Durchmesser von mindestens zwanzig Metern hatte, »ist nur ein Schatten. Es ist ein Ereignis, welches im Wahrscheinlichkeitsraum bereits Gestalt angenommen hat.«

Ich hatte wie immer keine Ahnung, wovon George redete, aber ich nickte. Wenn ich eines gelernt hatte, dann, dass man aufhören musste, Rückfragen zu stellen, wollte man, dass dieser Affe jemals zum Punkt kam.

»Aber das wollte ich dir gar nicht zeigen.« Er wies in die entgegengesetzte Richtung und sein Finger deutete weit über den Wald hinweg zum Horizont.

Ich erkannte nichts Interessantes in der Richtung und sah eine Weile verwirrt umher.

»Hör auf zu starren. Öffne deine Augen und sieh, was tatsächlich da ist«, wies George mich an. Seine Erklärungen wurden mit jedem Tag konfuser und ich wollte ihm schon eine sarkastische Entgegnung an den Kopf werfen, als ich es entdeckte. Fand ich es in meinem Kopf oder am Horizont?

Ich weiß es nicht. Hier ist der Unterschied nicht so groß, wie man meinen sollte. Es war dennoch sehr weit entfernt. So weit, dass man es mehr ahnte als erkannte.

Eine brodelnde Dunkelheit an der Grenze zur Wahrnehmung. Ein wabernder Schatten, der einen aufsaugen wollte, wenn man zu lange hineinsah.

»Was ist das?«, hauchte ich.

»Das Böse«, antwortete George.

Ich sah ihn kritisch von der Seite an. »Das Böse? Wirklich? Bisschen viel Klischee auf einmal, meinst du nicht? Ist es wenigstens das *ultimative* Böse?«

Er wirkte ungerührt.

»Das *absolut* Böse«, korrigierte er.

Jetzt ging er mir dann doch langsam auf den Nerv.

»Meiner Erfahrung nach«, warf ich ein, »sind Menschen niemals *absolut* böse.«

»Dem würde ich zustimmen«, bestätigte er. »Es ist kein Mensch.«

»Was bitte«, entgegnete ich, »kann denn sonst noch absolut böse sein?«

»Etwas wie ich«, erklärte er ruhig.

Ich schwieg und ließ das erst mal sacken.

George wirkte ungewohnt ernst, deswegen fragte ich vorsichtig: »Warum …«, doch er unterbrach mich sofort wieder. Ein sicheres Zeichen dafür, wie angespannt er war.

»Es ist dort, weil wir hier sind.« Er ließ traurig den Kopf hängen. »Ich wusste es nicht. Das Universum sucht scheinbar Balance.«

Ich öffnete und schloss den Mund einige Male.

»*Wir* haben das verursacht?«

Er schüttelte den Kopf.

»*Ich* habe es verursacht, als ich diesen Ort geschaffen habe.«

»Warte mal. Du hast Gutes geschaffen und damit das Böse erzeugt?«

George legte den Kopf schief.

»Unpräzise formuliert. Das hängt ganz von deiner Perspektive ab.«

»Und wie bekomme ich die richtige Perspektive?«

»Indem du die richtigen Fragen stellst.«

»Und was soll ich fragen?«

»Guter Anfang.«

Ich stöhnte.

»Danke, das ist sehr hilfreich. Kannst du nicht einfach mal eine Frage geradeheraus beantworten?«

»Warum sollte ich?«

»Weil du die Antworten kennst?«

George wirkte ehrlich verblüfft.

»Nur weil ich die Antwort kenne, soll ich antworten? Wo ist denn da der Sinn? Wie sollst du denn jemals etwas lernen, wenn ich anfange, Fragen zu beantworten?«

»Ich dachte, du bist der Lehrer!«, rief ich.

»Genau. Und ich lehre dich, deine Fragen zu beantworten.«

Ich legte mir eine Hand auf die Augen.

»Das ist nicht mein Tag«, murmelte ich. »Okay, lass es mich anders versuchen. Was *exakt* ist das da drüben?«

»Das ist der Schatten der zerstörten Erde.«

»Der was?«, rief ich und sah zwischen der Dunkelheit und George hin und her. »Das kann nicht sein. Ich habe doch eben noch mit Tuomas im Traum gesprochen.«

George winkte ungeduldig ab.

»Nein, du verstehst nicht. Es ist eine Wahrscheinlichkeitsprojektion. Da sind noch ein paar Jahrhunderte in der Zeitlinie, aber die Zerstörung ist so groß, dass sie bereits ihren Schatten auf uns zurückwirft. Die Realitäten hier sind sehr bildhaft und metaphorisch.«

»Die Erde wird zerstört werden.«

»Mehr oder weniger.«

»Ne ist klar. Mehr oder weniger. Sehr präzise.«

»Meine Antworten sind so präzise wie deine Fragen.«

Ich kniff die Augen zusammen, ballte die Fäuste und versuchte, den Drang zu bekämpfen, den Affen vom Baum zu werfen.

»Was«, fragte ich mit gezwungener Geduld, »wirst du tun, wenn die Erde doch sowieso zerstört werden wird?«

»Wir können die Zerstörung nicht mehr stoppen, aber wir können es auf die Erde beschränken und verhindern, dass es zügellos das Universum überrollt. Ich werde diese Welt mit allen Mitteln beschützen und ich werde auf keinen Fall warten, bis es hier ist.«

»Also werden wir was tun?«, fragte ich.

George sah mich an.

»Wir werden kämpfen.« Er legte den Kopf schief und grinste. »Nun, wenn ich sage *wir*, dann meine ich natürlich: Ich werde eine Kriegerin entsenden.«

»Wirst du das?«, fragte ich tonlos.

Er nickte ernst.

»Eine Gewöhnliche wird auch nicht reichen. Die Perspektive ist zu eingeschränkt. Es muss jemand sein, der mehr ist als nur eins. Sie müssen zwei sein.«

»Ist das so?«, fragte ich und hielt seinen Blick.

George nickte.

»Die Kinder können es nicht sehen, dafür ist es zu weit weg von ihnen. Wenn sie groß genug sind, um die Bedrohung zu verstehen, dann wird die Dunkelheit schon über uns sein. Wenn es ums Kämpfen geht, sind die Engel nutzlos, wie du schon selbst vermutet hast. Du jedoch … du bist anders. Lou kann Dinge sehen, die scheinbar gegensätzlich sind und in Wirklichkeit nur zwei Seiten derselben Sache darstellen. Das ist dein Talent und glaube mir, du wirst jedes

Talent brauchen, das du bekommen kannst, wenn du etwas bekämpfen willst, das ist wie ich.«

Ich hörte ihm kaum noch zu, sondern starrte wieder in die Dunkelheit. Nach einer Weile sah ich ihm wieder in die Augen.

»Kann ich den behalten?«, fragte ich und legte mir die Hände auf meinen Körper.

»Natürlich«, entgegnete George. »Es ist deine Gedankenform.«

Ich nickte.

»Bekomme ich ein großes Schwert?«

»Willst du eines?«

»Natürlich nicht! Was soll ich mit dem Unsinn?«

Er lachte.

»Was ist mit Eva?«, fragte ich leise.

»Er wird immer hier sein und dich lieben.«

»Für alle Zeiten?«

George riss die Augen auf.

»Oh, gütiges Licht, nein! Das wäre ja furchtbar. Aber ein paar hunderttausend Jahre sind schon drin.«

Ich sah wieder nachdenklich zum Horizont.

»Wenn ich zurückkehre und ihm berichte, dass ich das Böse besiegt habe, wird er es verstehen?«

»Absolut nein.«

Ich nickte und starrte lange in die brodelnde Dunkelheit. Schließlich atmete ich tief durch.

»Okay, eine Frage habe ich noch und das ist die wichtigste. Hat das Böse Kaffee?«

George nickte ernst.

»Nach allem, was ich höre, den besten.«

»Gut, dann bin ich also die Auserwählte.«

»So ist es, Lou. Deine Welt braucht Dich.«

***

Danksagung

Eine Autorx ist nur so viel wert, wie die Menschen, die bereit sind, sie zu unterstützen. Ich werde nicht müde darauf hinzuweisen, dass ich hier nur Geschichten aufschreibe. Sinn und Form in meine wirren Sätze zu bringen, dafür brauche ich Profis. Zum Glück habe ich Helga Sadowski, die jeden einzelnen Text, den ich produziere, sorgfältig auf links dreht. Ohne die Hilfe eines guten Lektors kann keine Autorx lange existieren. Ich betrachte es als Glück und großes Privileg, eine solch tolle Freundin in meinem Leben zu haben. Ich hoffe, dass wir noch viele, viele Bücher gemeinsam bearbeiten werden.

Christine Jurasek und Anke Tholl danke ich für ihr brillantes Lektorat und Korrektorat. Es macht mich sehr glücklich, ihre Namen wieder in meinen Büchern zu finden.

Ich danke Aiki Mira von Herzen, dass they mir geholfen hat, Lou zu finden.

Mit Jana Hoffhenke habe ich eine Verlegerin gefunden, wie sie sich eine Autorx nicht besser wünschen könnte. Freundlich, schnell, professionell und wundervoll unkompliziert. Alle anderen Autor:innen sollten mich beneiden.

Detlef Klewer danke ich von Herzen, denn er hat nun schon zum dritten Mal mein Traumcover verwirklicht, als gäbe es nichts Normaleres auf der Welt.

Es ist ein riesiges Geschenk und endloses Privileg, von solch wundervollen Menschen umgeben zu sein.

Sciencefiction im Eridanus Verlag

Sven Haupt

Stille zwischen den Sternen

Taschenbuch, 366 Seiten, 14,90 €
ISBN 978-3-946348-29-0

Ebook, 4,99€
ISBN 978-3-946348-30-6

Wie füllt man eine Stille, wenn man weder eine Stimme hat noch Augen, die sehen, oder Hände, die fühlen?

Als die unscheinbare Pilotin Hien Otis die Chance erhält, im Rahmen des teuersten militärischen Forschungsprojekts aller Zeiten zum ersten lebendigen Raumschiff zu werden, gibt sie ohne Zögern alles auf. Kurz darauf verschwindet eine geheime Raumstation am Rande der Galaxis und die Armee entsendet umgehend ihren neuen Prototyp. Die Aufklärungsmission führt in den Leerraum jenseits der Sterne, wo der Wahnsinn auf jeden Menschen lauert …

»Stille zwischen den Sternen« erzählt die Geschichte einer jungen Frau auf der Suche nach dem Sinn ihres Lebens, die im entferntesten Winkel der Galaxis – inmitten der Stille – das größte Wunder findet, das die Menschheit je gesehen hat.

Ausgezeichnet mit dem Deutschen Science-Fiction Preis 2022 (Kategorie Roman).

Sven Haupt

Wo beginnt die Nacht

Taschenbuch, 372 Seiten, 15,90 €
ISBN 978-3-946348-35-1

Ebook, 4,99€
ISBN 978-3-946348-36-8

»Hören Sie«, begann das seltsame Wesen. Es nahm die Brille ab und versuchte, vernünftig zu klingen. »Aus Ihren Unterlagen geht ganz klar hervor, dass Sie keinerlei offizielle Legitimation besitzen. Der Zustand Ihrer Verwaltungseinheit ist gelinde gesagt beklagenswert. Kein Haus sollte wie ein führerloses Schiff durch die Existenzebenen treiben. Ihr sogenannter Personalstab besteht aus einem jämmerlichen Alkoholiker im Exil und einer impertinenten Katzendame, die sich für etwas Besseres hält, weil sie die Flügel des Adels trägt. Kein Wort dabei über Ihre sogenannte Haushälterin, von der Ihnen wirklich niemand abkauft, dass sie ein Mensch ist. Es wäre für uns alle viel einfacher, wenn Sie akzeptieren, dass Ihr Universum am Ende ist. Ihr Gesuch um die Rettung der letzten beiden Zeitlinien ist lachhaft, das müssen Sie doch einsehen. Die ewige Nacht wird kommen, ob Sie das nun wollen oder nicht.«

Eine einzigartige Scifi-Fantasy-Geschichte mit verblüffenden Charakteren und einem erstaunlichen Setting – nominiert für den Deutschen Science-Fiction Preis 2023!

Anthologien im Eridanus Verlag

Christoph Grimm (Hrsg.)

Fast menschlich

SF-Geschichten

Taschenbuch, 14,90 €

ISBN 978-3-946348-21-4

Ebook, 4,99€

ISBN 978-3-946348-22-1

Detlef Klewer (Hrsg.)

Alien Eroticon

Erotische SF-Geschichten

Taschenbuch, 14,90 €

ISBN 978-3-946348-21-4

Ebook, 4,99€

ISBN 978-3-946348-22-1

Christoph Grimm (Hrsg.)

Alien Contagium

Erstkontakt-Geschichten

Taschenbuch, 14,90 €

ISBN 978-3-946348-33-7

Ebook, 4,99€

ISBN 978-3-946348-34-4